# 韩国佛教『三门修行』思想研究

胡静 著

中国社会科学出版社

## 图书在版编目（CIP）数据

韩国佛教"三门修行"思想研究／胡静著 . —北京：中国社会科学出版社，2023.10
ISBN 978-7-5227-2553-6

Ⅰ.①韩⋯ Ⅱ.①胡⋯ Ⅲ.①佛教—哲学思想—研究—韩国 Ⅳ.①B949.312.6

中国国家版本馆 CIP 数据核字（2023）第 170272 号

| | |
|---|---|
| 出 版 人 | 赵剑英 |
| 责任编辑 | 韩国茹 |
| 责任校对 | 张爱华 |
| 责任印制 | 张雪娇 |

| | |
|---|---|
| 出　　版 | 中国社会科学出版社 |
| 社　　址 | 北京鼓楼西大街甲 158 号 |
| 邮　　编 | 100720 |
| 网　　址 | http://www.csspw.cn |
| 发 行 部 | 010-84083685 |
| 门 市 部 | 010-84029450 |
| 经　　销 | 新华书店及其他书店 |
| 印刷装订 | 北京市十月印刷有限公司 |
| 版　　次 | 2023 年 10 月第 1 版 |
| 印　　次 | 2023 年 10 月第 1 次印刷 |

| | |
|---|---|
| 开　　本 | 710×1000　1/16 |
| 印　　张 | 14.75 |
| 插　　页 | 2 |
| 字　　数 | 201 千字 |
| 定　　价 | 88.00 元 |

凡购买中国社会科学出版社图书，如有质量问题请与本社营销中心联系调换
电话：010-84083683
版权所有　侵权必究

# 序　言

　　三年前，我对中韩佛教关系的特殊性发表过一个观点："在两千多年的佛教和平传播历史上，各个国家和地区的佛教流传基本上是单向的，而不是双向互动的，其中唯一的例外，是中韩两国之间的佛教文化交流。7 到 10 世纪，韩国僧俗人士在中国佛教最兴盛时期参与到共建中国佛教文化的伟大事业中，实现了携手共建、共同推动东亚佛教的繁荣和发展。"这是佛教两千多年传播史上的奇迹，堪称人类文明交流互鉴、和谐共生的一个有代表性的古代样板。"今天在国际形势的不稳定性不确定性更加突出，人类面临的全球性挑战更加严峻的时候，我们总结中韩共建中国佛教文化、进而共建东亚佛教文化的历史，对于夯实构建人类命运共同体的人文基础，有着重要的启示、借鉴和鼓舞作用。"（《人类文明和谐共生的样板：中韩佛教文化共建》，《世界宗教研究》2020 年第 1 期）这不仅是我对中韩佛教关系特点的一个粗浅认识，也是鼓励相关学者重视研究韩国佛教的一个重要原因。

　　胡静博士在韩国延世大学哲学系留学七年半，并获得该大学哲学博士学位。在延世大学著名教授的指导下，她比较全面系统地学习和研究了韩国佛教的历史、现状和发展趋势，同时，她也利用难得的求学机会比较全面、细致地收集了相关的重要文献资料，走访了各地佛教界的领袖人物，从而使她具有了深入、系统研究韩国佛教思想史的良好知识储备和丰富资料储备。2015 年 12 月，胡静博士进入中国社会科学院世界宗教研究所博士后科研流动站工作，鉴

# 韩国佛教"三门修行"思想研究

于国内学术界对韩国近现代佛教关注较少，出版的研究成果也不多的现状，我们商量以后，就拟定《韩国近现代佛教修行思想研究——以禅宗法脉及其人物为中心》这个题目作为她的博士后出站报告。当时感觉，如果下功夫做好这个题目，可能具有弥补学术空白的创新价值。呈现在读者面前的这本《韩国佛教"三门修行"思想研究》，就是在修改完善博士后出站报告的基础上完成的。

本书在借鉴国内外重要研究成果的基础上，通过运用详实的第一手资料，以朝鲜后期确立的"三门修行"体系为切入点，论述了朝鲜后期直到现代韩国佛教思想主脉展开的历史进程，揭示了这个时期韩国佛教的发展规律和基本特点。本书着重围绕朝鲜朝"禅教"与"三门修行"体系的内在关联，深入探讨了韩国禅宗在近现代的禅法修行思想演进、法脉传承、理论纷争及其派系对立情况，并对其产生的原因和影响进行了剖析。本书所研究的内容直接与韩国佛教的现状和未来发展有关，对于如何促进中韩两国佛教文化长期、稳定、高效交流互动，有一定的参考价值。我认为，本书是研究韩国近现代佛教的重要成果，不仅具有重要学术价值，也具有重要的现实意义。

我与胡静同志认识很多年了，深知她基础扎实，踏实勤奋，勇于创新。她在站工作期间，帮助我与韩国佛教界进行了卓有成效的学术交流。她的著作即将出版之际，请我写一个序。我就在这里简单介绍一点情况，至于本书中许多精彩内容，许多真知灼见，读者朋友自然可以欣赏到。同时，书中一定也存在这样那样的不足，敬请读者诸君批评指正。

最后，我希望胡静同志在学术上不断进步，不断推出高质量的成果。

魏道儒
2023 年 5 月 14 日

# 目 录

**第一章 韩国佛教概说** ············································· (1)
  一 本书的主题和内容 ········································ (1)
  二 有关韩国佛教研究成果的综述 ························· (4)
  三 概说韩国佛教历史 ······································· (17)

**第二章 朝鲜后期"三门修行"体系的确立及发展** ········· (24)
  第一节 "三门修行"体系的确立 ························· (24)
    一 朝鲜后期佛教界的变化及思想动向 ················· (24)
    二 "三门修行"体系的确立及内容 ···················· (27)
  第二节 "三门"的竞相发展 ······························· (29)
    一 临济法统的确立 ········································ (29)
    二 讲院教育的活跃 ········································ (33)
    三 念佛修行的普及 ········································ (34)
  第三节 三大论争的展开及其对三门修行体系结构的
       影响 ························································ (36)
    一 心性论争 ·················································· (37)
    二 念佛门优越论 ··········································· (44)
    三 禅论争 ····················································· (48)

四　三大论争的后期影响及三门整体结构的变化 ……… (61)

**第三章　近代"三门修行"的维系及禅的中兴** ……………… (65)
　第一节　禅的中兴与径截门 ………………………………… (68)
　　一　近代修行及禅院建设概况 ………………………… (68)
　　二　近代禅师修行的特点 ……………………………… (74)
　　三　径截门的地位变化 ………………………………… (94)
　第二节　大众化译经与圆顿门 ……………………………… (95)
　　一　佛教教学及译经概况 ……………………………… (95)
　　二　韩国近代佛教经典流行的倾向 …………………… (101)
　　三　近代禅僧诠释华严教学的特点 …………………… (106)
　　四　圆顿门的地位变化 ………………………………… (116)
　第三节　净土念佛的转型与念佛门 ………………………… (118)
　　一　19世纪念佛结社的活跃及净土念佛观的特点 …… (119)
　　二　1910年以后念佛堂的废止和转型 ………………… (127)
　　三　念佛门的地位与三门整体结构的变化 …………… (140)

**第四章　现代"三门修行"的演变及看话禅独尊** …………… (143)
　第一节　"大韩佛教曹溪宗"的成立、发展动向
　　　　　及修行形态 ………………………………………… (143)
　　一　"大韩佛教曹溪宗"的成立及宗旨 ………………… (143)
　　二　解放后韩国佛教的发展重心及曹溪宗的修行
　　　　形态 …………………………………………………… (154)
　第二节　"三门修行"的继承和演变 ………………………… (157)
　　一　传统的继承及禅教融合——汉岩重远 …………… (157)

二　现代的演变及看话禅独尊——退翁性彻……………（175）
三　顿渐论争的展开及其对三门修行体系的影响………（191）
四　现代三门整体结构的特点……………………………（207）

**第五章　"三门修行"传统的现代继承中存在的矛盾
　　　　与问题**……………………………………………（212）
一　"三门修行"传统的现代继承 ………………………（212）
二　"三门修行"思想与曹溪宗宗旨之间的矛盾 ………（215）

**参考文献**……………………………………………………（219）

**后　　记**……………………………………………………（228）

# 第一章　韩国佛教概说

## 一　本书的主题和内容

本书要阐述的一个核心问题是：韩国佛教"三门修行"思想的形成及发展。一谈到现代韩国佛教修行思想的特点，人们习惯用"通佛教"来概括。"通佛教"就意味着融合与会通，其融合的主要内容是看经、参禅、念佛这三种修行法门；"通佛教"也意味着宗团性质的模糊性，其形成的客观原因就在于崇儒抑佛、诸宗合并的历史背景。概括地说，新罗元晓（617—686）以后到朝鲜前期韩国佛教呈现的是宗派佛教的特征，但从朝鲜后期开始至今呈现的则是宗派性模糊的"通佛教"特征。[①] 而"三门修行"体系自朝鲜后期确立以来，就成为韩国佛教延续至今的修行传统。看经、参禅、念佛这三种法门经过时代的变迁，在相互融合中竞相发展，"三门修行"体系在不同时期呈现出了不同的结构形态和特点。本书着重围绕韩国佛教"禅教关系"与"三门修行"体系的内在关联，深入探讨韩国佛教从朝鲜后期三门修行体系确立以来直到现代

---

① 李钟寿：《朝鲜后期佛教的信行传统与现代继承》，《东亚西亚佛教文化》2017年第31期。

的修行思想演进、法脉传承、理论纷争及派系对立情况,力图勾勒出"三门修行"思想的历时性发展脉络。

本书将从思想史的角度出发,从对朝鲜后期佛教修行传统的再认识入手,以三门修行体系为中心,以禅宗法脉及其人物为研究对象,对韩国佛教"三门修行"思想的发展脉络及特点进行全面考察和梳理。在搜集、整理、辨析文献资料的基础上,通过对各时期重要历史事件、重要历史人物的梳理进行纵向贯通,通过对宗团的演变、相关法令、戒律和礼仪、修行体系、佛经翻译等多种因素的考察进行横向贯通。通过这两方面的把握,力图呈现出既有清晰的历史脉络,又有鲜活、丰富的思想内容和学术论点的书。

基于以上想法,本书首先在开篇第一章对本书的主题和内容、有关韩国佛教的研究成果、韩国佛教的历史进行了概述。其次,为了呈现出清晰的历史脉络,本书把主体内容按照时期分为三章,即朝鲜后期"三门修行"体系的确立及发展、近代"三门修行"的维系及禅的中兴、现代"三门修行"的演变及看话禅独尊。然后,为了呈现丰富的思想内容和学术论点,在每一章中再分出三个小节,紧紧围绕参禅、华严教学、净土念佛这三种修行法门,从多个角度对三门修行体系在不同时期呈现出的不同结构形态、特点以及成因进行详细阐述和分析。

第二章主要从对朝鲜后期佛教修行传统的再认识出发,考察以禅为中心的"三门修行"体系的确立及三门竞相发展的情况,共分三节。第一节,主要阐述"三门修行"体系的确立过程。第二节,从临济法统的确立、讲院教育的活跃、念佛结社的盛行三个方面展开,阐述三门竞相发展的情况。第三节,具体阐述由三门修行的形成和发展引起的佛教界内部的三大论争及其对后期三门整体结构变化的影响。

　　第三章主要考察近代"三门修行"的维系及禅的中兴，共分三节。第一节，以近代禅院建设情况为切入点，通过对近代禅中兴这一重要历史事件的考察，反映参禅修行的发展情况，分析其在三门整体结构中的地位变化。第二节，以近代译经为切入点，通过对译经组织、译经部类、佛经翻译特点的考察，反映华严教学的发展情况，分析其在三门整体结构中的位相变化。第三节，以念佛结社的兴衰为切入点，通过对念佛结社在近代时期的兴衰变化、近代高僧念佛观的变化的考察，反映近代净土念佛修行法的转型，分析其在三门整体结构中的位相变化。最后，分析、总结近代三门修行体系的整体结构变化及其特点。

　　第四章主要考察现代"三门修行"的演变及看话禅独尊，共分两节。第一节，以现代韩国代表性宗团大韩佛教曹溪宗为中心，通过介绍曹溪宗的成立过程、性质及宗旨，阐明现代韩国佛教的修行思想及发展重心。第二节，以曹溪宗的代表性宗正为研究对象来考察现代韩国佛教修行情况及特点。在这里需要解释一下：曹溪宗的宗正能代表整个现代韩国佛教的修行情况吗？会不会有以点概面的嫌疑？笔者认为，曹溪宗宗正的佛教修行思想一定是不能全面体现整个现代韩国佛教的修行状况的，但是，却能够反映现代韩国佛教修行思想的主流倾向。因为，曹溪宗是现代韩国佛教规模最大、影响力最大的宗团，而曹溪宗的宗正又是引领宗团发展的核心人物，所以，曹溪宗宗正的佛教修行思想或主张不仅对曹溪宗，而且对整个现代韩国佛教界的影响都是巨大的，是能起到引领主流的作用的。因此，在第二节，笔者选取了曹溪宗第1代宗正汉岩重远和曹溪宗第6、7代宗正退翁性彻两位代表性宗正，通过分析二者的佛教修行思想来反映近现代韩国佛教修行思想的演变及其发展动向。为什么要选取这两位宗正呢？一是，因为汉岩禅师历任两次宗正，两次教正，是横跨韩国近、现两代，引领近现代佛教的高僧。汉岩禅师作为近、现两代统合宗团建团初期的首任宗正（教正），可以说是确立近现代韩国佛教根基和主体性的人物。二是，退翁性彻是曹溪宗第6、7代宗正，曾任海印丛林第一任方丈，在任期间对曹溪宗的修行传统进行了改革，专念于引导大众走向禅门正路，是引领韩国现代佛教发展方向的核心人物。

第五章，以"三门修行"思想与现代曹溪宗宗旨之间的矛盾为切入点，探讨韩国佛教"三门修行"传统的现代继承中存在的矛盾与问题。

本书希望在借鉴国内外重要研究成果的基础上，通过运用翔实的第一手资料，以朝鲜后期形成的"三门修行"体系为切入点，阐明朝鲜后期直到现代韩国佛教展开的历史进程、发展规律和一般特点，希望能为国内的韩国近现代佛教研究提供一点有益的参考。

## 二 有关韩国佛教研究成果的综述

（一）中国研究成果综述

对韩国佛教的研究，中国起步较晚，起始于20世纪80年代，21世纪以后加速发展。从研究的时代上来看，主要集中在新罗时期和高丽时期；从研究的人物上来看，主要以新罗的入华求法僧群体及元晓、金乔觉、义天、知讷等个别僧人为主。

目前为止有三篇论文专门讨论过中国学者关于韩国佛教研究的整体情况。第一篇是黄夏年先生的《中日两国的韩国佛教研究》[①]，

---

① 黄夏年：《中日两国的韩国佛教研究》，《佛教研究》1993年第2期。

## 第一章 韩国佛教概说

文章盘点了民国初到 1993 年为止中国学者对韩国佛教的研究情况。文章指出从民国初到 1993 年，相关学术论文约 19 篇①，其中最早的一篇是 1980 年中国佛教协会编写出版的《中国佛教》② 一书中刊出的《中朝佛教关系》一文。1995 年，黄夏年先生在这篇论文的基础上加以补充，搜集、整理出相关研究成果 35 篇，并将这些研究成果的目录以附录的形式发表于忽滑谷快天的《韩国佛教史》③ 一书中。

第二篇是李利安、师敏合著的《新世纪以来中国学者的韩国佛教研究》④，文章从韩国佛教历史研究和中韩佛教关系研究两大方面，对 2000 年到 2006 年中国学术界的韩国佛教研究进行了梳理，内容涉及哲学、历史、文学和考古等领域。

第三篇是敖英的《中韩建交以来中国大陆地区的韩国佛教研究

---

① 主要有杨曾文主编的《当代佛教》中韩国部分（东方出版社，1993 年）、九华山佛教史编委会编著的《金地藏研究》（黄山书社，1993 年）、黄有福和陈景富合著的《中朝佛教文化交流史》（中国社会科学出版社，1993 年）和《海东入唐求法高僧传》（中国社会科学出版社，1994 年）；另外，还有陈景富和黄有福合写的《中朝两国佛教典籍流通考》（《人文杂志》1991 年）、张新鹰的《九华山金地藏断想三则》（《世界宗教研究》1992 年）、黄心川的《韩国佛教的发展过程及其与中国的双向交流》（《当代韩国》1993 年）、何劲松的《天台宗在日本和韩国的传承和发展》（《东南文化》1994 年），以及陈景富的《中国佛教天台宗与朝鲜的关系》（《东南文化》1994 年）、《朝鲜入华学僧对玄奘唯识学说的研习与传播》（《五台山研究》1994 年）、《圆测与玄奘、窥基关系小考》（《南亚研究》1994 年）等学术论文。除此之外，还出现了金勋的《元晓佛学思想研究》（博士学位论文，1995 年）和陈景富的《中韩佛教关系一千年》（宗教文化出版社，1999 年）一书。
② 中国佛教协会编：《中国佛教》，知识出版社 1980 年版。
③ ［日］忽滑谷快天：《韩国佛教史》，朱谦之译，中国社会科学出版社 1995 年版。
④ 李利安、师敏：《新世纪以来中国学者的韩国佛教研究》，《南京晓庄学院学报》2010 年第 4 期。

及今后的研究主题——以期刊论文和硕博士学位论文为中心》①，文章以前两篇研究为基础，以中韩建交以来在中国的学术期刊上公开发表的学术论文及硕博学位论文为中心，从总体上把握这二十年来中国的韩国佛教研究特点，并提出若干研究主题。

文中指出从黄夏年1993年统计的19篇（本），发展到2015年，仅期刊论文和硕、博士学位论文就达到了150—160篇。这些研究成果具有以下几个特点：第一，从韩国史的分期来看，统一新罗时期和高丽时期的相关研究占全部研究的70%以上；第二，在对新罗时期的佛教研究中，学者多关注新罗入华僧这一群体，其中关注最多的是金乔觉；② 第三，关于高丽时期的韩国佛教人物，中国

---

① 敖英：《中韩建交以来中国大陆地区的韩国佛教研究及今后的研究主题——以期刊论文和硕博士学位论文为中心》，《当代韩国》2015年第4期。

② 杨昭全：《九华山与新罗高僧——地藏》，《东方世界》1985年第2期；李岩：《"地藏菩萨"金乔觉及其九华山垂迹考》，《延边大学学报》（社会科学版）1988年第2期；张文良：《地藏菩萨与金乔觉》，《佛教文化》1991年第3期；高振农：《金地藏与地藏菩萨》，《甘露》1991年第2期；真禅：《论金乔觉在中国佛教史上的地位与作用》，《法音》1991年第11期；张新鹰：《九华山金地藏断想三则》，《世界宗教研究》1992年第3期；圣辉、徐金龙：《金乔觉航海来华的经过》，《甘露》1992年第3期；柳雪峰：《九华山与金乔觉》，《法音》1992年第4期；徐金龙：《九华山地藏菩萨传——金地藏》，《广东佛教》1992年第5期；谢澍田：《试论新罗高僧金地藏证道九华的业绩及其对后世的影响》，《安庆师院社会科学学报》1993年第2期；李福利：《韩国王子金乔觉来中国考》，《南京史志》1994年第1期；王波：《入唐新罗高僧金乔觉》，《文史知识》1994年第5期；谢澍田：《试论新罗僧金地藏入唐求法修道的思想和实践》，《安庆师院社会科学学报》1995年第1期；张敏：《新罗王子与佛教圣地九华山》，《文史杂志》1996年第5期；刚晓：《从金乔觉到地藏王》，《佛学研究》2000年；释仁德：《金乔觉的禅学思想》，《佛教文化》2009年第4期；焦得水：《金地藏认同为地藏菩萨应化的根据、年代及意义》，《池州学院学报》2011年第4期；徐金啦：《金乔觉与中韩佛教文化交流》，硕士学位论文，浙江大学，2011年；焦得水：《金地藏"菩萨钩锁"考》，《池州师范学院学报》2012年第1期。

## 第一章　韩国佛教概说

学者关注最多的是义天①和知讷②；第四，研究成果和研究者呈现出明显的地域性，大致分布在北京、西安、浙江和以延边为主的东北地区等；第五，对前期研究成果关注不够，尤其是海外的研究成果。

有关韩国佛教历史的研究，有从宏观历史脉络与基本特征的探寻和把握入手的，如陈星桥的《深秋层林尽染，古刹禅风依旧——

---

① 杨渭生：《入宋求法的高丽僧统义天》，《浙江佛教》1993年第2期；崔凤春：《海东高僧义天研究》，博士学位论文，浙江大学，1999年；安银姬：《大觉国师义天研究》，硕士学位论文，延边大学，2014年；王巍、杜若：《中朝佛教文化交流大师高丽义天》，《延边大学学报》（哲学社会科学版）1994年第2期；王巍：《义天与辽和高丽的佛教文化交流》，《东北师大学报》1994年第5期；崔凤春：《高丽国义天法师入宋拜访诸名僧》，《韩国研究论丛》2001年第8期；徐金龙：《义天大师与杭州慧因寺》，《浙江佛教》2001年第4期；谢俊美：《佛教与东亚文化交流合作——以韩国大觉国师义天的国际活动为中心》，《太原理工大学学报》（社会科学版）2005年第1期；王德朋：《中韩佛教文化交流的使者——义天大师》，《兰台世界》2005年第12期；何劲松：《韩国受容佛教与民族佛教的分水岭——论义天和知讷的佛教思想和历史地位》，《韩国研究论丛》2006年第13期；普正：《义天入宋求法过程及开创高丽天台宗之研究》，《法音》2007年第10期；魏常海：《义天在宋丽佛教交流中的贡献》，《延边大学学报》（社会科学版）2009年第3期；徐新啦：《朝鲜半岛天台宗的传承——以高丽大觉国师义天为中心》，《浙江学刊》2014年第4期；魏常海：《元晓"和净"理论与义天"圆融"思想》，《东疆学刊》2005年第4期；张风雷：《大觉义天之天台佛学思想初探》，《佛学研究》2007年。

② 魏常海：《知讷〈真心直说〉初探》，《韩国学论文集》1996年第6期；李成宁：《宗密会通思想对普照定慧结社之影响》，硕士学位论文，北京大学，1998年；赵贤淑：《韩国曹溪宗祖师知讷及其思想》，硕士学位论文，中国人民大学，2005年；李海涛：《知讷的禅学思想研究》，硕士学位论文，延边大学，2009年；李海涛：《知讷真心思想研究》，博士学位论文，中国社会科学院，2012年；王振江：《论中国神秀与朝鲜知讷佛教思想的特点及其关联》，《东疆学刊》2008年第2期；金哲洙、王振江：《知讷的"心"本体论哲学思想初探》，《韩国研究论丛》2008年第8期；李海涛：《韩国曹溪宗祖师知讷的"真心"说》，《辽东学院学报》2009年第2期；李海涛：《知讷的禅学思想研究》，《五台山研究》2009年第3期；李海涛：《东亚佛教文化圈中的韩国佛教——以知讷真心思想为中心的考察》，《佛学研究》2013年总第22期；李海涛：《"真心"：普照知讷对菏泽禅的复归与继承》，《中国哲学史》2014年第2期。

漫谈韩国及韩国佛教的渊源与特色》①、朴钟锦的《韩国宗教多元化的特点分析》② 等；有从佛教历史人物研究入手的，如黄心川主编的《东方著名哲学家评传·韩国卷》③、刘立夫的《元晓对中韩佛教文化交流的贡献——以〈大乘起信论疏记〉为中心》④、魏常海的《元晓"和诤"论与中国儒释道思想》⑤ 和《元晓"和诤"理论与义天"圆融"思想》⑥、杨国平的《义湘与海东华严》⑦ 等；有从韩国佛教宗派研究入手的，如何劲松的《殖民统治下的韩国佛教》⑧、李四龙的《当代韩国天台宗掠影》⑨ 等；另外，还有从三教关系⑩，以及从佛教与文学的关系⑪等多方面进行的研究。

有关中韩佛教关系的研究，有从中韩佛教交流与东亚文化圈的

---

① 陈星桥：《深秋层林尽染，古刹禅风依旧——漫谈韩国及韩国佛教的渊源与特色》，《法音》2005 年第 11 期。
② 朴钟锦：《韩国宗教多元化的特点分析》，《北京第二外国语学院学报》2004 年第 6 期。
③ 黄心川主编：《东方著名哲学家评传·韩国卷》，山东人民出版社 2000 年版。
④ 刘立夫：《元晓对中韩佛教文化交流的贡献——以〈大乘起信论疏记〉为中心》，《淮阴师范学院学报》2000 年第 1 期。
⑤ 魏常海：《元晓"和诤"论与中国儒释道思想》，《陕西师范大学学报》2006 年第 1 期。
⑥ 魏常海：《元晓"和诤"理论与义天"圆融"思想》，《东疆学刊》2005 年第 4 期。
⑦ 杨国平：《义湘与海东华严》，《江淮论坛》2002 年第 5 期。
⑧ 何劲松：《殖民统治下的韩国佛教》，《当代韩国》2001 年第 3 期。
⑨ 李四龙：《当代韩国天台宗掠影》，《世界宗教文化》2005 年第 1 期。
⑩ 李甦平：《论韩国的三教和合——以花郎道为中心》，《当代韩国》2001 年第 4 期；成泽胜：《试论朝鲜李朝时期"孝"观念与儒教和佛教的关系》，《东疆学刊》2005 年第 3 期。
⑪ 黄大年：《新罗佛教神异故事小议》，《世界宗教文化》2003 年第 4 期；韩梅：《论佛教对韩国文学的影响》，《理论学刊》2005 年第 5 期；金锦玉、金东勋：《"阿里郎"与佛教文化之渊源探微》，《东疆学刊》2005 年第 4 期；李官福：《汉文大藏经与朝鲜古代叙事文学》，《民族出版社》2006 年第 12 期；李官福：《佛经故事与中韩两国的"高僧与美女故事"》，《东疆学刊》2006 年第 3 期。

## 第一章 韩国佛教概说

宏观性研究入手的，如陈景富的《中韩佛教交流源远流长》①、林龙飞的《东亚汉字文化圈及其形成论析》②、李梅花的《东亚文化圈形成浅析》③和《10—13世纪中朝日文化交流与东亚文化圈》④；有从某个具体地域或具体领域的中韩佛教交往入手的，如陈荣富的《浙江和韩国的佛教文化交流》⑤、蒋九愚的《洪州禅与韩国佛教》⑥；另外，还有从韩国僧人在中韩佛教交往中的作用⑦，以及文学领域的中韩佛教交往⑧等多个领域进行的广泛研究。据此可知，21世纪初期，中国学术界对韩国佛教的研究进入了多角度、多样化的拓展阶段。

除此之外，2000年以后，还出现了一些系统研究论著，主要有何劲松的《韩国佛教史（上下卷）》（社会科学文献出版社2008年）、陈明华的《韩国佛教美术》（文物出版社2009年）、李海涛的《韩国早期佛教史论》（韩国学术情报2014年）和《普照知讷真心思想研究》（宗教文化出版社2015年）等。另外，还有金勋的《韩国新宗教发展趋势及其影响》⑨、闵军的《试论韩国圆佛教的人

---

① 陈景富：《中韩佛教交流源远流长》，《中国宗教》2006年第1期。
② 林龙飞：《东亚汉字文化圈及其形成论析》，《东南亚纵横》2006年第8期。
③ 李梅花：《东亚文化圈形成浅析》，《延边大学学报》2000年第3期。
④ 李梅花：《10—13世纪中朝日文化交流与东亚文化圈》，《东疆学刊》2004年第1期。
⑤ 陈荣富：《浙江和韩国的佛教文化交流》，《浙江社会科学》2000年第1期。
⑥ 蒋九愚：《洪州禅与韩国佛教》，《南京工业大学学报》2002年第4期。
⑦ 张子开：《唐朝来蜀的新罗国僧金和尚事迹考》，《康定民族师范高等专科学校学报》2000年第3期；谢俊美：《佛教与东亚文化交流合作——以韩国大觉国师义天的国际活动为中心》，《太原理工大学学报》2005年第2期；王德朋、老海：《越波求佛法，跨海传智灯——义天与北宋时期的中韩佛教文化交流》，《佛教文化》2006年第2期；王德朋：《论韩国僧人对中国佛教发展的历史贡献》，《吉林师范大学学报》2005年第6期。
⑧ 李岩：《新罗留学僧在唐的文学交流》，《当代韩国》2002年第3期。
⑨ 金勋：《韩国新宗教发展趋势及其影响》，《世界宗教研究》2009年第4期。

文关怀及其当代价值》①、杨健的《韩国九山禅师向西方人的传法及其禅思想》②、王元周的《韩国佛教中的带妻僧问题与佛教净化运动》③、金星顺的《韩国念佛结社中修行方法的变容》④，以及拙作《韩国龙城禅师的净土观小考》⑤、《韩国近代佛教礼仪改革小考——以龙城禅师的佛教礼仪观为中心》⑥和《韩国近现代禅僧诠释华严学的特点》⑦等新近研究。

可以说，进入21世纪以来，中国学者对韩国佛教的研究成果急剧增多，研究呈现出继续深入、拓展的趋势。近年来，国内部分大学设立了韩国研究院，研究内容涉及韩国宗教。除此之外，还出现了一些有关东亚人文、宗教、哲学研究的学会组织，联合中、日、韩三国的大学定期举行国际学术研讨会，研究内容涉及中、日、韩三国的佛教领域，国内有关韩国佛教的研究在进一步深入展开。然而，针对韩国近现代佛教这一领域，更深入、系统性的研究国内目前还没有展开。

(二) 日本研究成果综述

关于韩国佛教的研究，日本起步较早。早在日本强占朝鲜半岛时期（1910—1945），就有驻朝鲜的日本学者对朝鲜佛教展开了研究。最早的有高桥亨的《李朝佛教》（宝文馆1929年）。后来相继

---

① 闵军：《试论韩国圆佛教的人文关怀及其当代价值》，《五台山研究》2015年第1期。

② 杨健：《韩国九山禅师向西方人的传法及其禅思想》，《世界宗教文化》2016年第3期。

③ 王元周：《韩国佛教中的带妻僧问题与佛教净化运动》，《杭州师范大学学报》（社会科学版）2017年第5期。

④ 金星顺：《韩国念佛结社中修行方法的变容》，《宗教研究》2016年第1期。

⑤ 胡静：《韩国龙城禅师的净土观小考》，《东亚宗教》2016年第2期。

⑥ 胡静：《韩国近代佛教礼仪改革小考——以龙城禅师的佛教礼仪观为中心》，《世界宗教文化》2017年第2期。

⑦ 胡静：《韩国近现代禅僧诠释华严学的特点》，《世界宗教研究》2020年第4期。

有忽滑谷快天的《朝鲜禅教史》（春秋社 1930 年）、江田俊雄和权相老合著的《李朝实录》（1934 年）、黑田亮的《朝鲜旧书考》（岩波书店 1940 年）、大屋德城的《高丽续藏雕造考》（东京大学，博士学位论文，1947 年）、江田俊雄的《朝鲜佛教史研究》（大学社 1977 年）等。此外，还有专门研究新罗净土教和天台教学的惠谷隆戒的《净土教的新研究》（博士学位论文，1973 年），里道德雄执笔撰写了《东亚佛教史》（佼成出版，1976 年）的韩国佛教史部分等。另外，一户彰晃的《朝鲜侵略忏悔记》（皓星社，2013 年复刊，东国大学出版部）一书在韩国翻译出版，书中主要介绍了近代日帝强占朝鲜半岛期间日本曹洞宗在朝鲜的行径，揭示了宗教殖民的本质。

2001 年"韩国留学生印度学佛教学研究会"编撰出版了《日本的韩国佛教研究动向》一书，分别按照时间顺序和学科领域两方面系统地对日本的韩国佛教研究动向及成果进行了整理。按时间顺序分为：日本的三国·统一新罗时代佛教研究动向、日本的高丽时代佛教研究动向、日本的朝鲜时代佛教研究动向、日本的韩国佛教研究动向和论著目录等几个部分。按学科领域分为：日本的韩国华严学研究动向、日本的新罗唯识学研究动向、日本的韩国禅思想研究动向等几个领域。另外，该书搜集了从 1900—2000 年有关韩国佛教的研究成果共计 1464 篇（其中日本学者研究成果共 1062 篇，韩国学者研究成果共 393 篇，其他共 9 篇），并且按照时间对日本和韩国的研究篇数及学者数进行了对比。

从表 1 中可以看出，近代时期对韩国佛教的研究日本要比韩国早 20 年。日本的研究成果在 1930—1940 年达到一个高峰之后受日本战败影响急剧减少，1970 年开始再次猛增。而近代时期韩国国内佛教研究从 1921—1930 年才开始，此后受日本殖民统治的影响进展缓慢；后来随着韩国赴日留学生的出现，日本相关研究成果被翻译成韩文在韩国期刊或学会上公开发表,1970年以后韩国研究者和研究成果突然增多。

表1-1　　　　　　　　各时代研究情况[①]

| 时代 | 日本学者 | | 韩国学者 | |
| --- | --- | --- | --- | --- |
| | 研究篇数 | 研究者人数 | 研究篇数 | 研究者人数 |
| 1900—1910 | 23 | 16 | 0 | 0 |
| 1911—1920 | 62 | 36 | 0 | 0 |
| 1921—1930 | 72 | 47 | 2 | 2 |
| 1931—1940 | 146 | 73 | 12 | 10 |
| 1941—1950 | 38 | 33 | 4 | 4 |
| 1951—1960 | 69 | 40 | 3 | 3 |
| 1961—1970 | 51 | 34 | 19 | 13 |
| 1971—1980 | 185 | 103 | 115 | 53 |
| 1981—1990 | 227 | 99 | 117 | 62 |
| 1991—2000 | 189 | 94 | 121 | 71 |
| 总计 | 1062 | | 393 | |

另外,该书还从研究对象和领域上对日本和韩国的研究成果进行了比较。首先从研究对象来看,日本学者以元晓、圆测、义湘研究为主,关注点比较集中。而韩国学者则以元晓—知讷—均如—义湘—西山等韩国佛教的大致发展脉络为中心展开研究。从研究领域来说,日本学者有关高丽大藏经的文献学研究成果居多,而韩国学者有关禅僧的研究成果居多。

需要说明的是,本书在叙述朝鲜后期佛教史部分参考了日本学

---

① 韩国留学生印度学佛教学研究会主编:《日本的韩国佛教研究动向》,藏经阁2001年版,第343页。

者有关韩国佛教史的著作；在叙述近代韩国佛教界部分参考了日本殖民期间朝鲜总督府出台的《寺刹令》等相关法令。而对日本学者有关韩国近现代佛教专门领域方面的研究，由于笔者日文能力和资料所限未能充分参考，这不能不说是一大缺漏。

（三）韩国研究成果综述

韩国近现代佛教研究最早始于1965年，即从三宝学会组织搜集近现代佛教资料并编撰《韩国佛教近世百年史》开始。然而，从佛教、宗教、历史等领域对近现代韩国佛教进行专门研究却是从2000年左右才开始的。韩国近现代佛教研究大致可以分为萌芽期、开拓期、深化期三个阶段。

萌芽期（1965—1992）：这一时期的研究内容主要是以韩龙云和白龙城为中心的人物研究、《韩国佛教近世百年史》的编撰以及《韩龙云全集》的刊行为主。研究主题局限在殖民地佛教和日本佛教的性格、寺刹令、三·一独立运动等领域，研究人员少，研究水准也仅限在整理的层次。

开拓期（1993—2000）：90年代林慧峰的《亲日佛教论》（全2册，民族社，1993年）的出版开创了从抗日佛教的视角研究韩国近现代佛教的新领域，引起了韩国近现代佛教研究热潮。此后，郑珖镐的《近代韩日佛教关系史研究》（仁荷大学校出版部1994年）、《从新闻中看韩国佛教近现代史》（全2册，韩国佛教近现代史研究会，1995年）、金光植主编的《韩国近现代佛教资料全集》（全69册，民族社，1996年）、实践佛教全国僧伽会编撰的《韩国现代佛教运动史》（全4册，坡州：行愿，1996年）等陆续出版。另外，在这一时期还出现了不少有关近代高僧的资料集，例如《龙城大宗师全集》（全18册，大觉寺，1991年）等。90年代众多资料集的出版发行弥补了研究资料匮乏的不足，吸引了新进研究者，研究水平也逐步提高。与此同时，相关研究院相继成立，高僧研究也逐步学术化。然而,这一时期高僧研究的学术性并没有得到认可,研究领域也仅集中在近代佛教的研究上。从量和质两方面来看,有关现代佛教的研究还处在初级阶段。

深化期(2000年以后):从2000年开始,韩国近现代佛教研究的学术性被认可,研究进入深化阶段。这种变化是基于90年代多样性研究而从"质"上的深化,以及进入21世纪后佛教界内部的自我回顾和省察。这一时期,曹溪宗、太古宗、天台宗分别编撰了各自的宗史,《曹溪宗史—近现代篇》(2001年)、《太古宗史》(2006年)、《天台宗史》(2010年)相继出版。与此同时,有关近现代高僧的评传、传记、自传等资料集也大量出版发行。另外宗团、教团、研究所等机关大力支援各项研究课题,活跃了近现代佛教研究,培养了大批佛学研究者,推动了近现代佛教研究的深入展开,取得了令人瞩目的研究成果。

研究成果是多方面的。有关佛教近现代化改革方面,有从日本佛教的特点、日治佛教政策等亲日佛教的角度出发的;有从民族意识的角度出发的;有通过考察宗团建设、禅学院、三·一运动、临时政府、僧侣独立运动等从抗日佛教的角度出发的;有通过考察改革论、现实意识、译经、出版、学校等从佛教近代化的角度出发的;有从解放期间佛教净化运动等方面展开的。另外,还有从近代佛教的概念和叙述问题、东亚三国近代化和佛教文化的交融及比较等方面对韩国近现代佛教展开的研究。这些多角度、多样化的研究无疑拓展了韩国近现代佛教研究的领域,为更加客观、系统地把握韩国近现代佛教的"整体相"提供了丰厚的研究资料。

有关近现代佛教史方面,现代学者东国大学的金光植教授可谓韩国近现代佛教史研究的领军人物,其有关韩国近现代佛教领域的专著多达20余部。专著的类型有关于近现代佛教史概观方面的,例如:《韩国近代佛教史研究》(民族社,1996年)、《韩国佛教

100年（1900—1999）》（民族社，2000年）、《韩国现代佛教史研究》（佛教时代社，2006年）、《韩国现代禅的知性史探究》（到彼岸社，2010年）等；有关于近现代佛教人物研究的，例如：《龙城》（民族社，1999年）、《啊！青潭》（华南出版社，2004年）、《韩龙云研究》（东国大学出版部，2011年）、《石颠映湖大宗师》（曹溪宗出版社，2015年）、《现代高僧》（inbooks，2015年）等；还有关于韩国佛教近代化改革方面的，例如：《韩国近代佛教的现实认识》（民族社，1998年）、《民族佛教的理想和现实》（到彼岸社，2007年）、《梵鱼寺与佛教净化运动》（荣光图书，2008年）、《佛教近代化的理想和现实》（图书出版先人，2014年）等。与前人主要以批判近代"倭色佛教"或"亲日佛教"的基调相比，金光植教授基于对韩国近现代佛教史客观历史的认识，从近现代时期的佛教政策、寺院情况、佛教改革运动、代表僧侣的佛教改革实践及佛教思想等多方面对韩国近现代佛教史进行了全面考察。他的研究成果是了解韩国近现代佛教史的首选资料。随着韩国近现代佛教史研究的深入，此类研究专著不断出现，金光植教授近年来又相继出版了《(专门的独立运动家) 韩龙云》（历史空间，2015年）、《万海韩龙云的回忆与继承》（inbooks，2022年）、《明星法师修行录》（佛光出版社，2023年）。

有关近现代佛教思想方面，韩国学者近年来主要从代表僧侣的佛学思想研究、高僧法语集出版和近现代佛教口述资料搜集等方面展开研究。延世大学辛奎卓教授的《韩国近现代佛教思想探究》（2012年）是第一部全面研究韩国近现代佛教思想的专著。全书分为韩国佛教的整体性探究、韩国近现代时期的代表僧侣、禅僧的世界、今天的韩国佛教四大部分，通过对近现代佛教哲学性和宗教性的深入探讨、韩国佛教整体性的深层研究、代表高僧佛学思想特点的细致分析，从宏观的整体把握到微观的具体分析，系统地阐述了韩国近现代佛教思想的发展史。

有关近现代佛教修行体系方面，韩国学者近年来主要从代表僧侣的修行观、韩国佛教修行传统的再认识、代表寺院的修行现状、现代佛教修行观的批判、现代韩国禅的国际化发展等方面展开了研究，目前还没出现整体把握韩国近现代佛教修行体系的研究成果。

不过，韩国近现代佛教修行体系基本继承了朝鲜后期的修行传统，这部分内容也是本书后文中将系统阐述的内容。有关朝鲜后期修行体系方面，韩国学者金龙泰2008年发表了博士学位论文《朝鲜后期佛教的临济法统和教学传统》。他从朝鲜后期佛教政策及现实情况出发，对清虚和浮休两系的成立过程及特点、临济太古法统的确立和继承、17世纪修行体系的确立及18世纪教学的盛行等方面对朝鲜后期佛教的法脉传承及修行特点进行了系统的论述。金龙泰在2010年出版了《朝鲜后期佛教史研究》一书。该书是在其博士学位论文的基础上，对朝鲜时代儒佛关系、佛教的心性认识等方面做了进一步展开。

韩国学者李钟寿2010年发表了博士学位论文《朝鲜后期佛教的修行体系研究——以三门修学为中心》。李钟寿运用正史资料、高僧语录、寺志、碑铭等珍贵资料，从朝鲜后期三门成立的背景、临济法统的确立、履历课程的体系化、禅宗单一化、佛教心性论争的展开、华严疏钞和净土书籍的刊行、念佛结社的流行等方面对以看话参禅为内容的径截门、以华严教学为内容的圆顿门、以净土念佛为内容的念佛门构成的三门修行体系进行了系统的考察。随着这两篇博士论文的发表和佛教修行传统研究的深入，将三门修行看作韩国佛教修行传统的观点逐渐成为现代韩国佛教界和学术界的认识。

以上极其简要地介绍了一些与本书主题有关的前人研究成果，

第一章 韩国佛教概说

更多内容请参考正文注释及参考文献。①

### 三 概说韩国佛教历史

在深入研究韩国佛教的修行思想之前，我们有必要先厘清韩国佛教发展的大体脉络。这里，将从朝鲜半岛佛教的传入、新罗统一王朝时期的佛教、高丽王朝时期的佛教、朝鲜王朝时期的佛教、近现代时期的佛教五个历史阶段对韩国佛教的发展进行简要的概述，以便读者对韩国佛教的宗派形成及其发展变化有个初步的了解。

#### （一）朝鲜半岛佛教的传入

佛教是世界三大宗教之一，于公元前6世纪左右由释迦牟尼在古印度创立。公元前3世纪时开始由印度向外传播，约1世纪左右经由陆上或海上丝绸之路传入中国内地，复由中国再传入朝鲜、日本、越南等国。

中国佛教最早传入朝鲜半岛是在公元4世纪。公元1世纪后，朝鲜半岛出现高句丽、百济、新罗三个古国。中国佛教最先传入高句丽，大概是在小兽林王二年（372），前秦苻坚曾派使者及僧侣顺道送去佛经和佛像，小兽林王也遣使答谢。中国佛教传入百济稍晚于高句丽，枕流王元年（384）梵僧摩罗难陀由东晋到达百济的汉山城，受到百济王的热诚接待，翌年创建佛寺，度僧十人。此后，佛教在百济日益兴盛。新罗的佛教，一般认为是在讷祗王时（417—418年）由高句丽输入。在南北朝时期，新罗有不少僧人来中国求学巡礼。据不完整统计，自6世纪中叶到7世纪末的150年间，到中国和印度求法的新罗僧共21人，其中到中国的著名高僧有玄光、明观、无相、圆光、智明、安含、慈藏等人。

---

① 本书参考的韩文著作书名及论文名在正文注释中由笔者进行直译，原标题请见参考文献。另外，本书引用的所有韩文文献均由笔者进行直译。

## （二）新罗统一王朝时期的佛教

7世纪中叶，新罗先后灭亡百济和高句丽，建立了新罗统一王朝。统治阶级出于政治的需要，一方面扶植儒教，另一方面又支持佛教、道教的发展。随着佛教的繁荣，新罗陆续派出了不少僧侣来中国求法巡礼。此时，正值中国历史上的隋唐时期，中国佛教在统治阶级的支持下，走上了兴盛的道路，完成了外来佛教中国化的过程，先后形成了具有中国特色的天台宗、华严宗、法相宗、律宗和禅宗等佛教宗派，对新罗的佛教产生了重要影响。

这一时期，新罗派出的这些留学僧回国时带回去不少佛教典籍和文物，同时也把中国佛教的大多数学派或宗派先后传入了新罗，并建立了具有新罗民族特点的佛教宗派或学派，形成了"五教九山"之说。所谓"五教"是指五种佛教宗派，即涅槃宗、律宗、华严宗、法相宗和法性宗。除这五宗之外，还有一些小宗派曾短暂传承，比较重要的有神印宗、总持宗等传秘法的宗派。所谓"九山"是指新罗时期佛教禅宗的九个派别，即实相、迦智、阇崛、桐里、圣住、师子、曦阳、凤林及高丽初期建立的须弥山。新罗时期禅宗是以南宗禅为主流的。

新罗王朝末期，统治阶级内部矛盾加剧了社会动荡，初期具有思辨色彩的、为贵族所信奉的"教学佛教"已经远远不能适应社会发展的需要，因此在佛教内部出现了两种新的潮流：一是注重修行实践的禅宗逐渐产生广泛影响，二是崇拜阿弥陀佛、观音和弥勒的净土信仰在民间广为流行。可以说，此时，初步形成了教学、参禅、念佛三种修行法并行的局面。大约在9世纪初，禅宗在新罗崛起，逐渐压倒了其他宗派，成为后来各朝佛教的主要力量之一。

## （三）高丽王朝时期的佛教

10世纪初，王建建立高丽王朝，取代了新罗王朝。高丽王朝延续400余年，历代诸王都笃信佛教，热衷佛事。高丽时期朝廷还制定、实行了选拔僧侣的僧科考试制度，完备了管理僧人的僧官制度。11世纪初，朝廷曾两次雕刻高丽大藏经。1232年第一次雕刻的藏经雕版被入侵的蒙古士兵焚毁，1236年又倾尽国力再次雕刻完成，雕版现保存在海印寺内。

高丽时期，佛教界内部形成了禅宗和教宗两大系统。禅宗以九山禅门为主，各山竞立，一时高僧大德各领风骚。时文宗之子义天开创了天台宗。天台宗兴起，禅门一度受挫。后来，学一、坦然开创了曹溪宗，后被知讷改为曹溪禅社，提倡顿悟的修禅法，禅宗中兴。到了高丽末期，曹溪一宗在诸宗派中独占鳌头。教宗是指除禅宗以外的其他佛教宗派，如华严宗、瑜伽宗（又被称为慈恩宗）、天台宗等，这些宗派在理论上有自己的特色，带有学派的特点，不同于禅宗直指人心的顿悟法门。

佛教在高丽影响巨大，但同时也给社会带来了弊端。大兴寺塔，大搞佛事耗费了国库，加重了百姓的负担；一些人为了逃避劳役之苦纷纷遁入佛门，使得佛教徒的成分鱼龙混杂，僧人素质参差不齐；僧人素质不高，无力于义理之学，无志于参禅之修，消灾祈福成为佛教界的日常活动。这些都对佛教界产生了严重的负面影响，因此，高丽末期排佛呼声日益高涨。

（四）朝鲜王朝时期的佛教

14世纪末，李成桂废黜高丽恭让王，建立朝鲜王朝。李成桂虽然对佛教采取了扶植政策，但是由于排佛的呼声不断高涨，也未能挽救佛教衰颓的趋势。太宗继位后，实行了抑佛政策，尊儒抑佛，淘汰僧侣，削减寺刹。以后，多数帝王都遵循了太宗的抑佛政策，如世宗废除僧录司制度，将佛教的诸多宗派合并为禅教两宗；文宗禁止百姓出家，禁止僧尼进入都城，等等。其间，虽然个别帝王或太妃有兴佛之举，但没能挽救佛教的衰颓趋势。

由于受到了政府抑佛政策的打击，僧尼也被禁止进入都城，僧侣们只能栖隐山林，佛教界内部诸山各自分立，仅依靠师资脉脉相承的制度得以保存下来。此时，朝鲜佛教进入了"山僧时代"。佛教界为了生存和发展，一方面向朝廷呼吁放宽政策，另一方面进行自我调整，振作纲纪，创立了僧风纠察机构，力图以新的形象出现在世人面前。同时，佛教教学也转向禅教结合、儒释融合的道路，禅宗成为当时最有势力的僧团之一。总的来说，朝鲜佛教由于失去了政府的扶植，已经无法与前期的佛教盛世相比，在京城的影响也大不如从前，但其在民间仍然有着广泛的影响。

朝鲜后期，佛教僧军的义举扭转了朝鲜佛教的命运。朝鲜王朝时期正值日军大举入侵之际，佛教僧侣在反侵略斗争中做出了重要贡献。这一时期参加抗日救国的佛教义僧达5000人，73岁的清虚休静（1520—1604），又称西山大师，为僧军的首领，他带领僧军奋勇抗争，在抗日救国过程中做出了杰出贡献。由于佛教僧侣在抗日救国斗争中表现非凡，改变了朝廷和百姓对佛教的看法，朝鲜末期佛教有所恢复，形成了休静派和浮休派两大派系，确立了僧伽履历课程和三门修行体系。

（五）近现代时期的佛教

按照韩国的历史年表来看，1876年朝鲜与日本签订"江华岛条约"，港口开放，标志着韩国近代时期的开启。1897年朝鲜终结，"大韩帝国"成立。1910年日本夺取了对朝鲜半岛的统治权，日帝强占期开始。1945年日本投降，朝鲜半岛解放。1948年，大韩民国成立，标志着韩国现代时期的开始。随着韩国社会的发展，韩国佛教界也开始走上复兴佛教的改革之路。

1897年，朝鲜改国号为"大韩帝国"，佛教再度复兴。光武元年（1897），政府正式解除禁止僧尼进入都城的禁令，并设置了管理佛教的专门机构。佛教在政府的管理下，再次发展起来。1906

## 第一章 韩国佛教概说

年,佛教界成立了佛教研究会、圆宗宗务院等团体。

1910年,朝鲜被日本正式吞并。日本佛教徒迅速展开了具有宗教侵略意图的布教活动,1911年颁布《寺刹令》,设立三十本山(后改为三十一本山)制度,旨在分散朝鲜佛教界的统一力量。三十本山制度,就是将朝鲜佛教分为30个本山或教区,规定寺刹的变更、合并,寺刹土地、文物的处理,寺刹住持的委任等都须经总督的批准。总之,朝鲜的佛教完全被日本当局所控制。

朝鲜僧人为了反对日本曹洞宗对圆宗的控制和结盟,倡议成立朝鲜的临济宗组织。1922年,朝鲜僧人为了护教自救,又设立了"朝鲜佛教禅教两宗中央教务院"。1925年,又成立了"朝鲜佛教中央教务院"。1941年,朝鲜僧伽以太古寺为总本山,定名为统一的曹溪宗,全国僧侣期望在曹溪宗的旗帜下走向统一的道路。另外,一些与佛教有关的、具有爱国护教性质的新兴宗教组织也相继推出,比较重要的有圆佛教、大觉教、弥勒宗等。有的新兴宗教还受到日本殖民政府的镇压,被迫解散,如大觉教等。

1945年日本投降,朝鲜半岛获得解放。后来,朝鲜半岛分裂为两个部分,北方是朝鲜民主主义人民共和国,南方是大韩民国。韩国的佛教在战后发展比较迅速。1945年10月成立了"韩国佛教总务院"。1954年成立了"韩国佛教信徒会""曹溪宗全国信徒会""全国佛教青年组织"等。后来,韩国佛教界内部纷争不断。其原因是在日本强占期间,韩国佛教因受日本佛教某些派别的影响,有的教派仿照日本某些教派的做法,允许僧人娶妻食肉,出现了"带妻僧"。独立后,曹溪宗内部一些僧人要求将"带妻僧"逐出僧团,不承认他们的出家人身份。两派斗争了七八年,最后双方各自成立了总务院。1970年,"带妻僧"一派正式从曹溪宗分出,成立了太古宗。至此,韩国佛教界内部的这一大纷争告一段落。自此,韩国现代佛教两大代表性宗团形成:一个是大韩佛教曹溪宗,即以比丘僧为主体的僧团，是今天韩国佛教的第一大僧团；另一个是韩国佛教太古宗，是以"带妻僧"为主体的僧团，是今天韩国佛教的第二大僧团。①

曹溪宗和太古宗是现代韩国佛教界最具代表性和影响力的两个传统佛教宗团。其中，大韩佛教曹溪宗规模最大、影响力最强。据2018年宗教现状调查，韩国佛教登记在册的宗团总数为146个，其中曹溪宗无论是从寺院数量上看，还是从僧人、信徒数量上看，都远远领先于其他宗团。曹溪宗拥有近1万3千多名僧人，1000多万名信众，太古宗拥有7千多名僧人，600多万名信众。另据2023年韩国传统寺院调查，韩国国家认可的传统寺院共982个，其中曹溪宗寺院有795个，占传统寺院总数的81%；太古宗寺院有96个，占传统寺院总数的10%。可以说，曹溪宗是引领韩国佛教发展的主导力量。近代以来，虽然也形成了一些新兴的佛教宗派，但因其没有历史的延续，在论及韩国佛教的修行传统及其发展这一论题时，这些新兴宗派也就不能成为我们讨论的对象。

曹溪宗与太古宗在修行思想上，都继承了朝鲜后期的"三门修行"思想；在宗派性质上，二者都是朝鲜时期"诸宗合并"政策下形成的"统合宗团"，太古宗只是因为"带妻食肉"的戒律问题，被逐出僧团另立他宗而已。可见，无论是从修行思想上看，还是从宗团性质上看，二者都具有"通佛教"的性格。

"通佛教"认识的出现源于1930年学界掀起的重视民族文化传统价值的"朝鲜学运动"，佛教界也参与其中，对佛教传统进行了再认识。为了表明区别于日本佛教的朝鲜佛教的传统特点，以崔南善为首的佛教界人士强调朝鲜后期参禅、讲经、念佛三门兼修的通

---

① 以上内容参考了忽滑谷快天《韩国禅教史》，朱谦之译，中国社会科学出版社1995年版一书中黄心川先生的《序》。

佛教的修行传统，提出了会通和圆融的"通佛教"概念。这种以参禅为本，兼及讲经、念佛等各种法门的修行方法一直延续至今，体现了韩国佛教兼容并蓄的"通佛教"特点。

"通佛教"这一特点还体现在，从朝鲜后期开始至今韩国佛教宗团性质的模糊性上。朝鲜王朝时期排佛呼声不断高涨，太宗六年（1406），公认的11个宗派，即曹溪宗、总持宗、天台疏字宗、（天台）法事宗、华严宗、道门宗、慈恩宗、中道宗、神印宗、南山宗、始兴宗，被缩减到曹溪宗、天台宗、总南宗、华严宗、慈恩宗、中神宗、始兴宗7个宗派；到了世宗六年（1424），曹溪宗、天台宗、总南宗3个宗派被合并为禅宗，华严宗、慈恩宗、中神宗、始兴宗4个宗派被合并为教宗。至此，朝鲜后期佛教"禅教两宗"格局形成。到了近代，在日本"宗教殖民政策"的影响下，颁布了《寺刹令》，确立了三十本山制度，韩国佛教丧失了自主权；此后，以《寺刹令》为中心的朝鲜佛教禅教两宗体制一直沿用到了20世纪30年代。1945年解放后，经过一系列的整顿、改革，直到1962年统合综团"大韩佛教曹溪宗"成立；1970年，带妻僧从曹溪宗分离出来，成立了"韩国佛教太古宗"。至此，现代韩国佛教的两大代表性宗团形成。从朝鲜后期以来韩国佛教宗团发展的大致脉络上看，作为引领韩国现代佛教的两大宗团，无论是曹溪宗还是太古宗都是受朝鲜时期"诸宗合并"政策影响下形成的"统合综团"，在宗团性质上，都具有"通佛教"的特点。因此，由这两大宗团所代表和引领的韩国现代佛教的整体相也呈现出"通佛教"的特点。

# 第二章 朝鲜后期"三门修行"体系的确立及发展

## 第一节 "三门修行"体系的确立

### 一 朝鲜后期佛教界的变化及思想动向

(一)朝鲜后期佛教颓势的扭转

朝鲜时代佛教受到压制是不争的事实。但是,以两乱①结束为分界点,朝鲜前期(1392—1636)和后期(1637—1910)佛教受压制的程度明显不同。朝鲜前期,崇儒抑佛政策的实行使佛教界受到了严重的打击。太宗(1367—1422年在位)六年(1406),公认的11个宗派被缩减到7个宗派。②世宗(1418—1450年在位)六年(1424),7个宗派又被统合为禅、教两宗。③到了中宗时期

---

① 两乱是指倭乱和胡乱。倭乱是指朝鲜从宣祖二十五年(1592)到三十一年(1598),日本先后两次入侵朝鲜而引发的战争,史称"壬辰倭乱"。胡乱是指朝鲜仁祖五年(1627)和仁祖十四年(1636),后金及清朝先后两次入侵朝鲜而引发的战争,分别史称"丁卯胡乱"和"丙子胡乱"。

② 《太宗实录》卷11,太宗六年三月二十七日(永乐)(见国史编撰委员会编《朝鲜王朝实录》,电子版 http://sillok.history.go.kr/main/main.do,电子版按日期划分,没有具体页数)。

③ 《世宗实录》卷24,世宗六年四月五日(庚戌)(见国史编撰委员会编《朝鲜王朝实录》,电子版 http://sillok.history.go.kr/main/main.do,电子版按日期划分,没有具体页数)。

## 第二章 朝鲜后期"三门修行"体系的确立及发展

(1488—1544年在位),禅、教两宗也不被承认,度僧制度也被废除。虽然明宗时期(1534—1567年在位),经过虚应堂普愚(?—1565)的努力,僧科考试制度暂时得以恢复,但是文定王后死后,以普愚为首的佛教势力也从此退出了历史舞台,佛教面临着断绝的危机。

朝鲜后期,两乱期间僧军的护国义举扭转了佛教的颓势。社会各界对佛教的认识发生了转变,具体表现在:第一,据《朝鲜王朝实录》[①]记载,两乱以后儒者排佛的态度发生了转变。具体体现在儒者排佛上疏锐减和儒者积极为立功僧侣撰述碑文等史实上。第二,国家对佛教的政策做了调整,排佛政策开始松缓,逐步呈现包容的倾向,具体体现在总摄制度[②]的实行上。第三,僧侣获得户籍,允许其拥有私有财产,寺院经济得到发展。佛教界也借此契机重整佛教,佛教徒不再依附中央权力,而是退居地方山中,一方面修复废弃的寺庙,重整道场;另一方面培养后学,振兴佛事。[③]

(二)佛教界内部两大派系的形成

两乱期间,佛教界内部形成了两大派系:一个是清虚休静系,另一个是浮休善修(1543—1615)系。清虚和浮休同出于芙蓉灵观(1485—1571)门下,二者在佛学思想上有共同特征,均尊奉临济

---

[①] 国史编撰委员会编:《朝鲜王朝实录》,http://sillok.history.go.kr/main/main.do. 纸质版《朝鲜王朝实录》是记录了从朝鲜太祖(1392—1398年在位)到哲宗(1849—1863年在位),共25代王、472年的历史的编年体史书。电子版《朝鲜王朝实录》增补了从高宗(1863—1906年在位)到纯宗(1907—1910年在位),共2代王48年的历史。

[②] 高丽末和朝鲜时代的僧职,普及于朝鲜宣祖时期。在倭乱和胡乱期间,8道各摄两名总摄,战争结束后总摄制度仍被保留。1899年改称"摄理",1902年改称"教正",1911年《寺刹令》颁布以后,改称"住持"。

[③] 李钟寿:《倭乱和胡乱以后佛教界的变动和发展》,《韩国佛教史研究》2015年第8期。

宗义理；在法统上有共同主张，皆拥护"太古法统说"。

清虚休静因主导义僧兵救国运动而名声大振，其门下的僧侣遍及全国各地，占僧侣总数的70%。清虚系有四大门派，即四溟唯政（1544—1610）的四溟派、静观一禅（1533—1608）的静观派、逍遥太能（1562—1649）的逍遥派、鞭羊彦机（1581—1644）的鞭羊派。鞭羊派最繁盛。鞭羊彦机以妙香山和金刚山为活动中心，然而他的弟子们却遍布全国各地，宗匠辈出，比较有代表性的有枫潭义谌（1592—1665）、霜峰净源（1627—1709）、月潭雪霁（1632—1704）、月渚道安（1638—1715）等。

浮休系以松广寺为本山寺刹，以华严寺、双溪寺为活动中心。浮休系以浮休善修为首，其嫡传法脉为碧岩觉性（1575—1660）—翠微守初（1590—1668）—柏庵性聪（1631—1700）。与清虚相比，浮休虽参与社会活动不多，但在学人中威望很高。据说1609年冬受松广寺邀请，曾带学人400名修缮寺院，潜心修学，从此与松广寺结缘。后浮休的弟子碧岩觉性被委任为第3代义僧兵都总摄，为平定"丙子胡乱"立下了汗马功劳，因此名声远扬，也为浮休系成长为当时佛教界的第二大派系奠定了基础。后经过柏庵性聪阐扬，以继承普照知讷（1158—1210）遗风为宗旨，确立了其派系体系，这也是其与清虚系不同的地方。至此，朝鲜后期佛教两大派系正式确立。后来，经过两大派系的共同努力，17世纪僧伽履历课程①及三门修行等教育和修行体制得以完备。

---

① 履历课程：①沙弥科（1—3年）：受十戒，朝夕诵咒，学习《般若心经》《初心文》《发心文》《自警文》《沙门律仪》《缁门警训》《禅林宝训》；②四集科（2年）：学习《禅源诸诠集都序》《大慧普觉禅师书》《法集别行录节要并入私记》《高峰和尚禅要》；③四教科（4年）：学习《首楞严经》《大乘起信论》《金刚般若经》《圆觉经》；④大教科（3年）：学习《华严经》《禅门拈颂》《景德传灯录》。

# 第二章　朝鲜后期"三门修行"体系的确立及发展

## 二　"三门修行"体系的确立及内容

朝鲜后期，佛教修行体系的特征可以概括为"三门修行"①。从韩国佛教史来看，首先提出"三门"的是高丽中期的普照知讷。他受中国宋代以来会通思想的影响而会通禅教，提出了"惺寂等持门、圆顿信解门、径截门"三种修行法门。经过朝鲜时代抑佛政策漫长的沉寂期，朝鲜后期的清虚休静重申并调整三门，其弟子鞭羊彦机最终确立了径截门、圆顿门、念佛门的"三门修行"体系。径截门是以看话参禅为内容，通过参究话头而达到觉悟境界的法门②；圆顿门是以华严教学为内容，通过顿悟华严教义而达到觉悟境界的法门③；念佛门是以念佛净土为内容，通过念佛而获得解脱的法门④。

朝鲜后期的三门修行体系与知讷提出的三门在形式上相似，但是三门的内容与地位却不尽相同。就径截门而言，二者是相同的，其修行内容都是看话禅，均适用于上根机的修行者。但是圆顿门与

---

① "三门修行"这一用语是学者郑炳三在《佛教界的动向》(《韩国史》，1998年第35卷) 中首次提出的。他将朝鲜后期参禅、看经、念佛这三种主要修行方法概括为"三门修行"。此后，学术界采纳了这一术语，它又被称为"三门修业""三门修学"。

② 鞭羊彦机：《鞭羊堂集·禅教源流寻釰说》，《韩国佛教全书》卷8，东国大学电子佛教典文化研究所2007年版，第257页中栏。"径截门工夫，于祖师公案上，时时举觉起疑惺惺，不徐不疾，不落昏散，切心不忘，如儿忆母，终见愤地一发妙也。"(本书参考的是CD电子版《韩国佛教全书》，该书网罗了从新罗时代开始到朝鲜时代1896年为止的由韩国人编撰或著述的佛学论著。以下省略出版社和出版年代。)

③ 鞭羊彦机：《鞭羊堂集·禅教源流寻釰说》，《韩国佛教全书》卷8，第257页中栏—下栏。"圆顿门工夫，返照一灵心性，本自清净，元无烦恼。若当于对境分别之时，便向此分别未起之前推穷此心从何处起。若穷起处　得，则心头热闷，此好消息也，不得放舍。"

④ 鞭羊彦机：《鞭羊堂集·禅教源流寻釰说》，《韩国佛教全书》卷8，第257页下栏。"念佛门工夫，行住坐卧常向西方，瞻想尊颜，忆持不忘，则命终时佛陀来迎，接上莲台也。此心即佛，此心即六道万法，故离心别无佛，离心别无六道善恶诸境也。"

·27·

圆顿信解门在内容上却不同。圆顿信解门是为"于径截门活句，未能参详"①的中下根机所设的，是区别于径截门的另一种禅修行门。圆顿信解门有语路，有言路，"示以称性圆谈，令其信解不退转"②，发心修行，最终证得佛果，展示的是从解悟到渐修再到证悟的"顿悟渐修"修行法。在知讷看来，径截门与圆顿信解门最终证悟的境界没有差异，二者只是路径不同而已。③而清虚休静却是立足于"舍教入禅"的"禅胜教劣"观④，把华严教学看作禅家入门的"初句"，将圆顿门划归到了低于径截门的下一等级。由此可知，朝鲜后期的圆顿门与知讷提出的圆顿信解门的定位是不同的，性质是有差异的。

朝鲜后期的三门与知讷提出的三门，二者之间的最大差异，就是朝鲜后期的三门用"念佛门"代替了知讷的"惺寂等持门"。高丽时代，念佛净土是自力和他力两个方面共存的。在知讷看来，念佛只是为下根机人所设的一种他力信仰，因而并没有将念佛看作一种修行方法。而比知讷稍晚一些的太古普愚（1301—1382）、懒翁惠勤（1320—1376）、涵虚己和（1376—1422）等开始逐渐吸收自力念佛，并将其与禅结合。到了朝鲜后期，清虚休静融合前期的修行传统，一方面认可自力念佛与禅的结合，另一方面接受西方净土为下根机的修行方法，进而开设了念佛门。后经鞭羊彦机将三门修行体系化，确立了朝鲜后期的"三门修行"体系。

---

① 普照知讷：《看话决疑论》，《韩国佛教全书》卷4，第733页上栏。
② 普照知讷：《看话决疑论》，《韩国佛教全书》卷4，第733页上栏。
③ 普照知讷：《看话决疑论》，《韩国佛教全书》卷4，第736页中栏。"圆教谈十玄无碍法门，虽是不思议乘菩萨普眼境界，而于今时凡夫观行门，以有闻解语路义路故，未得无分别智，须经见闻解行生，然后证入矣。当于证入，亦如禅门无念相应。"
④ 清虚休静：《禅门龟鉴》，《韩国佛教全书》卷7，第636页中栏。"故学者，先以如实言教，委辨不变随缘二义是自心之性相，顿悟渐修两门是自行之始终。然后放下教义，但将自心现前一念，参详禅旨，则必有所得。"

第二章　朝鲜后期"三门修行"体系的确立及发展

从禅教关系来看，二者虽然都主张"禅教兼修"，但是知讷的三门关系体现了"定慧双修""禅教融摄"的特点；而清虚休静的三门关系则体现出"舍教入禅""禅主教从"的特点。从以上简述的从高丽时期三门初建到朝鲜后期三门重建的变迁过程可知，三门是在互补的关系中不断变化的。

## 第二节　"三门"的竞相发展

朝鲜后期，随着三门修行体系的确立，三门呈现了竞相发展的态势，具体体现在三个方面：第一，临济法统的确立；第二，讲院教育的活跃；第三，念佛修行的普及。

### 一　临济法统的确立

临济法统的确立是指以临济宗的看话禅修行为中心的径截门传统的确立。法统的确立直接关系到韩国佛教的整体性、历史的正统性及修行体系的确立等问题。

实际上，现代的曹溪宗和高丽末朝鲜初的曹溪宗之间是有着长期的历史间隔和传承断绝的。高丽后期，曹溪宗作为代表禅宗的宗名，象征着禅宗的正统性。高丽时代的佛教教团，以华严宗、法相宗为中心的教宗和以禅门九山为代表的禅宗并立，各宗团独自运营，管理僧籍，设置僧科。禅宗的名称经历了从九山禅门到禅寂宗到曹溪宗的变更。高丽末的佛教界，以曹溪宗为中心的禅宗势盛，教宗势衰。

朝鲜开国以后，抑佛政策的实行使佛教界受到了严重的打击。太宗六年（1406），公认的 11 个宗派被缩减为曹溪宗、天台宗、华严宗、慈恩宗、中神宗、总南宗、始兴宗 7 个宗派。世宗六年（1424）曹溪宗、天台宗、总南宗合并为禅宗，剩下的四个宗派合并为教宗,由此禅教两宗的体制形成。到了中宗时期,废除了度僧制度,进入法制上的排佛阶段。这一时期,佛教的延续本身就面临着巨大的考验,禅宗的传法继承也面临着断绝的危机。明宗时期,经历壬辰倭乱以后,僧军的抗日义举扭转了佛教的颓势,到了17世纪初僧伽履历课程及三门修行等教育和修行体制得以整备。随着系派和门派的形成,开始重视法脉,法统说也由此抬头。

关于法统说,清虚休静曾有所提及,他指出碧松智严受法于正心禅师的事实,同时强调碧松智严的禅风是远嗣中国临济宗的大慧宗杲和高峰原妙的看话禅风。清虚休静虽然没有具体言及朝鲜初期以后的禅宗系谱,但他认识到在实际的传承几乎断绝的情况下,法统应该进行新的改造。在清虚休静的影响下,首先阐明法统传承的是清虚休静的嫡传四溟惟政,他提出了"高丽懒翁法统说"①。

> 唯道峰灵照国师,入中原,得法眼永明之传。宋建隆间,返本国,大阐玄风,以救末法,祖师西来之旨始有所宣扬,而东土蒙伽黎者乃获袭临济曹洞之风。其有功于禅宗也……师之正法眼藏,传于……凡六世而得普济懒翁……传其法者,南峰修能为嫡嗣,而正心登阶实继之,即碧松智严之师也。碧松传于芙蓉灵观,得其道者唯称清虚老师为最杰……道峰普济之教至此而益弘明矣。②

---

① "高丽懒翁法统说"是依四溟惟政遗训,由许筠撰写的,相关资料详见《清虚堂集序》(《韩国佛教全书》卷7)、《西山碑铭》及《松云大师石藏碑铭并序》(《韩国佛教全书》卷8)。

② 四溟惟政:《清虚堂集序》,《清虚堂集》,《韩国佛教全书》卷7,第659页下栏—660页中栏。

## 第二章　朝鲜后期"三门修行"体系的确立及发展

四溟惟政主张道峰灵照（？—974）① 得法于中国法眼文益（885—958）和永明延寿（904—975），后归国传法，至六世懒翁惠勤，后经清虚休静脉脉相承。惟政法统说的特点是：第一，他考虑到高丽禅宗的特点。高丽后期九山禅门包含了临济宗、曹洞宗、沩仰宗等多种禅风。第二，他考虑到懒翁惠勤的历史地位。懒翁惠勤在恭愍王时期（1352—1347 年在位）曾任王师，是继承了高丽禅宗多样性传统的代表人物。第三，他考虑到朝鲜时期禅、教两宗分裂的现实。朝鲜世宗时期，禅、教两宗体制形成，继承禅和教成为当时的时代课题。因此，可以说这一法统说是考虑到法眼宗、临济宗、曹洞宗等，从继承高丽禅宗的多样性传统的立场出发而提出的，符合当时强调同时继承禅、教传统的时代状况。"高丽懒翁法统说"传承法脉如下：

道峰灵照（？—974）……普照知讷（1158—1210）→懒翁惠勤（1320—1376）→南峰修能（？）→登阶正心（？）→碧松智严（1464—1534）→芙蓉灵观（1485—1571）→清虚休静（1520—1604）

然而，事实上朝鲜时期经过中宗时代的排佛政策，包括懒翁派在内的高丽禅宗的多种禅宗法脉几乎断绝。另外，朝鲜后期仁祖反正②和

---

① 道峰灵照，俗姓朴，即高丽光宗时期的国师慧炬。曾到中国求法，受法于法眼宗创始人文益，后归国弘扬法眼宗。其浮屠塔现存于望月寺，其他具体事迹不详。

② "仁祖反正"是发生于朝鲜王朝光海君执政时期的癸亥年（1623）三月十二日的一场宫廷政变。1613 年，癸丑狱事发生，光海君清除了对自己王位构成威胁的势力，罢免了众多台谏官员。而在后金与明朝交战期间，光海君奉行中立态度，也引起群臣的不满。癸亥年三月十二日，西人党率一千三百人自城东北攻入汉阳，将光海君废黜，拥戴光海君之侄绫阳君为王，是为朝鲜仁祖。仁祖将光海君流放江华岛。这就是历史上的"仁祖反正"。

两乱以后，朝野上下开始强调名分和正统性。当时执掌朝政的儒生士林们提出"道统论"，排斥高丽以前的儒学传统，主张以元代传入的性理学为标准重建道统，自此强调正统性的思潮形成。1632年，清虚休静的晚年弟子鞭羊彦机基于以上现实，顺应时代潮流，提出了新的法统说，即"临济太古法统说"，此说秉承中国临济正脉，强调朝鲜禅宗法脉的正统性。这一法统说得到了包括四溟派在内的佛教界的一致认同。四溟派为了纠正此前本派主张的"宗源流派"的错误，特别重刊了四溟惟政全集《四溟堂集》，并在序文中指出"永明延寿是法眼宗，普照知讷是别宗，懒翁惠勤是平山处林的分支"①，批判原来的法统说不能阐明临济宗二十五世嫡传清虚休静的传承，赞同纠正旧法统创建新法统。新法统说主张太古普愚从元代的石屋清珙（1272—1352）受中国临济宗正脉，再传清虚休静。

石屋清珙（1272—1352）→太古普愚（1301—1382）→幻庵混修（1320—1392）→龟谷觉云（1352—1374年在位）→碧溪净心（？）→碧松智严（1464—1534）→芙蓉灵观（1485—1571）→清虚休静（1520—1604）

这一法统说通过太古普愚接续了中国临济宗的正统法脉，阐明了清虚休静及朝鲜后期佛教继承临济法统的鲜明立场。也就是说，通过与中国临济宗传统"结缘"确保了朝鲜禅宗的正统性，同时也

---

① 四溟惟政：《四溟堂松云大师行迹》，《韩国佛教全书》卷8，第75页上栏—中栏。"清虚是能仁六十三代，临济二十五世直孙也。永明则法眼宗也，牧牛子则别宗也，江月轩则分派于平山。本碑中吾师之传于临济昭穆失次，若后世盲聋乎智者，愈久而愈传，无乃有骇耳目者乎？"

## 第二章　朝鲜后期"三门修行"体系的确立及发展

宣布与高丽和朝鲜初的主流佛教"绝缘"。① 临济太古法统说从阐明正统性的佛教史认识出发，重新连接了断绝的禅宗法脉，具有重要意义。但是这一法统说为了名分上的正统，而舍弃了实际的传承，其师承关系从历史事实的角度来看却存在着很多问题。

与此同时，1630 年清虚休静的另一个弟子霁月敬轩提出了"临济懒翁法统说"。他考虑到懒翁惠勤的历史地位，用懒翁惠勤代替太古普愚，标榜临济宗正统论，这同临济太古法统是一脉相承的，在当时佛教界没有引起太大的反响。

临济太古法统的权威性一直持续到整个朝鲜后期。由此，法统体系内的各派系和门派的整体性也得以维系。1911 年施行《寺刹令》，同时颁布了《本末寺法总则》，规定："推举太古普愚嫡传芙蓉灵观的两大神足——清虚休静和浮休善修两大派系的法孙中行解兼备者任住持，传持法灯，以此作为寺门相续的通规。"② 这表明以临济太古法统为主的派系传统被公开采纳③，标志着禅的中心地位的确定。

### 二　讲院教育的活跃

讲院教育的活跃是指以华严学为中心的圆顿门教学传统的继承，主要体现在三个方面：第一，华严私记和科文的出现；第二，各大讲院华严法会的召开；第三，华严大讲伯的出现。

18 世纪华严教学受到重视，出现了许多有关华严学的私记和科文。之所以出现这一现象，17 世纪末有关《华严经》的注释书

---

① 金龙泰：《朝鲜后期佛教的临济法统与教学传统》，博士学位论文，东国大学，2008 年，第 105—121 页。
② 李能和：《朝鲜佛教通史》下册，韩国学研究所 1977 年版，第 560 页。
③ 金龙泰：《朝鲜后期·近代的宗名和宗祖认识历史考察》，《禅文化研究》2010 年第 8 期，第 43—81 页。

的出版刊行起了决定性的作用。肃宗七年（1681），从中国杭州开出的大藏船漂流停靠到了位于全罗道西海灵光郡的荏子岛上，船上有190卷佛教书籍。浮休系的柏庵性聪（1631—1700）搜集船上书籍，并主持汇编、印刷出版了唐代清凉澄观（738—839）的《华严经疏》《华严经随疏演义钞》，宋代长水子璇（965—1038）的《大乘起信论笔削记》等华严宗师的注疏。这一事件引发了朝鲜时代华严学的复兴。

17世纪上半叶，朝鲜《华严经》的注释书籍十分难求，在这样的情况下，华严学的指南书即澄观的《华严经随疏演义钞》的刊行，掀起了讲学和注释华严的热潮，大规模的华严法会相继展开。全国各大讲院都讲习华严，许多著名禅师开始重视华严，通过学习成为华严的大讲伯，出现了枫潭义谌、霜峰净源、月潭雪霁、月渚道安、唤惺志安（1664—1729）、雪坡尚彦（1707—1791）、莲潭有一（1720—1799）、仁岳义沾（1746—1790）、白坡亘璇（1767—1852）等华严大讲伯。其中最具代表性的是唤惺志安。1725年，唤惺志安在金堤金山寺开设华严大法会，1400余众云集听法。由于聚众过多，唤惺志安被诬告为逆徒，被流放到济州岛，直到入寂。这样大规模的法会的开设，从一个方面反映了18世纪华严教学的繁盛。① 自此，以华严为中心的教学传统的地位逐渐上升。

### 三 念佛修行的普及

朝鲜后期念佛修行的普及主要体现在净土书籍的刊行和念佛结社的盛行上。念佛法是最简单易行的修行法门。念佛净土学说大体

---

① 李钟寿：《倭乱和胡乱以后佛教界的变动和发展》，《韩国佛教史研究》2015年第8期。

## 第二章 朝鲜后期"三门修行"体系的确立及发展

分为两类：其一，"有相"净土，或西方净土。认为净土世界实存，不以人的意志为转移，人们可以通过特定的修行，在特定的时间到达这种彼岸世界。唐宋时期及其后最流行的西方阿弥陀佛净土信仰即属此类。其二，"无相"净土或唯心净土，"净土"不是实存的某个地方，而是一种获得解脱的精神境界。它存在于人们的心中。禅宗的"唯心净土"是其最重要的代表。在中国佛教历史上，各派在理论上认识不一致，在修行实践上却大多主张调和。无论认为"净土"在"心外"还是在"心内"，绝大多数人并不反对口念佛名，心想佛形（或相关的抽象义理）。[①] 韩国的情况也是如此。

搜索《韩国佛教全书》中收录的朝鲜后期有关净土念佛的书籍，其中比较有代表性的有：柏庵性聪的《净土宝书》和《净土赞》、明衍的《念佛普劝文》、箕城快善（1693—1764）的《请择法报恩文》以及佚名的《参禅念佛文》等。柏庵性聪作为禅师在书中主张唯心净土的同时，叙述了西方净土信仰。明衍在《念佛普劝文》中记录了有关禅师赞叹西方净土的内容。《参禅念佛文》同时收录了有关唯心净土和西方净土的内容。箕城快善虽为清虚系的禅宗弟子，却在《请择法报恩文》中提出了用念佛门去包罗径截门和圆顿门的主张。除此之外，这一时期还出现了《念佛还乡曲》《修善曲》等有关念佛的歌词。从朝鲜后期刊行的有关念佛净土的书籍的内容来看，这一时期念佛修行的特点是他力西方净土与自力唯心净土并存。

朝鲜后期念佛修行的普及还体现在信仰结社的活跃方面。朝鲜后期信仰结社以乡村为中心而展开。这一时期的信仰结社组织被称为"契"。与佛教有关的"寺刹契"，大体可以分为以建立佛殿等为内容的"补寺契"和以信仰活动为中心的"信仰契"两类，其

---

① 魏道儒：《唐宋佛学》，中国社会科学出版社2017年版，第229页。

中以"信仰契"居多,而且主要是"念佛契"。念佛契主要以万日为限结成,因此也被称为"万日契"或"万日会"或"万日结社"。据史料统计,朝鲜时代的念佛契,壬辰倭乱以前有3件,壬辰倭乱以后到19世纪为止共有24件①,由此可知,朝鲜后期以念佛修行为目的的结社呈现不断普及的趋势。念佛作为一种修行方法逐渐被僧俗大众所接受和认可。特别是,箕城快善的《请择法报恩文》中提出的用念佛门去包罗径截门和圆顿门的主张,反映了这一时期佛教界对念佛修行的普遍重视。念佛门的普遍化,促使念佛门作为一种独立的修行法,在三门中的地位逐渐上升。

## 第三节　三大论争的展开及其对三门修行体系结构的影响

三门修行的形成和发展也带来了佛教界内部的竞争和矛盾。具体体现为朝鲜后期的三大论争。第一大论争是从17世纪后半叶到18世纪后半叶的心性论争。云峰大智的《心性论》和莲潭有一的《心性论序》记录了当时心性论争的大致内容。② 第二大论争是18世纪后期的念佛修行优越论争。这次论争与其说是论争,不如说是提升念佛门地位的主张。箕城快善在《请择法报恩文》中强调念佛

---

① 李钟寿:《朝鲜后期佛教的修行体系研究——以三门修学为中心》,博士学位论文,东国大学,2010年,第170页。
② 有关心性论争的研究成果主要有:朴海棠:《朝鲜后期佛教的心性论——以大智的〈云峰禅师心性论〉为中心》,《佛教与文化》1997年第23期;李钟寿:《朝鲜后期佛教界的心性论争——以雪峰的〈心性论〉为中心》,《普照思想》2008年第29期;李丙旭:《〈云峰禅师心性论〉的思想特征》,《韩国禅学》2009年第24期;金龙泰:《朝鲜后期佛教史研究——临济法统与教学传统》,新旧文化社2010年版,第327—349页。

## 第二章 朝鲜后期"三门修行"体系的确立及发展

修行的优越性,并提出了用念佛门容括径截门和圆顿门的观念。①第三大论争是19世纪前期白坡亘璇(1767—1852)和草衣意恂(1786—1866)之间展开的禅论争。它又经由其弟子们的加入一直延续到近代。② 这一论争受到佛教界内外的瞩目,相关研究也进行得很活跃。③ 这三大论争并不是各自独立地就某一种修行方法而言的内部论争,实际上是与三门修行体系中三门的地位高低之争密切相关的。

依据本书的主题,本节的重点不在于三大论争具体内容的叙述,而是把三大论争放到整个朝鲜后期修行体系的建构中去理解。因此,这里只将三大论争的核心内容提炼出来做简要介绍,重点分析三大论争在修行体系构建中所起到的作用和意义。

### 一 心性论争

(一) 形成原因

两乱以后,儒教界认识到性理学中具有的统治理念的局限性,

---

① 高翊晋:《请择法报恩文的作者及其思想》,《佛教学报》1890年第17期;姜东均:《箕城快善的净土思想》,《石堂论丛》1999年第28期;李钟寿:《18世纪箕城快善的念佛门研——念佛门的禅教包容》,《普照思想》2008年第30期。

② 金约瑟:《秋史的禅学辩》,《白性郁博士颂寿纪念佛教学论文集》,白性郁博士颂寿纪念事业委员会1959年版,第83—97页。高亨坤:《有关秋史的白坡妄证十五条》,《学术院论文集》1975年第14期。李钟益:《通过证答白坡书看金秋史的佛教观》,《佛教学报》1975年第12期。韩基斗:《白坡和草衣时代禅的论争点》,《崇山朴吉真博士花甲纪念——韩国佛教思想史》,圆佛教思想研究会,1975年版,第2—20页。丁炳三:《秋史的佛教学》,《涧松文化》1983年第24期。李相炫:《秋史的佛教观》,《民族文化》1980年第13期。郑性本:《朝鲜后期的禅论争》,《韩国佛教史的再照明》,佛教时代社1994年版,第334—344页。金钟明:《二种禅和三种禅论争》,《从论争看佛教哲学》,礼文书院1998年版,第227—247页。金龙泰:《青松对秋史和白坡论争的理解》,《青松的禅和哲学——禅思想和西洋哲学的会通》,云舟社2011年版,第273—311页。

③ 李钟寿:《朝鲜后期三门修行和禅论争的展开》,《韩国佛教学》2012年第63期。

开始探求一种新思想。① 儒者们相继展开了四端七情论争、太极论争、理气论争、心性论争等，这些论争对佛教界产生了一定的影响。佛教界也借着局势的扭转，开始从多方面复兴佛教。白谷处能（1617—1680）著述《谏废释教疏》来强调压制佛教的不当之处；柏庵性聪搜集、编撰、发行了众多佛教经典，奠定了佛教教学发展的基础。自此佛教教学逐渐兴盛，各大寺院相继设立讲堂，讲经说法。一时间华严教学复兴，培养了一批可以与儒者对话的华严大讲师。云峰大智（1606？—1690？）著《心性论》就佛教和儒教不同的心性理解与儒学者展开了论辩，同时就佛教内部不同的心性理解即"一性说"和"多性说"做了介绍，并明确阐明了自己的观点。到了18世纪，莲潭有一和默庵最讷（1717—1790）又以"一性说"和"多性说"为论题，再次展开心性论争。

（二）展开过程

17世纪中期，佛教界心性论的展开始于云峰大智的《心性论》。云峰大智属清虚休静一系僧侣。清虚门下有弟子鞭羊彦机，鞭羊门下有弟子枫潭义谌和雨花说清（未详）。《心性论》中记载"清虚后裔，雨花上足，云峰子大智"，也就是说云峰自称是雨花说清的弟子。但是，1764年狮岩采永整理、刊行的《西域中华海东佛祖源流》中却记录云峰是枫潭义谌的弟子。目前我们可以确定的是云峰大智为清虚系禅僧。有关云峰禅师的生平，目前还没有详细的资料。但根据《心性论》的内容可知，云峰禅师曾组织过甲契，以白莲庵为中心，领导了白莲念佛结社。② 由此可以确定，云峰大智的佛教修行分别涉及参禅、华严教学和念佛这三种修行方法。

---

① 高永燮：《朝鲜后期佛学和禅学的变化》，《韩国佛教史研究》2015年第8期。
② 韩普光：《朝鲜时代的万日念佛结社》，《佛教学报》1995年第32期。此文后期收录于韩普光《信仰结社研究》，如来藏2000年版，第169—212页。

## 第二章 朝鲜后期"三门修行"体系的确立及发展

《心性论》收录在《韩国佛教全书》第9卷。现有两个版本，一是国立中央图书馆保存的书名为《心性论》的版本，另一个是高丽大学保存的书名为《云峰禅师心性论》的版本。这两个版本在内容上几乎没有差异，只是构成略有不同。① 《心性论》的内容是以《大乘起信论》为理论基础而展开的，大体可以分为儒佛心性论争和佛教内部心性论争两大部分。在这里仅就佛教内部心性论争部分作进一步论述。

17世纪后半叶，佛教内部的心性论争是围绕着"一性说"和"多性说"两种不同的观点展开的。所谓"一性说"是指主张"人人法身总为一者"的"一法身"；所谓"多性说"是指主张"人人各各圆满"的"多法身"。

当时"诸方皆云一性，则如草上之风，云峰独说各具其性，则如巨壑之一滴"②，可见一法身说是主流，云峰大智对当时的主流思想提出了质疑。

> 如今盛有经论大德，此等大德一口如出一法身。法身云云，吾未知其虚实也……何故？一切经论，皆曰：各各圆满故也。不知一法身之说，在何经中也。七佛经论有都为一法身者，应有争论之势。何也？若二鬼之争一尸也，亦如取公然之物为自己之物者也，是贼取者也。何则？取公然之法身，为自私之心故也。③
>
> 有人若曰：人人法身，总为一者。然则诸佛同证时，何故

---

① 国立本《心性论》共分6个部分：1.《心性论》，2.《心性后跋》，3.《拣病后书》，4.《甲契同参发愿文》，5.《警策门人》，6.《诗文》。而高丽大学本《拣病后书》后半部有缺失，并且没有收录《甲契同参发愿文》。

② 云峰大智：《云峰禅师心性论》，《韩国佛教全书》卷9，第6页下栏。

③ 云峰大智：《云峰禅师心性论》，《韩国佛教全书》卷9，第4页下栏。

众生法身今在妄想中也？又若实为一者，恒沙如来，一时同证也，各各证也。①

从云峰大智对当时主流"一性说"的质疑中可以看出，二者的分歧体现在两个方面：其一，"一"和"多"的问题；其二，"理"与"事"的关系问题。

首先，二者对"一"与"多"的侧重点不同。一性说重视一心的根源性，更注重"一"的方面，而多性说重视个体之性的完满性，更注重"多"的方面。云峰大智在《心性论·自序》中阐明了自己注重个体的完满性，主张"多性说"的立场。他指出："人有圆满空寂之心体，绝视听而含太虚；人有广大灵通之性用，离方处而周法界……智体上恒沙功德、无量妙用，全在众生身中，圆满具足。故虚空世界，皆在本觉之内；三界六道，悉是真性之相。"②他还引用圭峰宗密（780—841）对如来藏的解释"一切众生身内，如来德性具足，如我无异"③，立足于如来藏思想，强调一切众生心中各个佛性圆满。

其次，云峰大智否定"总为一者"的存在。他批判"人人法身，总为一者"，"若二鬼之争一尸也"。也就是说，云峰大智并不认可在个体圆满具足的佛性之上，另有一个共同的全一之性的存在。如果从"理"与"事"的关系上来说，云峰只强调事事之间的圆融关系，却忽略了理事之间的无碍关系。

到了18世纪，禅教兼修的传统得以确立，以华严宗为中心的

---

① 云峰大智：《云峰禅师心性论》，《韩国佛教全书》卷9，第4页上栏。
② 云峰大智：《云峰禅师心性论》，《韩国佛教全书》卷9，第1页中栏。
③ 圭峰宗密：《圆觉经大疏释义钞》卷2，《续藏经》第9册，第497页。原文为："一切众生皆有如来身，德相备足，如我无异。"

## 第二章 朝鲜后期"三门修行"体系的确立及发展

佛学讨论异常活跃,心性论争在大芚寺的鞭羊派教学宗匠莲潭有一和松广寺的浮休系嫡传默庵最讷二者之间再次展开。英祖五十一年(1775)二者论争的内容被默庵最讷整理成《心性论》3卷。然而,1785年该书却被知讷的法孙华日和敬贤以减少不必要的争论为由烧毁了。① 虽然论争的详细内容被毁,但是莲潭有一所著的简短的《心性论序》保存了下来,我们可以从中确认论争的主题和二者的立场。以下是《心性论序》全文。

> 此一卷,默老与不佞,共论心性于乙未秋间者也。诸佛众生之心,各各圆满,未曾一个者,默之论也。各各圆满者,元是一个者,愚之论也。默诗云:我今任独归,勿从从处去,即自得之论。愚诗云:先圣皆同说,后生孰敢违,即齐文定旨也。凡所相争者,或有两是之事。今此两论,法门大关节,一是则一非,但以吾两人之各自为是,不可定也。噫!道丧人亡,埃风渺弥,焉得有通方之士,说理如理,说事如事者,作于今世,楷定去取耶?实有望于朝暮遇之。然是非虽不可定,居今之世,谭此事者,亦罕其人。学者倘或仍此,究其心性之所归,则此论嶝不为升高行远之一助也耶!②

从《心性论序》的内容中可知,再次展开的心性论争的主题仍是"一性说"和"多性说"之争。默庵最讷继承了云峰大智的"多性说"观点,主张"诸佛众生之心,各各圆满,未曾

---

① 据李能和的《朝鲜佛教通史》下篇(韩国学研究院1977年版,第896—897页),默庵最讷从1766年开始到1775年为止,10年间撰写了《心性论》3卷,然而1785被华日和敬贤在灵隐寺上禅庵烧毁。
② 莲潭有一:《林下录·心性论序》卷3,《韩国佛教全书》卷10,第262页下栏—263页上栏。

一个";莲潭有一坚持"一性说"观点,主张"各各圆满者,元是一个"。

与17世纪相比,18世纪心性论争的一个明显特点是:明确了论争的大前提,即"诸佛众生心,各各圆满",这是论争双方都认可的。17世纪,云峰大智在介绍"一性说"的观点时,只说了"人人法身总为一者",那么,主张"一性说"的一派是否肯定个体心性的圆满性,就很模糊。如今二者论争的大前提明确,那么讨论的焦点就在后半句,主张多性说的默庵最讷认为各各圆满的诸佛众生之心"未曾一个";而坚持"一性说"的有一认为"元是一个"。莲潭有一在序文中感叹道:"噫!道丧人亡,埃风渺弥,焉得有通方之士,说理如理,说事如事者,作于今世,楷定去取耶",这在向我们提示造成观点不一致的原因在于,二者均未能通达华严法界的理事关系,且少一通达理事之人给予评判。下面我们就从华严法界的理事关系入手,来比较二者的观点。

主张"各各圆满,未曾一个"的默庵最讷强调佛与众生之心个体的完满性,即重视各个个体内在的本性。而主张"各各圆满者,元是一个"的莲潭有一则认为佛与众生之心都是"一心"的显现。"一心"包含一切世间及出世间现象,并成为"一法界"的"大总相"。"总相"指整体、共相,这是强调世界万有作为一个整体存在,是"一心"所产生,为"一心"所包容。另外,"一心"作为共相,又是一切现象的本质。[①] 作为本质的"一心"又完满地存在于各个个体之中,依个体得以显现。

结合华严法界观,默庵最讷侧重的是理事中的"事",即强调现象或个体的完满性;而莲潭有一侧重的是理事关系中的"理",即强调现象中内在原理的根源性。从理事关系来看,默庵最讷否定

---

① 魏道儒:《唐宋佛学》,中国社会科学出版社2017年版,第22页。

第二章　朝鲜后期"三门修行"体系的确立及发展

个体内在的本性之外，另有一个普遍的本源之"理"的存在，没有立足于本体与现象的融摄关系以及理与事的无碍关系去看问题；莲潭有一在肯定个体之"事"的圆满性的前提下，认为一切现象之"事"都是一心之"理"的显现，是立足于本体与现象之间的融摄关系或理与事的无碍关系上看问题的。总之，从理事关系来看，默庵最讷和莲潭有一的根本分歧在于对理的一元本体性和事的多元个体性以及原理和现象之间的相互关系的立场不同。①

另外，我们还可以结合性起论和缘起论来比较一下"一性说"和"多性说"的不同立场。主张"元是一个"的莲潭有一的观点体现了他重视"理事相即""体用不二"的一面。华严宗认为一切事物或现象都是本体直接的、全部的显现，本体与作用、本质与现象之间存在着圆融关系。从"相即"学说而言，统一体中一切事物都具有不二或相互等同的关系。② 莲潭有一依据体与用的不二关系，在肯定"诸佛众生心，各各圆满"的前提下，指出"元是一个"，体现了他立足于"依体起用"的"性起论"立场。相反，默庵最讷主张"未曾一个"，体现了他立足于注重现象和个体的相对关系的"缘起论"的立场。然而，性起论和缘起论不能从对立的关系中去理解，要像理解佛与众生的关系一样，从"不一"和"不二"的双重性和相对性两个方面去把握。③

（三）意义及影响

《心性论》及心性论争重启了佛儒交涉的通路，从理学和心学的对决与融合这样的东亚思想史的展开过程来看，朝鲜后期佛教的

---

① 金龙泰：《朝鲜后期佛教的心性认识及其思想史的意义》，《韩国思想史学》2009 年第 32 期。
② 魏道儒：《唐宋佛学》，中国社会科学出版社 2017 年版，第 14—15 页。
③ 金龙泰：《朝鲜后期佛教的心性认识及其思想史的意义》，《韩国思想史学》2009 年第 32 期。

心性认识和论争具有重要的意义。① 性理学对佛教的批判主要集中在批判强调"作用是性"的禅宗心性学说。性理学者强调理的绝对性，排斥心的相对性。针对这一点，相对于性理学从"性即理"的观点出发，论说本然之性的绝对性和气质之性的差别性，佛教界内部从"心即理"的观点出发，讨论一元的绝对性和多元的相对性，这是佛教界对性理学者佛教批判的有力回应。

另外，云峰大智和默庵最讷主张的"多性说"与莲潭有一的"一性说"代表了朝鲜后期佛教界对心性的两种不同理解。结合禅教关系，进一步分析可知，对心性的不同理解反映了对禅教关系的不同立场。代表非主流观点的云峰大智和默庵最讷从缘起论的观点出发，强调多元的相对性，主张禅教并立；相反，代表主流观点的莲潭有一从性起论的观点出发，强调一元的绝对性，主张舍教入禅。这两种心性论的对立，与知讷法统和太古法统的对立是相通的，与推翻永明—知讷—懒翁法统说，建立由鞭羊彦机主导的临济—太古法统说，这一朝鲜后期佛教界的重组过程也是相通的。②

**二 念佛门优越论**

（一）形成原因

三门修行体系确立以来，三门竞相发展，有关念佛门的论争也开始出现。然而，围绕念佛门并没有形成大规模的、持久的争辩，因此，念佛门优越论与共说是论争不如说是一种新的主张。17世纪末净土书籍的刊行和18世纪念佛结社的盛行，使得西方净土信仰在僧俗大众之间广泛普及，念佛法获得了广大的信众。另外，禅

---

① 金龙泰：《朝鲜后期佛教的心性认识及其思想史的意义》，《韩国思想史学》2009年第32期。
② 高荣燮：《朝鲜后期佛学和禅学的变化》，《韩国佛教史研究》2015年第8期。

## 第二章　朝鲜后期"三门修行"体系的确立及发展

师们从修行的角度主张唯心净土的同时,也不否认西方净土的信仰层面。这样,一直以来只从信仰的层面把握念佛门,把念佛门看作下根机人修行法的观念也逐渐发生了转变,念佛门作为一种普遍适用的、独立的修行法逐渐被认可。念佛门作为"易行法",凭借信众多,修行易,且适用于一切根机等优势,与其他二门相互竞争,不断发展。念佛修行法的不断发展,推动了念佛门优越论的提出,并进一步影响了念佛门的地位,其代表人物就是箕城快善。

(二) 展开过程

箕城快善是清虚系霜峰净源（1627—1709）的法孙,洛滨弘济（1656—1730）的弟子。有关箕城快善的生平,可见《箕城快善禅师行状》。《行状》中"若其舍教念西之缘,定乱修禅之迹,毋来致齐之圣,行化众生之方,至今流传于众口"①,是箕城禅师一生的写照,从中可知其修行同样涉及禅、教和念佛三个方面。另外,箕城禅师曾领导念佛结社运动,通过弘扬念佛净土这一法门,积极参与佛教修行体系的构建和革新。其佛学著作有《请择法报恩文》《念佛还乡曲》等。箕城禅师在《请择法报恩文》中明确主张念佛门优越论,并试图通过念佛门来包容径截门和圆顿门。

箕城首先阐明了其主张念佛门优越论的缘起:

> 某甲年自二十,后得闻世间苦厄,佛法度苦之说,欲脱其苦,拟修佛法。而每闻指示,则一句法门,东家是而西家非,南地赞而北地毁。如一法,余法亦然,说有多端,无正指归,如盲临歧,不知何往,此为大恨。②

---

① 《箕城快善禅师行状》,转引自李钟寿《朝鲜后期佛教的修行体系研究》,博士学位论文,东国大学,2010年,第197页。

② 箕城快善:《请择法报恩文》,《韩国佛教全书》卷9,第635页上栏。

他指出当时佛教界各宗各派所宗不同，"或据圆而呵偏，或观理而责事，或执末而排本，或贵禅而贱教，或是教而非禅，各立己见，自是彼非"①，说有多端，使学佛者茫然，无正指归。

接着，他立足于根机论，指出清虚休静所确立的"三门修行"，虽然适合当时的修行者，却已经不适用于今人。

> 终至西山，深慭时人，浩博之文，寄心无所，故总括禅教之大略，为《龟鉴》一部，备开悟修两门及念佛一门，使人知归。又虑其文蘩难悟，更略为《心法要抄》十余纸，的指入门，不失措足，幸虽当时。自此以后，数百年来，则虽有讲法之师，修行之人，以无宿命智故，但论前人得道之方，不务时人宜修之要。古今人根，时时不同，同时诸人，根根亦异，何以前人宜用之法，又用于后世人根乎？②

自清虚休静确立三门修行体系以来，修行之人依据自身根机择法修行，有所归依。然而，数百年来，虽然有讲法的老师，也有修行的弟子，但是因为没有宿命智，所以只停留在讨论前人得道的理路上。又由于修行方法多种，说法各异，修学之人无择法之智，茫然无所措，无法在适宜的修行上务实下功夫，往往导致学佛者失所、护法者心嗔的局面。因此，不应再拿旧法用于新人，而应建立一种新的普遍适用于今人根机的统一的修行法。而在箕城看来，能够包容禅、教，适用于一切根机的修行法就是念佛法。

---

① 箕城快善：《请择法报恩文》，《韩国佛教全书》卷9，第636页上栏。
② 箕城快善：《请择法报恩文》，《韩国佛教全书》卷9，第635页上栏—636页下栏。

## 第二章 朝鲜后期"三门修行"体系的确立及发展

> 禅、教二门,离言依言,得入行相,由其机别,门亦迥异。然念佛一门,则禅教两宗,及凡圣善恶通入之门也。非但一期得入之门,从初发心,乃至十地,不离念佛(《十地经》意),即三世诸佛因地法行之宗也。①

禅门和教门根据对言语的依赖以及根机的不同而有所差别。他指出"禅之为学,实为不易,故得则成圣,疾证菩提;失则成邪,速入涂炭"②,对于修行者的根机有很高的要求。而于教门及其观法,"众生障重,观难成就"③。他进一步援引各大经典中强调念佛法的内容,为其念佛门优越论寻找理论依据。他引用《大方等大集月藏经》中"我末法中,亿亿众生,起行修道,未有一得者,净土一门,可通入路,念佛求生,万不漏一"④,强调念佛"万不漏一"的普遍适用的优势。由此,在箕城看来,念佛门是一种能够超越禅与教本身所具有的局限性,包容禅和教,适用于一切根机的法门。因此,从普遍适用性和易行性两方面来看,念佛门是优越于禅教两门的修行法。

(三) 意义及影响

箕城快善的念佛门优越论,虽然没能形成大的持续性的论争,然而此论的提出,促进了念佛门的发展,在三门竞相发展的大局中为念佛门争得了一席之地。特别是,他强调念佛修行是一种超越禅与教的局限性,能够包容禅和教,适合于任何根机的最优修行法,这使得念佛不仅仅是一种信仰,而是作为一种独立的修行方法被重

---

① 箕城快善:《请择法报恩文》,《韩国佛教全书》卷9,第643页上栏。
② 箕城快善:《请择法报恩文》,《韩国佛教全书》卷9,第643页上栏。
③ 箕城快善:《请择法报恩文》,《韩国佛教全书》卷9,第648页下栏。
④ 箕城快善:《请择法报恩文》,《韩国佛教全书》卷9,第648页下栏。

视，提升了念佛门的地位。

另外，箕城还亲自组织念佛结社，"庚申同志三十人，成精蓝于银海寺上谷，与之结社，即今之寄寄庵也"①，将自己的主张付诸实践，体现了一种宗派意识。也就是说，在他看来，念佛净土宗是比禅、教两宗更优越的宗派。② 虽然朝鲜后期念佛门并没有发展成为净土宗，但是念佛结社十分流行，并呈不断扩散的趋势。万日念佛结社的开展，使西方净土信仰在民间普及，促进了民众佛教的发展。

### 三　禅论争

清虚休静确立朝鲜后期的三门修行体系以来，三门中的径截门始终被看作最高的修行法，但是18世纪华严学的兴盛和念佛净土信仰的流行使得圆顿门和念佛门的地位不断上升，逐渐呈现三门平等的趋势。因此，视径截门为最高修行法的禅师们也重新强调径截门的优越性，展开了禅论争。

禅论争继17世纪的心性论争和18世纪的念佛门优越论之后，开始于19世纪前半叶，是以高昌禅云寺的白坡亘璇（1767—1852）和大兴寺的草衣意恂（1786—1866）为中心，围绕"三种禅"和"两种禅"的不同观点展开的，经后代弟子的延续，论争一直持续到近代，成为韩国佛教界100余年来的热门话题。另外，秋史（金正熙，1786—1856）③ 的参与，使得这次禅论争成为佛教界乃至儒

---

① 《箕城快善禅师碑铭》，载《霜峰门谱》，鲜一印刷所1922年版，转引自李钟寿《朝鲜后期佛教修行体系研究》，博士学位论文，东国大学，2008年，第196页。
② 李钟寿：《18世纪箕城快善的念佛门研究》，《普照思想》2008年第30期。
③ 金正熙，字元春，号秋史，朝鲜后期文臣、实学家、书画家。

## 第二章 朝鲜后期"三门修行"体系的确立及发展

教和历史学界共同关注的话题。①

（一）白坡亘璇的"三种禅"

18 世纪的禅论争始于白坡在《禅门手镜》中提出的"三种禅"理论。白坡亘璇②，俗姓李，全州人，朝鲜后期清虚系鞭羊门派禅僧。18 岁出家于禅云寺，24 岁在雪坡尚彦门下受具足戒。自 26 岁开始在白羊寺云门庵开讲佛教经论以来，指导后学 20 余年。后于 1812 年，转念于参禅，并在龟岩寺开设禅讲法会，组织修禅结社运动，振作禅风。其有关禅的著述很多，如《禅门手镜》《修禅结社文》《五宗纲要》《作法龟鉴》等。他在《禅门手镜》中提出了"三种禅"理论，由此引起了有关禅理论的论争。

白坡亘璇的"三种禅"是基于对"古来通谈"对禅的分流，即"约法，名义理禅、格外禅；约人，名如来禅、祖师禅"的质疑而提出的。而所谓的"古来通谈"实际上源于 18 世纪中期涵月海源（1691—1770）的《二禅泾渭录》。③

> 二禅者，如来禅、祖师禅也。昔二祖参达摩，因缘问答，会得如来禅。法印问答，会得祖师禅。又庞公石头处，会如来禅；马祖处，会祖师禅。④
>
> 古来通谈曰：约法，名义理禅、格外禅；约人，名如来禅、祖师禅。此则义理禅即如来禅，格外禅即祖师禅也。既以

---

① 李钟寿：《倭乱和胡乱以后佛界的变动和发展》，《韩国佛教史研究》2015 年第 8 期。
② 有关白坡的比较翔实的传记资料收录于其门人雪窦有炯的著述《少林通方正眼》的附录《白坡大禅师行状》，（《韩国佛教全书》卷 10，第 651 页下栏—第 653 页上栏）中。
③ 李钟寿在《朝鲜后期三门修学与禅论争的展开》中阐明"古来通谈"的最初记录源于涵月海源的《二禅泾渭录》。
④ 涵月海源：《二禅泾渭录》，《韩国佛教全书》卷 9，第 625 页上栏。

分座如来禅，亦名义理禅，何云三处皆是格外耶？且义理禅得格外之滥名，如来禅还得义理之累名，理自不然……愚伸管见：盖义理禅，以第三句但新熏悟修之说，完有义路、理路之标格。则以是凡夫，必须悟修成佛，义理当然，故名义理禅……格外禅，以如来禅即心是佛，祖师禅山是山水是水之说，了没巴鼻，迥出义理之格，故名格（义理）外禅……此格外中，又有二种：一如来禅，以中根众生，即于三玄权门，透得本分及向上也。此亦祖门中事，以其所悟尽大地一挺金之说，完同如来统万法明一心之教迹，故贬之曰如来禅，以有尊贵显角故也。即分座（法空座）消息，而为法眼、沩仰、曹洞三宗旨也。二祖师禅，以上根众生，即于三要门，透得向上真空妙有也。正是祖门中行色故，直名祖师禅，即拈华（妙有）消息，而为云门、临济二宗旨也。①

白坡亘璇首先阐明了他对传统的禅的分类方法产生怀疑的原因：如果按照"约法，名义理禅、格外禅；约人，名如来禅、祖师禅"的说法，那么就有可能产生"义理禅等于如来禅，格外禅等于祖师禅"这样的误会。然而，如果将如来禅等同于义理禅的话，就与"三处传心皆是格外"的说法相矛盾，因此，道理上是说不通的。

接着，白坡亘璇提出了"三种禅"理论。他先将禅分为两大类，即义理禅和格外禅；然后将格外禅细分为如来禅和祖师禅，建立了以义理禅、如来禅、祖师禅三种禅为内容的"三种禅"理论。他又将此三种禅分别对应临济三句，并将禅宗五家按三种禅进行了"判释"。白坡亘璇的三种禅理论，如下表所示：

---

① 白坡亘璇：《禅门手镜》，《韩国佛教全书》卷10，第519页中栏—下栏。

## 第二章 朝鲜后期"三门修行"体系的确立及发展

表2-1　　　　　　　　白坡亘璇的三种禅理论

| 分类 | 三种禅 | 临济三句 | 配五宗 | 根机论 | 区别 | 境界 |
| --- | --- | --- | --- | --- | --- | --- |
| 格外禅 | 祖师禅 | 第一句,三要,印空 | 云门宗 临济宗 | 上根机 | 迥出义理之格 | 佛祖为师 |
| | 如来禅 | 第二句,三玄,印水 | 法眼宗 沩仰宗 曹洞宗 | 中根机 | 迥出义理之格 | 人天为师 |
| 义理禅 | 义理禅 | 第三句,隔别三句,印泥 | 荷泽宗 | 下根机 | 新熏悟修之说,完有义路理路之标格 | 自救不了 |

如表可知,三种禅与临济三句、禅宗五家的关系:祖师禅配第一句,如来禅配第二句,义理禅配第三句,并根据根机论分别对应上中下不同根机;荷泽宗归属义理禅,禅宗五家的法眼宗、沩仰宗和曹洞宗归属如来禅,云门宗和临济宗归属祖师禅。

另外,白坡亘璇还进一步用新熏和本分、妙有和真空、向上和向下等关系阐述了三种禅的差别。

> 义理禅,但明悟修成佛,则但新无本,未明真如自性,故为佛祖孽子也。如来禅中,沩法二宗,以三玄权为新,以一句实为本也;曹洞宗,全超空劫,不落今时,直示向上真空故,非新非本也。以三宗皆悟本分自性,故为嫡子也。祖师禅二宗,以向下三要为新,以向上真如为本也。然则如来禅本分及向上,但是不变真如故,唯是真空暗一著也。祖师禅向上本分真如,具足不变随缘二义故,圆具真空妙有,是为双暗双明也。以此二禅,深浅虽殊,皆悟本分真如,故俱为佛祖嫡子。义理禅,未见本分,故为孽子也。以义理禅为如来禅之言,不

攻自破也。①

首先,白坡亘璇以是否明了"真如(或本分)自性"为基准,判定义理禅为佛祖孽子,如来禅和祖师禅为佛祖嫡子。接着,白坡亘璇以新熏和本分的内容为基准,对三种禅的差别进行了具体的阐述。义理禅,但明悟修成佛,只有新熏没有本分。如来禅中,沩仰宗和法眼宗"以三玄权为新,以一句实为本";曹洞宗,"全超空劫,不落今时,直示向上真空故,非新非本",因此,如来禅的本分及向上只具真如不变义,只是"真空暗一著"。祖师禅中,云门和临济二宗以"向下三要为新,以向上真如为本",具足真如的不变和随缘二义,因此,圆具真空妙有,明暗双收。三种禅的差别,如下表所示:

表2-2　　　　　　　　　　三种禅的差别

| 定位 | 三种禅 | 差别 | 倾向 |
| --- | --- | --- | --- |
| 佛祖嫡子 | 祖师禅 | 云门宗、临济宗:以向下三要为新,以向上真如为本。具足不变随缘二义,圆具真空妙有,是为双暗双明也。→【真空妙有,不变随缘】 | 顿悟 |
| | 如来禅 | 沩仰宗、法眼宗:以三玄权为新,以一句实为本。<br>曹洞宗:全起空劫,不落今时,直示向上真空,故非新非本也。<br>但是不变真如故,唯是真空暗一著也。→【真空,不变】 | |

---

① 白坡亘璇:《禅门手镜》,《韩国佛教全书》卷10,第520页上栏—中栏。

## 第二章　朝鲜后期"三门修行"体系的确立及发展

续表

| 定位 | 三种禅 | 差别 | 倾向 |
|---|---|---|---|
| 佛祖孽子 | 义理禅 | 但明悟修成佛，则但新无本，未明真如自性。→【假有，随缘】 | 渐修 |

所谓新熏，指未能明了真如自性的完满性，未能认识到佛与众生本来平等，一切众生本具佛性，以现象界的不完满性为前提，希望通过渐次修行达到见性成佛的目的，体现了渐修的修行观。相反，所谓本分就是明了一切众生本具佛性，以本体的完满性为前提，直指向上一路，体现了顿悟的修行观。

以上白坡亘璇的"三种禅"理论可以整理为以下几点：第一，"三种禅"的构建。首先指出依法分义理禅和格外禅，依人分如来禅和祖师禅是错误的。然后将禅分义理禅和格外禅两大类，义理禅中具有义路和理路，而格外禅迥出义理之外。格外禅包括祖师禅和如来禅，另设义理禅，从而构建了祖师禅、如来禅、义理禅的"三种禅"理论。第二，三种禅的差别。祖师禅具有不变之真空和随缘之妙有，是上根机之修行法。如来禅用语句发现本分，只有真空而无妙有，是中根机之修行法。义理禅有理路和义路，是下根机之修行法。因此，祖师禅优于如来禅，如来禅优于义理禅。第三，将三种禅与临济三句分别对应：第一句是祖师禅，第二句是如来禅，第三句是义理禅。第四，按三种禅判释禅宗五家：将临济宗、云门宗划归到祖师禅，曹洞宗、沩仰宗、法眼宗划归到如来禅，荷泽宗划归到义理禅。

（二）白坡亘璇和草衣意恂的禅论争

针对白坡亘璇提出的"三种禅"理论，首先提出批判的是草衣意恂。草衣意恂，字中孚，俗姓张，全罗南道人，朝鲜后期清虚系鞭羊派禅僧，大兴寺 13 大宗师之一。16 岁出家于全罗道云兴寺，后受具足戒于大兴寺玟虎。22岁开始遍访善知识学习三藏，通达儒、道，精通梵书，且与当时的儒者多有往来，精通诗赋。草衣意恂成名后，隐居于大兴寺一枝庵，40年间足不离户，勤修止观，入茶禅三昧，主张禅教兼修。其著作有《草衣集》《禅门四辨漫语》《二禅来义》《茶禅传》等。其中《禅门四辨漫语》正是为了批判白坡亘璇的"三种禅"而作。

草衣意恂在《禅门四辨漫语》中对白坡亘璇的观点逐一进行了批判。第一，对"三种禅"构造的批判。草衣意恂指出了"三种禅"构造中存在的问题，并遵循古来通谈，主张"两种禅"。

> 若以演畅玄要之义理，谓之义理禅，则近古（古人以第二句如来禅，为义理禅）而未必不可矣。若第二句如来禅，独拔之为格外禅，又以但新无本为第三句，以此别立义理禅之名，则最大不可。①
>
> 凡不由言教，以心传心，谓之祖师禅。此之传受迥出教格之外，亦可名格外禅。凡开言而说义，因言而证理，谓之如来禅，是由言教义理而悟入，亦可名义理禅。此格外禅、义理禅之所以立名之始也。故约人，名如来禅、祖师禅；约法，名义理禅、格外禅。此乃古丛林传来之通谈，其于义理稳涉无欠。②

首先，草衣意恂明确反对"独拔"如来禅为格外禅，别立义理禅之名，认为进而构建"三种禅"更是不恰当的。接着，他阐明了

---

① 草衣意恂：《禅门四辨漫语》，《韩国佛教全书》卷10，第823页下栏。
② 草衣意恂：《禅门四辨漫语》，《韩国佛教全书》卷10，第827页下栏—828页上栏。

## 第二章　朝鲜后期"三门修行"体系的确立及发展

格外禅和义理禅名称的由来,明确支持古来通谈的"两种禅"。他指出凡是"不由言教,以心传心"的称之为祖师禅,因为祖师禅的传授是"迥出教格之外"的,所以也称为"格外禅";凡是"开言而说义,因言而证理"的称为如来禅,因为如来禅的传授是"由言教义理而悟入",所以也被称为"义理禅"。因此,古来通谈"约人,名如来禅、祖师禅;约法,名义理禅、格外禅"从义理上来说是稳妥的,没有问题。这就表明,草衣意恂认为祖师禅等于格外禅,如来禅等于义理禅,明确主张两种禅。草衣意恂的"两种禅"理论整理如下表:

表2-3　　　　　　　　　　草衣意恂的两种禅

| 分类一 | 两种禅 | 定义 | 两种禅 | 分类二 |
|---|---|---|---|---|
| 约人 | 祖师禅 | 凡不由言教,以心传心谓之祖师禅。迥出教格之外,亦可名格外禅 | 格外禅 | 约法 |
| | 如来禅 | 凡开言而说义,因言而证理,谓之如来禅。是由言教义理而悟入,亦可名义理禅 | 义理禅 | |

白坡亘璇与草衣意恂禅论争的根本分歧在于各自所依据的禅思想的源头不同。白坡亘璇以临济三句为思想基础,而草衣意恂则是以临济以前的"古德"传统为思想基础。[①] 白坡亘璇的三种禅与草衣意恂的两种禅的对比,如下表[②]所示:

---

[①] 朴宰贤:《朝鲜后期的禅论争蕴含的原形指向性》,《佛教学研究》2003年第7期。

[②] 宗浩:《"临济三句"在韩国的争论——以白坡与草衣的谈论为中心》,第三届东亚文献与文学中的佛教世界国际学术会议论文集,2017年,第95页。

表2-4　　　　　　　　三种禅和两种禅对比

| 白坡亘璇的分类与内容 | 草衣意恂的分类与内容 |
| --- | --- |
| 反对→　约人：如来禅，祖师禅<br>　　　　约法：义理禅，格外禅 | 支持→　约人：如来禅，祖师禅<br>　　　　约法：义理禅，格外禅 |
| 三种禅：义理禅、如来禅、祖师禅 | 二种禅：如来禅、祖师禅 |
| 格外禅（祖师禅、如来禅）、义理禅 | 祖师禅等于格外禅，如来禅等于义理禅 |
| 义理禅对应下根机，如来禅对应中根机，祖师禅对应上根机 | 只依人，依法而区分 |
| 如来禅不等于义理禅 | 如来禅等于义理禅 |
| 如来禅的境界，有真空而无妙有 | 贬低如来禅是错误的，只是分类不同而已 |

第二，对三种禅配临济三句的批判。白坡亘璇在《禅门手镜》中以临济三句为基准对禅进行了分流，祖师禅配第一句三要，如来禅配第二句三玄，义理禅配第三句隔别三句。草衣意恂重点指出以临济第三句匹配义理禅是不恰当的。其理由是：

> 由其二句（第一句、第二句），合说于此句（第三句），故转名此句（第三句），谓三句玄要在其中矣（风法师言也）。二句既诠于此句，则配二句之二禅（如来祖师），亦不可谓不诠于此句矣。然谓之诠焉则姑可，将以配之则不可也。①

在草衣意恂看来，第三句是合说前两句的，包含了三要、三玄和隔别三句。因此，第三句不仅仅指义理禅，同时融摄了祖师禅和如来禅。由此，二者的根本分歧在于对临济三句的不同理解。而草

---

① 草衣意恂：《禅门四辨漫语》，《韩国佛教全书》卷10，第827页下栏。

## 第二章　朝鲜后期"三门修行"体系的确立及发展

衣意恂的这种观点则与比其年代早些的无竟子秀（1664—1737）在其著作《佛祖真心禅格抄》中主张的如来禅、祖师禅、佛祖融通禅的构造有几分相似。①

第三，对三种禅配禅门五宗的批判。白坡亘璇在三种禅的理论构架下，以临济三句为基准，对禅门五宗的优劣和深浅进行了"判释"。他主张："临济三句者，一代禅教诠旨，无不该摄，故名曰蕴总三句。"② 白坡亘璇的这种主张体现了他试图以临济三句来诠释佛教整体的倾向，这也是草衣意恂重点批判的问题。

> 言以二禅配五宗，则临济宗具足机用故，为祖师禅正脉。云门但明截断而未能现说机用故，未及临济宗。然则离机用外，别有截断随波，离截断随波外，别有机用乎？是诚执言而迷义者也……又言沩仰宗但明体用，而未明向上真金铺，尚不及于曹洞宗之洞明向上，而穷尽真金铺。其向上之明不明，真金铺之穷不穷，何从而知其层隔之如此详细耶？……而但看《人天眼目》一书，妄判二宗之优劣如此，倒置无稽之甚也。③

草衣意恂批判白坡亘璇仅依据禅的入门书《人天眼目》④，以格外禅、义理禅二禅配五宗，妄判各宗优劣。在草衣意恂看来，禅门五宗，特点各不相同，但无优劣之分，白坡亘璇以临济三句为基

---

① 李钟寿：《朝鲜后期三门修行与禅论争的展开》，《韩国佛教学》2012 年第 63 期。
② 白坡亘璇：《禅门手镜》，《韩国佛教全书》卷 10，第 514 页下栏。
③ 草衣意恂：《禅门四辨漫语》，《韩国佛教全书》卷 10，第 824 页上栏—中栏。
④ 《人天眼目》为禅宗典籍，共 6 卷，宋代晦岩智昭编。淳熙十五年（1188）刊行。收在《大正藏》第 48 册、《禅宗全书》第 32 册。系临济宗杨岐派大慧下四世晦岩，费时二十年所收集之中国禅宗五家宗旨的纲要书。

准，评判禅门五宗的优劣和深浅是本末倒置的无稽之谈。从上述内容可知，草衣意恂全面否定了白坡亘璇的三种禅理论。

然而，被草衣意恂全面否定的白坡亘璇的"无稽之谈"是有其思想背景的。白坡亘璇的"三种禅"理论，并非他一人所独创，其实有关"三种禅"之说早在清虚休静时期就已经有所论及了。清虚休静和唤惺志安指出"上三句三玄，乃至八棒等法，非特临济宗风，上自诸佛，下至众生，皆分上事。若离此说法，皆是妄说"①，强调了临济三句的价值。无竟子秀主张如来禅和祖师禅都属格外禅，在认可祖师禅的优越性同时，强调祖师禅和如来禅不可分的关系。② 涵月海源在《二禅泾渭录》中主张两种禅，并指出"今业林家，据此而议曰，格外禅中有如来禅祖师禅，圆顿门即是义理禅。此说虽有所据，义无攸当"③，说明18世纪中叶就已经存在三种禅与两种禅的争端。由此可知，白坡亘璇的"三种禅"理论是对禅宗内部有关禅理论的观点的总结，是时代的产物。那么，在理解白坡亘璇的"三种禅"理论时，就不应执着于评判其理论构建的合理性与否，而应该着眼于朝鲜后期佛教修行体系的整体脉络去把握，其重点则在于找出"三种禅"理论提出的真正意图及其影响。

（三）意义及影响

如前所述，朝鲜后期，随着径截门、圆顿门、念佛门三门修行体系的确立，三门呈现出竞相发展的态势。三门修行的形成和发展也带来了佛教界内部的竞争和矛盾，具体体现在朝鲜后期的三大论争上。由此，三门修行无疑是禅论争形成的时代背景。目前学界已经出现了结合三门修行这个大背景分析禅论争的研究成果，指出白

---

① 唤惺志安：《禅门五宗纲要》，《韩国佛教全书》卷9，第461页下栏。
② 丁炳三：《白坡和草衣的禅论及禅论争》，《韩国思想和文化》2017年第86期。
③ 涵月海源：《二禅泾渭录》，《韩国佛教全书》卷9，第625页上栏。

## 第二章　朝鲜后期"三门修行"体系的确立及发展

坡亘璇将如来禅划归到格外禅中，又另设义理禅而构建的"三种禅说"意图宣扬祖师禅的优越性，而草衣意恂的"两种禅说"则倾向于禅教兼修，将如来禅和祖师禅的地位等同视之。① 由此，如来禅是否划归到格外禅，直接影响到径截门的地位变化。② 下面我们就在先行研究的基础之上，把三种禅和两种禅放在三门修行的整体脉络中，做一下比较，如下表所示：

表2-5　　　　　　　　　三门与三种禅、两种禅

| 三门 | 白坡亘璇的三种禅 | 草衣意恂的两种禅 |
| --- | --- | --- |
| 径截门（禅） | 格外禅（祖师禅、如来禅） | 格外禅等于祖师禅 |
| 圆顿门（华严教学） | 义理禅 | 义理禅等于如来禅 |
| 念佛门（念佛净土） | | |

由表可知，白坡亘璇的三种禅理论主张如来禅是格外禅，属于径截门的范围，包容了经教中的禅法，扩充了径截门的范围，体现了"以禅摄教"的倾向；相反草衣意恂认为如来禅等于义理禅，属于圆顿门的范围，均衡了禅教的比重，体现了禅教平等的立场。另外，二者都未重点提及念佛门，基本认同念佛门属于义理禅，可归到圆顿门去理解。③ 由此可知，禅论争实际上是确立朝鲜佛教整体性的论争，是修行体系构建中禅与教的轻重和先后的论争，是修行的范围和方法的优越性的论争。④

---

① 金龙泰：《朝鲜后期佛教的临济法统和教学传统》，博士学位论文，首尔大学，2008年，第167—184页。
② 李钟寿：《朝鲜后期三门修行与禅论争的展开》，《韩国佛教学》2012年第63期。
③ 李钟寿：《朝鲜后期三门修行和禅论争的展开》，《韩国佛教学》2012年第63期。
④ 高荣燮：《朝鲜后期佛学和禅学的变化》，《韩国佛教史研究》2015年第8期。

围绕着"三种禅"和"两种禅"的论争一直延续到19世纪末,1874年优潭洪基(1822—1881)著《禅门证正录》批判白坡亘璇的"三种禅"理论有违于传统说法,他指出:"然则欲学禅门,先识临济三句;欲识三句,熟读禅门纲要;欲识其余释,应熟读说话也。于纲要说话之外,别有所释违于古释者,何固不信之执也。愚今但参差于古释者,引证而辩证之。"① 其观点与草衣意恂大同小异。

接着,白坡亘璇的三世法孙雪窦有烱(1824—1889)于1889年著《禅源溯流》为白坡亘璇的主张辩护。他指出:"禅有诠旨之异。古德云:禅是佛,教是佛语……禅旨失之于口,则拈花微笑却为教迹,此约禅旨也……然则诸家所述是禅诠也。"支持白坡亘璇将禅宗按差等进行划分。另外,他还联系华严的法界观,分别把三种禅与理事法界相对应,即义理禅对应理法界和事法界,如来禅对应理事无碍法界,祖师禅对应事事无碍法界,可以说这是他提出的新观点。值得注意的是雪窦有烱将祖师禅对应最高的事事无碍法界,说明他试图用当时流行的华严概念来强调禅的优越性。然而事与愿违的是,这种主张反过来也得出了华严的最高境界与禅的最高境界相等的结论,体现了禅教融通的倾向。从这一点上,也可以看出这一时期华严教学盛行的时代潮流。②

终结禅论争的是竺源震河(1862—1926),他著《禅门再正录》对白坡亘璇的三种禅理论以及雪窦有烱的观点进行了批判。他指出白坡亘璇把义理禅对应"教乘",犯了把"理事融即"的圆顿教混同于禅的错误。他认为祖师禅、如来禅、义理禅都是教外,三

---

① 优潭洪基:《禅门证正录》,《韩国佛教全书》卷10,第1137页上栏。
② 金龙泰:《朝鲜后期佛教的临济法统和教学传统》,博士学位论文,东国大学,2008年,第176页。

者之间的差别在于义理禅是"格",而其他两种是"格外"。他接着批判雪窦有炯以华严法界为基准区分三种禅的观点,他指出:"又以华严中理事无碍法界配如来禅,事事无碍法界配祖师禅,若尔华严皆具二禅,华严便是教外,何至灵山拈花枝,而为别传之标准也。"① 正如竺源震河在结论中说的"专门旧学,不免矛盾"②,他指出了以往禅论争中的矛盾,然而也仅限于此,他并没有提出新的观点对禅论争做一个结论性的总结。③

### 四 三大论争的后期影响及三门整体结构的变化

自清虚休静重申,其弟子鞭羊彦机确立三门修行体系以来,朝鲜后期僧侣们的修行基本不出此三门。然而,随着时代的发展,三门一直处于既互补完善又竞相发展的紧密关系中,三门在整个修行体系中所占的比重和地位不断发生着变化。

随着佛教理论的深入研习,佛教界内部围绕着心性论展开了论争。心性论争的展开不仅加深了对佛教教义的理解,对心性的不同理解还反映了禅教关系上的不同立场。云峰大智和默庵最讷从缘起论的观点出发,强调教的优越性,主张禅教兼修;相反,莲潭有一从性起论的观点出发,强调禅的优越性,主张舍教入禅。心性论中隐含的禅教关系论争,也反映了圆顿门地位的上升,及由此而导致的禅教关系的紧张。

华严教学的流行和心性论争的出现,为圆顿门的再认识创造了契机。圆顿门不再处于辅助地位,而是上升到与径截门同等重要的

---

① 优潭洪基:《禅门再正录》,《韩国佛教全书》卷11,第869页中栏—下栏。
② 优潭洪基:《禅门再正录》,《韩国佛教全书》卷11,第871页下栏。
③ 金龙泰:《朝鲜后期佛教的临济法统和教学传统》,博士学位论文,东国大学,2008年,第177页。

地位。大兴寺 12 宗师和 12 讲师的出现有力地证明了圆顿门地位的提升,反映了对禅与教的同等重视,反映了这一时期禅教兼修的特点。

表 2-6　　　　　　　　　　大芚寺 12 宗师①

| 顺序 | 宗师名 | 门派 | 师承 |
| --- | --- | --- | --- |
| 1 | 枫潭义谌 1592—1665 | 鞭羊派 | 鞭羊彦机 |
| 2 | 醉如三愚 1622—1684 | 逍遥派 | 海运敬悦 |
| 3 | 月渚道安 1638—1715 | 鞭羊派 | 枫潭义谌 |
| 4 | 华岳文信 1629—1707 | 逍遥派 | 醉如三愚 |
| 5 | 雪岩秋鹏 1651—1706 | 鞭羊派 | 月渚道安 |
| 6 | 唤惺志安 1664—1729 | 鞭羊派 | 月潭雪霁 |
| 7 | 碧霞大愚 1676—1763 | 逍遥派 | 华岳文信 |
| 8 | 雪峰怀净 1677—1738 | 逍遥派 | 华岳文信 |
| 9 | 霜月玺篈 1687—1767 | 鞭羊派 | 雪岩秋鹏 |
| 10 | 虎岩体净 1687—1748 | 鞭羊派 | 唤惺志安 |
| 11 | 涵月海源 1691—1770 | 鞭羊派 | 唤惺志安 |
| 12 | 莲潭有一 1720—1799 | 鞭羊派 | 虎岩体净 |

18 世纪,华严学兴起的同时,念佛修行也广泛流行。柏庵性聪编辑出版了《净土宝书》等有关念佛净土的书籍,为 18 世纪念佛修行的流行提供了契机。此后,以念佛结社为形式的念佛修行盛行,念佛歌词流行于民间。念佛修行的流行,为念佛门的再认识创造了条件,促进了念佛门地位的上升。特别是,箕城快善著《请择法报恩文》,从普遍性和易行性两方面强调念佛的优越性,主张念

---

① 金龙泰:《朝鲜后期大芚寺的表忠祠建立和"宗院"声明》,《普照思想》2007 年第 27 期。

## 第二章　朝鲜后期"三门修行"体系的确立及发展

佛是能够包容禅和教，适合一切根机的最优秀的修行法。箕城快善的观点集中体现了这一时期对念佛门的新认识，反映了念佛门地位的上升。

表 2-7　　　　　　　　大芚寺 12 讲师①

| 顺序 | 宗师名 | 门派 | 师承 |
| --- | --- | --- | --- |
| 1 | 万化圆悟 1694—1758 | 鞭羊派 | 虎岩体净 |
| 2 | 燕海广悦 | 鞭羊派 | 虎岩体净 |
| 3 | 灵谷永愚 | 鞭羊派 | 虎岩体净 |
| 4 | 懒庵胜济 | 逍遥派 | 雪潭自优 |
| 5 | 影波圣奎 1728—1812 | 鞭羊派 | 涵月海源 |
| 6 | 雪潭鼎䭲 1741—1804 | 逍遥派 | 懒庵胜济 |
| 7 | 退庵泰瑾 | 鞭羊派 | 雪坡尚彦 |
| 8 | 碧潭幸仁 1721—1798 | 浮休派 | 枫岩世察 |
| 9 | 锦洲福慧 | 逍遥派 | 华岳文信（曾孙）|
| 10 | 玩虎尹佑 1758—1826 | 鞭羊派 | 莲潭有一（法孙）|
| 11 | 朗岩示演 | 逍遥派 | 华岳文信（曾孙）|
| 12 | 儿庵惠藏 1772—1811 | 逍遥派 | 华岳文信（曾孙）|

随着三门地位的变化，三门修行体系的整体结构也发生了变化。如果说清虚休静和鞭羊彦机的三门是立足于"禅胜教劣观"而提出的，那么，到了 18 世纪随着圆顿门和念佛门地位的提升，教界则立足于禅、教、净土一致的观点，对径截门、圆顿门、念佛门进行了再认识。这种认识的变化集中体现在 18 世纪后半叶《三门直指》的出版发行。《三门直指》是 1769 年由振虚八关（？—

---

① 金龙泰：《朝鲜后期大芚寺的表忠祠建立和"宗院"声明》，《普照思想》2007 年第 27 期。

1782）所著，主要对念佛门、圆顿门、径截门这三种修行方法进行了说明，并强调三门的平等性。他在书中说："然门则有三，曰径截，曰圆顿，曰念佛。以是而往生净土，证入法界，直见心性。其同耶？不同耶？郭门虽异，会要则同。"[①] 这种有别于清虚休静和鞭羊彦机注重三门的差别性，而强调三门的平等性的观点，反映了18世纪以后对三门认识的转变。这导致三门修行体系的整体结构也由以禅为主，教与念佛净土为辅的差等结构，转变为三门平等的对等结构。

圆顿门和念佛门地位的上升动摇了径截门的中心地位。禅僧们为了再次强调径截门的优越性，19世纪以白坡亘璇和草衣意恂为中心的禅论争正式展开。19世纪三种禅与两种禅论争实际上是确立朝鲜佛教整体性的论争，是修行体系构建中禅与教的轻重和先后的论争，是修行的范围和方法的优越性的论争。

---

① 振虚八关：《三门直指》，《韩国佛教全书》卷10，第138页下栏。

# 第三章　近代"三门修行"的维系及禅的中兴

从朝鲜末期到日本强占期间①，朝鲜王朝内部数百年的封建体制瓦解，各种社会问题层出不穷，民乱不断；西方列强入侵，东西方思想冲突不断。到了日本强占期，日本佛教徒迅速展开了具有宗教侵略意图的布教活动，1911 年颁布《寺刹令》②，设立三十本山

---

① 按照韩国的历史年表来看，1876 年朝鲜与日本签订"江华岛条约"，港口开放；1897 年朝鲜终结，"大韩帝国"成立；1910 年日本夺取了对朝鲜半岛的统治权，日帝强占期开始；1945 年日本投降，朝鲜半岛解放。

② 《寺刹令》明治 44 年（1911）6 月 3 日制定，1911 年 7 月 8 日颁布。内容如下：
第一条，寺刹的合并、转移及废止须经过朝鲜总督许可后方可（施行），地址和名称的变更亦同。
第二条，寺院的地址及伽蓝在没有地方长官的许可下，除了传法布教、法要执行及僧尼居住以外，不得用于其他（用途）使用。
第三条，寺院的本末关系、僧规、法式及其他必要寺法，各本寺自行拟定后，获朝鲜总督许可后方可（施行）。
第四条，寺刹内设住持。住持具有管理其寺刹内的一切财产、处理寺务及法要执行的责任，是寺刹的代表。
第五条，属于寺刹的土地、森林、建筑物、佛像、石物、古文书、古书画等其他贵重品非经朝鲜总督许可，不得（随意）处置。
第六条，违反上述规定者处以两年以下监禁，五百元以下罚金。
第七条，除本令以外的其他有关寺刹的必要事项由朝鲜总督制定。
附则
本令的施行日期由朝鲜总督决定。
1911 年 7 月 8 日，第 257 号朝鲜总督府编：《朝鲜法令辑览》，帝国地方行政学会 1925 年版，第 23 页。

制度①,分散朝鲜佛教界的统一力量。在这样内外动荡的时期,佛教界也只能倾全力于保国护教,已无心精进修行,更无余力去研究、发展佛教教学,因此,三门修行体系进入了各自维系的时期。近代学者李能和把近代时期韩国佛教的特点概括为"禅教保守时代"。②所谓"保守时代"就是指这段时期禅和教处在各自保持、守护的维系时代。

这一时期,佛教界发生了一些重要事件。

第一,佛教道场由山林向城市转移。1895年"僧侣都城出入禁止令"解除,佛教道场由山中转向城市,佛教界以参禅大众化、

---

① 三十本山:是指日本强占期间,在朝鲜半岛各地区的寺院中设定本山寺院,由本山寺院来管辖一个地区的其他寺院的制度。本山寺院的住持须经朝鲜总督府许可后任命,其他末寺的住持须经道知事(相当于省长)许可后任命。1911年朝鲜《寺刹令》实行时共三十个本山寺院,1924年又将华严寺升级为本山寺院,形成三十一本山。因此1924年以后,又称"三十一本山"。三十一本山寺院名称及分布情况如下表:

| 地区 | 本山寺院名称 |
| --- | --- |
| 京畿道 | 奉恩寺、奉先寺、龙珠寺、传灯寺 |
| 忠清道 | 法住寺、麻谷寺 |
| 庆尚道 | 桐华寺、银海寺、孤云寺、金龙寺、祇林寺、海印寺、通度寺、梵鱼寺 |
| 全罗道 | 威凤寺、宝石寺、大兴寺、白羊寺、松广寺、仙岩寺、华严寺 |
| 江原道 | 乾凤寺、榆岾寺、月精寺 |
| 黄海道 | 贝叶寺、成佛寺 |
| 平安道 | 永明寺、法兴寺、普贤寺 |
| 咸镜道 | 释王寺、归州寺 |

② 李能和:《朝鲜佛教通史》下篇,韩国学研究所1977年版,第5—6页。李能和将韩国佛教按时期和特点做了如下划分:高句丽小兽林王时期以后五百年期间为"经教创兴时代";新罗宪德王以后至高丽初期为"禅宗蔚兴时代";高丽初期至末期约400年间为"禅教并隆时代";朝鲜初世宗合并诸宗至朝鲜末清虚统一禅教为"禅教统一时代";而对于日本强占期以后的佛教他命名为"禅教保守时代"。

## 第三章 近代"三门修行"的维系及禅的中兴

韩文译经等方式展开大众布教,谋求新的出路。

第二,传统讲院减少,中央佛教学林成立,赴日留学生出现。三十本山寺院纷纷派遣聪慧青年僧侣到中央佛教学林甚至到日本学习佛法及先进知识,学成后各归本山,分化诸方。

第三,1914年朝鲜佛教禅教两宗三十本山住持会议协议,除了念佛传统久远的乾凤寺以外,全国寺院的念佛堂全部变更为禅堂。1920年以后禅院数量明显增加,近代禅出现中兴气象。

第四,统一宗团成立,宗名几经变迁。三十本山制度的颁布,使朝鲜佛教界意识到佛教统一宗团的必要性,于是自发建立朝鲜佛教统一宗团,宗名由圆宗到临济宗到禅教两宗到曹溪宗,几经变迁。

第五,宗祖问题再度提起。在宗教竞争和日本宗教殖民的双重压力下,为了表明朝鲜佛教历史的正统性,1920年以后宗祖问题被再度提起。1930年,汉岩重远(1876—1951)提出了分别代表九山禅门的道义—代表高丽时期曹溪宗的普照—代表临济法统的太古这样具有"历时性"的、新的宗祖体系。

第六,"通佛教"① 认识出现。1930年学界掀起了重视民族文化传统价值的"朝鲜学运动",佛教界也参与其中,对佛教传统进行了再认识。为了表明区别于日本佛教的朝鲜佛教的传统特点,以崔南善为首的佛教界人士强调朝鲜后期参禅、讲经、念佛三门兼修

---

① 首先提出"通佛教"概念的是崔南善,他在《朝鲜佛教——东方文化史上的地位》(《佛教》1930年第74期)中强调通佛教的传统起源于元晓的海东宗,同时指出朝鲜佛教的独创性在于理论和实践的融合。他还进一步指出:"与印度、西域绪论性的佛教和支那各论的佛教相比,朝鲜建立了最后结论性的佛教。"同一时期的金敬注也赞同崔南善的观点,在《现下世界的佛教大势和佛陀一生的年代考察》(《佛教》1930年第77期)中主张朝鲜佛教由于文化交叉的地域特征,使以元晓为代表的统一性的、结论性的佛教得以完成。另外,金映遂也在《朝鲜佛教的特色》(《佛教》1932年第100期)中强调了元晓的和诤思想、义天和知讷的禅教融摄、朝鲜时代的参禅、讲经、念佛三门兼修的通佛教的传统。

的通佛教的传统，提出了会通和圆融的"通佛教"概念。

另外，作为宗教殖民的一环，日本佛教界积极鼓励朝鲜僧侣赴日留学，赴日僧侣学到了日本先进的佛教学方法，同时也受日本佛教影响娶妻食肉，从此韩国佛教界出现了"带妻僧"。因此，韩国佛教的近代化进程是非自主的，而是在日本佛教的影响下展开的，这也使得韩国佛教的近代化异常曲折。

## 第一节　禅的中兴与径截门

### 一　近代修行及禅院建设概况

（一）19世纪末佛教修行概况

19世纪末僧侣的一般修行方式仍然以三门为基本框架展开。当时僧侣的实际修行情况可以根据《东师列传》加以确认。《东师列传》的作者是梵海觉岸（1820—1896），该书记载了从小兽林王二年（372）到高宗三十一年（1894）为止的海东高僧传记资料。据《东师列传》记载：

> 浑虚讲伯传（1826—?）
>
> 师名尚能，号浑虚，姓崔氏，朗州人……真学长老之室，圆顶方袍。鹏溪禅师之坛，受火闻戒。应化讲伯之堂，拈香入室。□讲伯席，舍教入禅。草衣禅伯之会，受大乘戒，登菩萨位。访忍庵禅师于伽智山水南庵，学四集。参云居大师于长春洞北弥勒，开四教。谒枕溟和尚于曹溪山大乘庵，开大教。侍应化法师于少林山中峰庵，证拈颂。①

---

① 梵海觉岸：《东师列传》，《韩国佛教全书》卷10，第1064页下栏—1065页上栏。

## 第三章 近代"三门修行"的维系及禅的中兴

清渊讲伯传（？—？）

师名月影，号清渊……出家于达摩山，削发染衣。寻忍庵师于伽智山水南庵，学四集。参云居师于头轮山北弥勒庵，受《楞严》《起信》。谒应化师席，受《般若》《圆觉》。参云居师，了《华严》。乃拈香于雪月法师。①

金波禅师传（1833—？）

师名应信，字弼文，号金波……出家于头轮山。染衣于石虎禅师室。受具于止虚禅德坛。拈香于恩师室。受比丘戒及菩萨戒于梵海觉岸堂，受经论于梵海。②

月华讲师传（1836—？）

师名仁学，号月华，姓尹氏，灵岩人。早投达摩，从秋潭师薙染。就灵潭师受具。南北讲堂，望门投止。禅教法席，从心所如。③

锦月禅德传（1811—1888）

师名□□，号锦月。义城孤云寺，出家修行。师受四教《华严》，请闻《四分》《梵网》，悟心本源……一参二参，至于五十三参。一春二春，至于丙午三春……栖迟于杆城之乾凤万日会，未满万日，蝉脱鹤化。④

清潭禅师传（？—？）

师名理玄，号清潭，姓元氏，南平人……入云兴寺，薙发染衣……学于头轮山之闻庵龙渊云起、达摩山之应化灵虚、曹溪山之枕溟青空……遍参禅教……笔师草衣，说绍唤月，律依

---

① 梵海觉岸：《东师列传》，《韩国佛教全书》卷10，第1065页中栏。
② 梵海觉岸：《东师列传》，《韩国佛教全书》卷10，第1066页下栏—1067页上栏。
③ 梵海觉岸：《东师列传》，《韩国佛教全书》卷10，第1067页上栏。
④ 梵海觉岸：《东师列传》，《韩国佛教全书》卷10，第1074页中栏。

禅谷。①

晦光讲伯传（1862—1933）

师名有璇，号晦光，姓李氏，襄阳人……剃染于雪岳山神兴伽蓝雪墟禅师受具。游历四方，学习内外典……拈香于宝云（亘叶）禅师之室……凡唤惺之八世，清虚之十二世。②

从以上僧传中可知 19 世纪末僧侣们的修行内容和状态。浑虚讲伯学四集、开四教、开大教、证拈颂，体现了他兼修禅教、舍教入禅的修行实践。清渊讲伯于石虎禅师室修禅，又于梵海处学习经论，同样体现了他禅教兼修的修行实践。月华讲师"南北讲堂，望门投止，禅教法席，从心所如"，展现了当时僧侣云游学法、兼修禅教的实际修行状态。锦月禅德初习四教，兼习《四分律》《梵网经》，后参禅悟心本源，晚年于乾凤万日会念佛西化，展现了他一生戒定慧三学兼顾，参禅、看经、念佛三门兼修的真实写照。总之，这一时期就修行内容而言，仍然以参禅、看经、念佛为主要内容；就修行状态而言，僧侣们呈现出四方云脚、望门投止、随顺因缘、遍修三门的现象。

另外，我们还可以通过李能和的《朝鲜佛教通史》来考察三门的维系情况：

比较诸方禅教僧数。三十本山前后住持，五十许人，属于禅者不过三四，而其余人并属于教。若举朝鲜全部僧侣七千人

---

① 梵海觉岸：《东师列传》，《韩国佛教全书》卷10，第 1069 页下栏—1070 页上栏。

② 梵海觉岸：《东师列传》，《韩国佛教全书》卷10，第 1075 页上栏。

## 第三章 近代"三门修行"的维系及禅的中兴

而言之,则十之八九皆属于教。而不禅不教者,实占多数也。①

从李能和对19世纪末佛教界状况的描述,可知这一时期禅的衰颓。这一现象与18世纪以后华严教学的兴起有很大关系。

回顾朝鲜后期的佛教传统可知:17世纪清虚休静和鞭羊彦机立足于"禅胜教劣观",确立了以看话径截门为主,圆顿门和念佛门为辅的三门修行体系。18世纪以后,立足于"三门一致"将禅、教、净土念佛看作平等的修行法的观点逐渐成为这一时期的一般认识。到了19世纪,白坡亘璇为了强调禅的优越性提出了"三种禅"理论。这一理论是为了克服禅势弱、教势强的现实而作的努力。然而,这样的努力并没能及时扭转时代的潮流,华严教学的兴盛局面一直影响到19世纪末,以看经念佛为业的僧侣占了佛教界很大比重。

(二)20世纪初禅院的增加及参禅结社的盛行

近代禅的中兴开始于20世纪初,具体体现在近代禅院建设上。进入殖民地佛教体制以后,受西方先进文化及日本开化思想的影响,传统讲院被视为落后于时代的产物,逐渐被新式学林所取代,讲院教育萎缩不振。与之相比,近代禅院却呈现另一番景象。禅院不仅没有减少,相反,1920年以后禅院数量不断增加,呈现禅中兴的气象。

近代佛教禅院的设立及发展情况,根据现有的研究成果和第一手资料很难把握其全貌,其主要原因就是1876年开港以后有关禅院整体情况的资料不足。② 但可以推断的是,20世纪20年代禅院

---

① 李能和:《朝鲜佛教通史》下篇,韩国学研究所1977年版,第962页。
② 海东日报社编:《大正二年度各本末寺禅学堂调查表》,《海东佛报》1914年第4期,第87—90页。该文仅仅列出了各大本寺的禅院数字统计,至1913年当时禅院共72所,但禅院名称及具体情况并没有提及。

数量不断增加与近代禅的中兴祖镜虚惺牛（1846—1912）于 1900 年前后在海印寺（1899）、梵鱼寺（1903 年）、华严寺（1900）、松广寺等地组织修禅结社、开设禅院、重振禅风的活动有密切关系。受镜虚禅师重振禅风运动的影响，梵鱼寺在 1900—1910 年开设临时禅社、禅房多达 9 次。① 另外，龙城震钟（1864—1940）在 1911 年到首尔倡导、组织参禅大众化之前，也曾在智异山、德裕山、宝盖山等地的寺院开设禅会。1910 年以前禅院建设的基本特点是以各地方的"自生禅会"为主要形式而展开。

1914 年，"朝鲜佛教禅教两宗三十本山住持会议所"对全国禅院进行了调查，并通过了将各地的"念佛堂"变更为"禅堂"的整改计划，同时制定了各地禅院共同遵守的《禅林规则（10 条）》。由此可知，1910 年中期开始"在朝宗团"开始参与禅院建设，在朝野共同努力下，禅院数量不断增加。其中比较有代表性的有：1921 年，汉岩禅师在乾凤寺万日院设立的"万日禅院"；1921 年 12 月，以满空月面（1871—1946）、惺月（1865—1943）、龙城震钟、万海龙云（1879—1944）等为中心在首尔创建的"禅学院"及"禅友共济会"②；1925 年龙城震钟在望月寺组织的"万日参禅结社会"；1927 年鹤鸣启宗（1867—1929）在内藏寺创立的"内藏禅院"③ 等。近代禅院的修行方式主要以"参禅结社"的形式进行。其中比较典型的是镜虚禅师的修禅社和龙城禅师的"万日参禅结社会"。

---

① 金光植：《韩国现代禅的知性史探究》，到彼岸社 2010 年版，第 20 页。
② 受各种因素影响，这两个组织从 1924 年开始发展不振，最终于 1926 年倒闭。
③ 据姜裕文的《内藏禅院一瞻》（《佛教》1928 年第 46 期）介绍，内藏禅院运营和修行宗旨是"自禅自农，自力自食"，并具体规定了"上午学问，下午劳动，夜间参禅"的日常修行内容，以及"冬安居以参禅为主，夏安居以学问和劳动为主"的安居修行内容，体现了"禅农一致"的特点。

## 第三章 近代"三门修行"的维系及禅的中兴

1899年，镜虚禅师在海印寺退雪堂组织设立修禅社。据镜虚禅师撰写的《结同修定慧同生兜率同成佛果契社文》（以下简称《契社文》）及禅院清规《定慧契社规例》（共30项）可以归纳出镜虚修禅社的几个特点：第一，形式的开放性和融通性。具体体现在参加结社人员的广泛性和结社场所的不固定性。不论出家僧侣与在家信众皆可参加，"若抉择分明，能于定慧认真修行者，不会一处，亦不妨事"。① 第二，思想的会通性。结社以定慧修行为中心，同时也允许发愿上升兜率天宫，往生弥勒净土。第三，镜虚的这一结社继承了知讷的定慧结社，是知讷定慧结社的近代转型。

1925年，龙城禅师在望月寺组织建立"精修别传禅宗活句参禅万日结社会"。据万日参禅结社会"规则"及"入会禅众注意事项"②可知，结社的主旨是"通过活句参禅，见性成佛，广度众生"③。参会者资格限于出家僧侣。修行时间共一万日，分十期，每期三年。另外还具体规定每半月讲说一次大小乘律，每月二十日开示一次看话正路。"参禅万日结社会"体现了出家僧侣的两个禅修特点：第一，以看话禅为主；第二，强调"禅律兼修"。

在全国禅院不断增加、参禅结社盛行的情况下，1928年朝鲜总督府发行了《朝鲜僧侣修禅提要》，颁布了"全国禅院清规节目"。1931年，禅学院重建，以此为契机，全国的首座再次集结，再振禅风。此后，组织修行的禅院数量和修行人数逐渐增多。据统计，1935年，共计22所禅院，368名首座参与禅修；1940年，有46所禅院，夏安居540人，冬安居482人；1941年，有58所禅院，夏安居505人，冬安居340人。④ 由此可见，近代禅中兴的

---

① 镜虚惺牛：《镜虚集》，李相夏译，东国大学出版部2016年版，第176页。
② 龙城震钟：《精修别传禅宗活句参禅万日结社会》，《佛教》1925年第15期。
③ 龙城震钟：《精修别传禅宗活句参禅万日结社会》，《佛教》1925年第15期。
④ 郑广好：《韩国佛教最近百年史编年》，仁荷大学校出版部1999年版，第261—272页，转引自金光植《韩国现代禅的知性史探究》，到彼岸社2010年版，第22页。

气象。然而，1941年太平洋战争爆发，日本殖民统治加剧，禅院乃至整个佛教界面临生存危机，直到1945年解放才逐渐恢复佛教建设。

在禅风日衰的情况下，镜虚禅师和龙城禅师是当时为数不多坚持禅修的代表禅僧，在近代禅的中兴过程中起到了重要作用。海印寺从镜虚禅师设立禅院，振作禅风开始，到现代则成立了海印丛林，成为韩国佛教具有至高地位的寺院。海印寺禅院出身的众多首座几乎都成了引领现代韩国佛教的主力。从近代禅院的建立到禅风的振作，镜虚禅师可谓近现代禅修的领军人。龙城禅师在佛教正法衰颓、禅风日下的情况下，积极参与近代禅中兴事业，组织参禅结社，推动参禅大众化。可以说，二者在近代禅中兴过程中起了决定性作用，他们的结社精神引领了近代禅的发展方向。下面，具体考察镜虚禅师和龙城禅师的修行观。

## 二　近代禅师修行的特点

### （一）镜虚惺牛的修行观

18世纪华严学兴盛，佛教界呈现倾向于华严教学研修和净土念佛修行的潮流。从韩国佛教史来看，改变这一时代潮流的决定性契机就是镜虚惺牛的出现。近代禅僧镜虚惺牛继承了传统的参禅结社精神，以修行僧为中心，以恢复禅宗传统为宗旨，从1899年开始在各大寺院组织参禅结社，建立禅院，振作禅风，使禅的价值再次受到瞩目，引领了一代禅风，被佛教界誉为"近代禅中兴祖"。他所指导的后学成为现代韩国佛教新的主干力量，确立了以看话禅为中心的韩国近现代佛教的主体特征。[①]

---

[①] 金邦龙：《镜虚惺牛的禅思想及佛教史的位相》，《东西哲学研究》2014年第72期。

## 第三章　近代"三门修行"的维系及禅的中兴

1. 生平

有关镜虚禅师①的生平资料主要有其徒弟汉岩重远撰写的《先师镜虚和尚行状》②和后期万海龙云撰写的《略普》③。据《先师镜虚和尚行状》,镜虚惺牛,生于全州子东里,俗姓宋,砺山人。幼时丧父,9岁随母亲入京,于广州清溪寺拜桂虚和尚为恩师,受戒出家。法名初为东旭,后在东鹤寺见性后改为惺牛,法号镜虚。

镜虚禅师年至14,不曾读书。后于清溪寺遇一儒者,教授其《千字文》《史略》《通鉴》等,又于鸡龙山东鹤寺万化讲伯门下习内外经典,23岁便成为东鹤寺讲师。

34岁欲拜谢恩师桂虚和尚,途中经过疫病泛滥的村庄,痛感生死无常,于是发愿"此生宁为痴呆汉,不为文字所拘系,参寻祖道,超出三界"。后返回东鹤寺闭门端坐,专心参究"驴事未去马事到来"话头,于1879年开悟。

35岁到洪州天藏寺保印,在此期间阐明其上承龙岩慧彦(1783—1841)法脉④,为清虚休静11世,唤惺志安7世。此后,

---

① 有关镜虚惺牛的生年说法不一。汉岩重远的《先师镜虚和尚行状》中记载为其生于1857年;万海韩龙云的《略普》中记载为1849年。而据闵泳奎(《镜虚堂的北归辞》,《民族与文化》2003年第12期)、李相夏(《镜虚集》,东国大学出版部2016年版)等考证,镜虚1900年撰述的《瑞龙和尚行状》中记录其当时的年龄是55岁,由此推知其出生年应是1846年。

② 镜虚惺牛:《镜虚集》,李相夏译,东国大学出版部2016年版,第59—64页;汉岩重远:《先师镜虚和尚行状》,载《定本汉岩一钵录》,民族社2010年版,第471—479页。

③ 镜虚惺牛:《镜虚集》,李相夏译,东国大学出版部2016年版,第352—353页。

④ 汉岩重远:《先师镜虚和尚行状》,载《定本汉岩一钵录》,民族社2010年版,第474页。"曾示众曰:夫祖宗门下,心法传授,有本有据,不可错乱……余虽道未充而性不检,一生所向期在于此一著子明白,而今老矣。日后我弟子当以我嗣法于龙岩长老,以整其道统渊源;而以万化讲师,为我之授业师,可也。"据此,其法脉整理如下:清虚休静→鞭羊彦机→枫潭义谌→月潭雪霁→唤惺志安→虎岩体净→青峰巨岸→栗峰青呆→锦虚法沽→龙岩慧彦→镜虚惺牛。

20余年往来于洪州天藏寺、西山开心寺和浮石寺之间。53岁以后,分别在海印寺、梵鱼寺、通度寺、华严寺、松广寺等寺院开设禅院,振作禅风。

59岁在安边郡释王寺参加五百罗汉改粉佛事,并任证明法师。此后,他便隐遁行迹。再后来,长发服儒来往于甲山、江界等地,并改名为朴兰洲,以俗人的面貌任私塾先生。1912年于甲山熊耳坊道下洞入寂,寿六十七,法腊五十八。其门下有水月音观、慧月慧明、满空月面、汉岩重远等近代韩国佛教的代表禅僧。

镜虚禅师时现饮酒、食肉、女色等无碍行,为世人所非议。其弟子汉岩重远在《行状》中强调:"然后之学者,学和尚之法化则可,学和尚之行履则不可……又依法者,依其真正妙法也,不依人者,不依其律仪与不律仪也。又依者,师而效之也,不依者,不见其得失是非也。"①

2. 修行观

(1) 舍教入禅

镜虚禅师的悟道本身就充分体现了他"舍教入禅"的修行观。从前述镜虚禅师的生涯可知,镜虚禅师在万化讲师门下学习内外经典,23岁便成为东鹤寺讲师,34岁发心参禅,进而顿悟见性。镜虚禅师发心参禅源于一次偶然经过传染病流行的村落的经历。

> 方今此处,痢疫大炽,染者立死,汝何人入于此地?和尚忽闻其言,毛骨悚然,心神恍惚,恰似个大限当头,命在呼吸之间,一切世间都是梦外青山。仍自念言,此生宁为痴呆汉,

---

① 镜虚惺牛:《镜虚集·契社文》,李相夏译,东国大学出版部2016年版,第64页。

## 第三章 近代"三门修行"的维系及禅的中兴

不为文字所拘系,参寻祖道,超出三界发愿已。①

镜虚禅师的发心体现了其两个思想意识的转变:一是意识到解决生死大事是最紧要的;二是决心舍弃为文字拘系的经教,转而参禅。这种解决生死大事的紧迫感和"舍教入禅"的修行观直接体现在他后来组织修禅社的实践和指导后学的理念中。

镜虚禅师1899年在海印寺退雪堂组织修禅社,开启了指导后学、振作禅风的实践行。这是进入近代以来最早的、有据可考的参禅结社组织。有关修禅社的修行理念主要体现在镜虚禅师所撰写的《契社文》和《定慧契社规例》(共30项)中。镜虚禅师在《契社文》的开头,首先批判了当时修行人"高推圣境",认为末世众生没有参禅根机的"邪说"。

> 或者曰:"灵山会上,佛祖拈花,百万大众皆罔措,唯迦叶尊者一人,领解微笑。而末业众生,不能量其机小,皆曰参寻祖庭,是岂有成功之理哉?"如此邪说,不可枚举……(灵山拈花)所以传一人者,以佛灭度之后,举一人为一代教祖,如天无二日,国无二王也,非谓其无余外得度者也……只闻诸导师之教人明心见性之说,未见禁止末业人之习学定慧者也……盖迷者不达此理,若见闻祖宗之说,则高推圣境,但务事相有为,或诵经手执珠,或营作梵宇,彩塑佛像,望功德,希菩提,误之哉!远于道矣。②

---

① 汉岩重远:《先师镜虚和尚行状》,载《定本汉岩一钵录》,五台山月精寺汉岩门徒会2010年版,第472—473页。
② 镜虚惺牛:《镜虚集·契社文》,李相夏译,东国大学出版部2016年版,第164—165页。

# 韩国佛教"三门修行"思想研究

镜虚禅师解释说,"佛祖拈花,……唯迦叶尊者一人,领解微笑",其目的是举一人为一代教主,而不是否定其他人有通过参禅去悟道的可能性。他进一步指出各大乘经、大乘论、禅门语录等也没有不许末业众生参"真正道"之说。然而,当今修行之人不明白这个道理,认为参禅是上根机人的修行法,每天只在诵经、念佛、造寺、建塔等"事相有为"上做表面功夫,并没有真正的实参实修,感叹"误道误人"的现实修行状况。

镜虚禅师进一步指出,所谓"真正道"就是"祖庭活句法门"。"祖庭之活句法门,即得观破古佛未生前,安身立命于大寂光道场。"① 他进一步强调末世众生人人皆可参活句法门,只是有参究时间长短的区别,没有择法的不平等。"其有机胜者,一超直入,把断要津……然若机下者,未能顿成,久习毕竟得入。"② 他还举赵州和尚语"汝等三十年二十年,不离业林,真实参究,若不会此道,截去老僧头去"③,强调人人皆可参禅,贵在自悟自修,指责"高推圣境",生退却心,务"事相",行"有为"之人"不达定慧之本而枉用修行"。

那么,镜虚禅师是怎样看待佛教教学的呢?他认为经教义理为权教方便而非"正因"④。

> 佛说一代藏教,以五戒十善法,使之生人天;以苦集灭度

---

① 镜虚惺牛:《镜虚集·契社文》,李相夏译,东国大学出版部 2016 年版,第 165 页。
② 镜虚惺牛:《镜虚集·契社文》,李相夏译,东国大学出版部 2016 年版,第 165 页。
③ 镜虚惺牛:《镜虚集·契社文》,李相夏译,东国大学出版部 2016 年版,第 165 页。
④ 所谓正因,对缘因而言。正生法之因曰正因,资助之力曰缘因。(参照丁福保《佛学大词典》)

## 第三章　近代"三门修行"的维系及禅的中兴

四谛法,使之证阿罗汉果;以无明行等十二因缘法,使之证缘觉辟支果;以四宏愿六波罗蜜法,使之行菩萨道。而有权教菩萨者,历阿僧祇劫,行四宏愿六波罗蜜,位过十信、十行、十住、十回向,尚未达妙道,见有为则心生稀有,听无相则茫然自失,求佛知见之心,常未间断,然烦恼习气,根蒂未除,依佛戒教时常捺伏,譬如善幻咒者,以咒术力,禁除猛兽毒蛇,使之不能发毒啮,其害人之毒未能除去……普照国师云:"夫参学者,发足先植正因,信五戒十善四谛十二因缘六度等法,皆非正因,信自心是佛,一念无生,三祇劫空,如此信得及,乃是正因。"寿禅师云:"为求大道者说一乘妙旨;为求小乘者,说六行权门。"六度等法,亦未免为权,况余戒善谛缘等乎?①

镜虚禅师指出,即便是依佛所说的五戒十善法、四圣谛法、十二因缘法、六波罗蜜等言教修行,进而到达了十回向位的菩萨也未能通达妙道。因为依权教方便修行,知解、分别心并没有间断,不能根除烦恼习气,只能依靠戒律去捺伏,他指出了依教修行而产生的不彻底性。知解正是依教修行和参禅修行二者最大的不同之处。所谓"知解"指通过概念和逻辑推理去把握事物的方式,是主客对立的分别意识。因此在知解作用没有停止的情况下,无法进入真正的禅境界。因此,佛说一代藏教不是悟道的"正因",只是权教方便,只能起"助缘"的作用。虽然华严的世界和禅的世界从终极层面上来说没有差别,但是华严通过"知解"的方式去追求消除二元对立的终极境界,这种方法本身就存在根本局限性。镜虚禅师也是认识到了这一局限性,从依教修行而产生的不彻底性的层面说明了

---

① 镜虚惺牛:《镜虚集·法话》,李相夏译,东国大学出版部2016年版,第80页。

"舍教入禅"的必要性,强调见性悟道还要靠修行者本人的实参实修,信自心是佛,一念无生,才是正因。

由此,我们可以明确镜虚禅师的禅教观:一,教是权,禅是实,教非正因,禅是正因;二,依教修行会产生觉悟的不彻底性,只有在"解悟"教义的基础上,实参实修,一念无生,才能真正彻底地悟道。这两点体现了其"舍教入禅""禅胜教劣"的禅教观。

(2) 定慧双修

镜虚禅师在《定慧契社规例》开头就强调了参禅的重点在于"勤修定慧"。

> 当念无常迅速,生死事大,勤修定慧,若不勤修定慧而求佛果者,如却行求前,适越北辕。切勿执着有为幻法以误平生事事。
>
> 若勤修定慧,能抉择行业而后,不枉用功,应须参寻知识事。①

镜虚禅师组织修禅社,撰写《契社文》时指出:"至于近古慧远之社庐山,乐天之社香山,牧牛子之社公山者,皆以此意者也。"② 可知,其结社理念是从庐山慧远的白莲结社、白乐天的香山结社和牧牛子知讷的定慧结社中获得的。特别是知讷的结社理念对镜虚产生了重要的影响。这一点我们可以从二者的结社同盟旨趣中加以确认。

---

① 镜虚惺牛:《镜虚集·定慧契社规例》,李相夏译,东国大学出版部2016年版,第175页。
② 镜虚惺牛:《镜虚集·契社文》,李相夏译,东国大学出版部2016年版,第167页。

## 第三章 近代"三门修行"的维系及禅的中兴

**镜虚禅师的同盟旨趣**

其所以同盟之约,何也?以同修定慧,同生兜率,世世同为道伴,究竟同成正觉。如有道力先成者,誓引其未逮,不违所盟者也。①

**普照知讷的同盟旨趣**

同结正因,同修定慧,同修行愿,同生佛地,同证菩提,如是一切,悉皆同学,穷未来际,自在游戏十方世界,互为主伴,共相助成,转正法轮,广度群品,以报这佛莫大之恩。②

从上述内容可知,镜虚禅师继承了普照知讷的结社精神及修行方法。二者都是在既存教团正法衰颓的情况下,为了匡扶正法而组织的修行结社,并且都以"勤修定慧"为参禅的重点。

在镜虚禅师这里,"定"就是指话头参究,"慧"就是指返照自心。他在指导参禅时强调说:

一切时处,回光返照,举来举去,疑来疑去,察而复观,磨而复研,将思量世间尘劳之心,回来只在无字上,如是用功,日久月深,自然契悟。③

从以上内容可知,在日常生活中,随时随处观察自心就是指"返照自心"之法;将思量世间尘劳之心收回,集中于无字话头上,就是指"话头参究"之法。镜虚禅师在这里是在强调"返照自心"

---

① 镜虚惺牛:《镜虚集·契社文》,李相夏译,东国大学出版部2016年版,第166页。
② 普照知讷:《劝修定慧结社文》,《韩国佛教全书》卷4,第707页上栏。
③ 镜虚惺牛:《镜虚集·法话》,李相夏译,东国大学出版部2016年版,第83页。

和"话头参究"两种方法并行。那么"返照自心"和"话头参究"是什么关系呢?

> 大要不忘静净二字,净是菩提,静是涅槃也。然及得彻了也,又何尝以支二名之,以涅槃而为节目之哉?故云:"照尽体无依,通身合大道。"然则夫万行虽是释子日用所行,而不可无智慧之照了之性。所谓万行备修,唯以无念为宗者,此也。前五度之行,若无智慧功力,譬如失目之人,行于险道,岂以其本若此,其末若彼哉?且也善与恶也,菩提与生死也,未尝有二;过去也未来也现在也,未尝有二;十方也一毫端也,未尝有二。然此诸法也,亦未尝是一。①

这段话中,"净是菩提"可以理解为"自心清净体的菩提智慧","静是涅槃"可以理解为"寂静的禅定状态"。收心于"无"字话头的定功夫,能断除思量分别,使心无杂念,如同一面洁净无瑕的镜子如实呈现万物实相。反之,用智慧观照来时时返观自心,使其恒常不离话头。二者相互"照顾",没有先后,没有本末。强调了话头参禅之定与返照自心之慧如同车之两轮,缺一不可。

如此,在返照与参究上做紧要功夫,参究至切,则豁然开朗,达到觉悟境界。对于镜虚禅师来说,觉悟境界是怎样的状态呢?

> 夫参禅者……最要的无心于事,无事于心,则心智自然清滢……夫参此玄门者,常务返照究之,用心惺密无间断,究之至切,至于无用心可究之地,蓦然心路忽绝,踏著本命元辰,

---

① 镜虚惺牛:《镜虚集·示法界堂法语》,李相夏译,东国大学出版部2016年版,第141—142页。

## 第三章 近代"三门修行"的维系及禅的中兴

只这本地风光,本自具足,圆陀陀地,无欠无剩。①

镜虚禅师所追求的觉悟境界是"无心于事,无事于心"的状态,是心无挂碍的状态,心无挂碍则远离一切颠倒梦想,心智自然清莹,所到之处,则处处本地风光。他还进一步强调,人人都有参禅悟道的能力,"本自具足","无欠无剩",这体现了镜虚禅师修行观的另一个特点,即以"法性思想"为理论基础。

综上所述,镜虚禅师的禅法中不仅有南宋看话禅的主要修行方法——"话头参究",同时也包含唐代祖师禅的修行方法——"返照自心"②,是二者的并行。这两种修行方法都立足于"法性思想"的"顿悟无心"修行法。镜虚禅法修行观的这种特点是受到了普照禅的影响,同时,普照禅也通过镜虚禅师的发扬,重新被近代禅僧继承了下来。③

(3)行愿并行

镜虚禅师修行结社的另一个特色是,在强调"同修定慧"的同时,提出"同生兜率"。这就反映了镜虚禅师对参禅和净土信仰关系的理解。下面通过《定慧契社规例》的具体规定来探讨镜虚禅师对二者关系的说明。

> 古自成佛作菩萨,必具行业(愿),然后得辨。所以行定

---

① 镜虚惺牛:《镜虚集·泥牛吼》,李相夏译,东国大学出版部 2016 年版,第 86—87 页。
② 辛奎卓在《韩国近现代佛教思想探究》(新文社 2012 年版,第 216—217 页)中指出:"唐代祖师禅的修行方法是'返照',宋代看话禅的修行方法是'看话',这两种修行方法在效能上没有差别。"
③ 金邦龙:《镜虚惺牛的禅思想及佛教史的位相》,《东西哲学研究》2014 年第 72 期。

慧，愿上生兜率内院，同成佛果事。
既参契社者，以定慧为急务，不可但愿上生兜率也。有愿无行，则其愿归虚事。①

从上述内容可知，上生兜率是辅助定慧修行的一种愿力，是一个手段而不是最终目标。镜虚禅师强调有行有愿，也就是说只有设立目标，然后付诸行动，才能成就佛果。因此，镜虚禅师倡议"能真修定慧者，不愿生兜率，亦许参社。能真修定慧者，愿往生极乐，亦参社事"②，并在结社规定中用问答形式解答了相关质疑。

问曰："今结定慧社，而兼上生兜率者，何以耶？"

答曰："为其未得力于定慧者设也。其能得力者，随意自在，岂有假其愿力而后来住耶？然大力菩萨，亦有誓愿，得其力者，何妨有愿？所以愿上生兜率内院也。"

问曰："既以上生兜率为同社，又何以许其入参往生净土耶？"

答曰："结社于定慧，以其修定慧，而愿极乐者，亦可以同社，故许其参入。若能真修定慧者，岂有以其兜率与净土之不同指归而成异见耶？"

……

答曰："为其多年愿生净土坚持不移者，从而许之也……只虑愿生净土者，不得径住。若能径住者，稀有哉，有何不

---

① 镜虚惺牛：《镜虚集·定慧契社规例》，李相夏译，东国大学出版部2016年版，第175—176页。
② 镜虚惺牛：《镜虚集·定慧契社规例》，李相夏译，东国大学出版部2016年版，第176页。

## 第三章 近代"三门修行"的维系及禅的中兴

可哉!"

由上述问答内容可知,镜虚禅师之所以结定慧社,同时兼修上生兜率,是为了"未得力于定慧的人"而设的方便,是为了使这部分人能借助上生兜率的愿力,进而得力于定慧,最后证悟佛性。另外,镜虚禅师倡议发愿上生兜率与发愿往生净土者均可入社,这在修行理论上是存在矛盾的。允许发愿不同的人皆可入社是因为:首先,修行者虽然发愿不同,但只是暂时誓愿有异,见性成佛的终极目标是相同的。其次,站在教化者的角度来说,随顺修行者的愿力,也是一种善权方便。随顺不同修行者的暂时愿力,借此愿力引领其勤修定慧,同样能达到最后证悟佛性的结果。总之,镜虚禅师在参禅修行方法上虽然兼容了净土信仰,但是在镜虚禅师这里,无论是弥勒净土还是弥陀净土都是"行愿"之中"愿"的部分。

通过以上分析,我们可以整理出镜虚禅的修行观的几个特点:一,从禅教关系上来说,他指出了依教修行的局限性,阐明了"舍教入禅"的必要性,体现了"禅胜教劣"的禅教观。二,在看话禅修行的具体方法上,强调了"定慧双修",这里的"定"就是"话头参究","慧"就是"返照自心",体现了对南宋看话禅和唐代祖师禅兼容性地继承。三,在指导大众修行的方法上,随顺不同修行者的愿力,采取了先引其入门,再引入正道的"行愿并行"的方便法。从镜虚禅师修行观的特点中,我们可以看出以看话参禅为主,教学与念佛净土为辅的"看话禅优越主义"倾向。这种"看话禅优越主义"倾向在同一时代的其他禅僧的修行观中也有体现,例如龙城震钟。

(二)龙城震钟的修行观

1. 生平

龙城震钟是韩国近代佛教史上著名的禅师、佛教改革家,同时也是民族独立运动的领袖。李能和在《朝鲜佛教通史》中评价龙城禅师说：“顾今通方禅界，共推龙城为巨擘。”① 从这句话中我们可以大致估量出，龙城禅师在韩国近代佛教界的位置和影响力。

有关龙城禅师生平的资料现存有《龙城禅师语录》，韩龙云所撰《龙城大禅师舍利塔碑铭并序》② 等。龙城禅师，讳震钟，号龙城，白氏子，系出水原，世居全罗道，南原，竹林村人，生于朝鲜末期高宗元年（1864），寂于日本强占期三十一年（1940）。龙城禅师十九岁入伽倻山海印寺，依华月和尚落发，开始了求法生活。其律脉继承了韩国近代律的中兴祖大隐朗昨（1780—1841）的戒脉，据《龙城禅师语录》记载，“师年二十一岁，于梁山郡佛宝宗刹通度寺金刚戒坛，依禅谷律师受比丘戒及菩萨戒，此则七佛庵大隐律师之正脉也”③，即于1884年在通度寺金刚戒坛受戒于禅谷。④ 有关其禅脉，龙城禅师在《龙城禅师语录》中阐明“余临济下三十七代孙也”⑤。据韩龙云所撰的《碑铭并序》记载，龙城禅师“为曹溪直下第三十五代法孙唤惺志安之后裔”⑥。

---

① 李能和：《朝鲜佛教通史》下篇，韩国学研究所1977年版，第960页。

② 韩龙云：《龙城大禅师舍利塔碑铭并序》。龙城禅师的浮屠和塔碑现立于庆尚南道陕川郡伽倻山海印寺。

③ 龙城震钟：《龙城大宗师全集》卷1，大觉寺1991年版，第379页。这里值得一提的是，《龙城禅师语录》中记述的龙城禅师的受戒时间和韩龙云所撰《碑铭并序》中的时间有出入。《碑铭并序》中记载：“自此有契，二十七岁于通度寺金刚戒坛，依禅谷律师受具足戒及大戒”，即1890年在通度寺金刚戒坛受戒于禅谷。有待考证，暂以《语录》为据。

④ 律脉系普：大隐朗晤（1780—1841）→锦潭（?）→草衣意恂（1786—1860）→梵海觉岸（1820—1896）→禅谷（?）→龙城震钟（1864—1940）。

⑤ 龙城震钟：《龙城大宗师全集》卷1，大觉寺1991年版，第467页。

⑥ 禅脉系普：太古普愚（1301—1376）→……→芙蓉灵观（1485—1571）→清虚休静（1520—1604）→鞭羊彦机（1581—1644）→枫潭义谌（1592—1665）→月潭雪霁（1632—1704）→唤惺志安（1664—1729）→锦溪元宇→青坡慧苑→百忍泰荣→玩真大安→枕虚处华→草愚永瑄→南湖幸准→龙城震钟（1864—1940）→东山慧日（1890—1965）→退翁性澈（1912—1993）。

## 第三章　近代"三门修行"的维系及禅的中兴

龙城禅师的生涯大致可以划分为前、中、后三个时期。前期是在俗期和山中修行期;中期是大众教化期;后期是传统佛教的继承及"大觉教"的创立、发展和解散期。① 龙城禅师的中、后期生涯就处在日本统治下朝鲜佛教遭受宗教侵略,主体性逐渐丧失的时期。在殖民地佛教体制下,他一方面反对宗教侵略,反对"带妻食肉"②,坚持维护韩国佛教的传统;另一方面通过开展参禅大众化、禅农佛教、译经事业等一系列佛教改革运动促进韩国佛教近代化。

2. 修行观

(1) 看话禅与其他修行法的融合

龙城禅师的修行证悟过程本身就体现了他对朝鲜后期"三门修行"体系的继承。他先通过持诵大悲咒消灭业障,再通过话头疑情达到证悟的境界,然后他游览全国各地,通过看经和与善知识的禅机问答验证了自身觉悟的境界。此后,他不仅用"兼容"的修行观去指导他的出家弟子,而且在参禅大众化的过程中去指导在家信众,可以说他的修行观影响了日本强占期间的一代僧众,使韩国传统修行体系在僧团内外得以传承。

根据龙城禅师的前期修行可知,禅师先是受孤云寺水月永旻

---

① 龙城禅师生涯的三阶段划分,主要依据的是韩普光的先行研究成果。韩普光:《龙城禅师的前半期生涯》,《大觉思想》1998 年第 1 期;韩普光:《龙城禅师的中半期生涯》,《大觉思想》1999 年第 2 期;韩普光:《龙城禅师的后半期生涯Ⅰ》,《大觉思想》2000 年第 3 期;韩普光:《龙城禅师的中半期生涯Ⅱ》,《大觉思想》2001 年第 4 期。

② 龙城禅师在 1926 年 5 月和 9 月,先后两次向朝鲜总督府递交"建白书",反对当时出家僧侣"带妻食肉",破坏佛教传统戒律的行为。然而,龙城禅师的努力并没能扭转当时迅速蔓延的"带妻食肉"之风。不过,龙城禅师对传统戒律的坚守和维护,为 30 年后佛教净化运动提供了契机,其结果就是继承比丘僧传统的大韩佛教曹溪宗的出现。

(1817—1893)① 禅师的指导坚持持诵《千手经》和六字咒消灭业障,后通过参无字话头而证悟。龙城禅师在翻译《六字灵感大明王经》时,指出了诵咒在参禅修行中的作用:

> 初学者默默口诵,而后寻念者谁,念念不昧、恒常持诵……若能恒常念念不昧,心灵统一,蒙圣贤加被力,不可思议境界可证也。②

先默默口诵真言,然后返观念佛者是谁,恒常念念不昧,再加上佛祖的加被力,就能证悟不可思议的境界。除了真言持诵以外,龙城禅师还把念佛与参禅结合起来,指导大众修行。他在《吾道的真理》中说:

> 再有,念佛之法亦好。或释迦牟尼佛,或阿弥陀佛,或观世音,或地藏菩萨等任何圣人之名号择一念诵,如若同时念诵多人之名号,精神易散漫。语默动静、行住坐卧中至诚念诵一人之名号。开始时,发声而诵,反闻自声,历历分明,不得散漫;待功夫熟练之后,勿发声诵,只用念想,历历分明,不得散漫;再到后来,口亦不动,观阿弥陀佛全体,若心静而定则可见自性。即便未能见性,当体即极乐,必能前往诸佛净土修行。为何如此?其一,由自力,本人至诚之心力;其二,由他

---

① 有关指导龙城禅师持诵大悲咒的水月禅师,以往的研究成果大部分将其看作镜虚禅师(1849—1912)的弟子水月音观(1855—1928),但根据韩普光的后期研究,实际上应该是水月永旻(1817—1893)。具体可参见韩普光《龙城禅师的修行方法论》,《韩国佛教文化思想史》别刷,论业刊行委员会1992年版。

② 龙城震钟:《龙城大宗师全集》卷9,大觉寺1991年版,第8页。

## 第三章 近代"三门修行"的维系及禅的中兴

力,承佛祖之加被力前往西方极乐世界。①

龙城禅师通过从念到想到观三个阶段,具体说明了安定内心的方法。开始阶段,通过口念佛号,反闻自声,通过声音这一外在事物来训练集中力。熟练以后,摒弃声音这个外在事物,通过意识去"想念"佛号,来训练集中力。最后,停止一切思量分别活动,去"观想"佛号,通过观想佛号,使内心得到平静,处于清净的状态。最后一个阶段是内证的过程,好比一碗浊水,不依靠任何外在事物而是依靠自身的沉淀而变得清净。像这样,通过从"反闻自声"到"反闻闻性"的过程去逐次消灭从粗到细的烦恼妄念,最后证见清净自性。在此过程中,除了诵咒、念佛和参禅以外,实际上还涉及另一种修行方法,即观法②。

龙城禅师吸收了圆顿门中的主要修行方法——观法,并对它进行了分类。他把"四念处观"归到小乘法中③,将《圆觉经》的静·幻·寂三观、《法华经》的空·假·中三观、《华严经》的法

---

① 龙城震钟:《龙城大宗师全集》卷9,大觉寺1991年版,第16—17页。
② 观法是一种佛教修行方法,即专注观想真理的方法。梵语为 Vipaśyanā,译为能见、正见、观察、观等。佛教传入韩国以后观法被广泛普及。新罗的圆光法师曾修行小乘的观法和八定;慈藏修白骨观得道;元晓在《金刚三昧经论》中详细地叙述了大乘止观法,又在《大乘起信论疏》下卷中详细地阐述了观行法。还有,高丽的义湘著述了《大华严十门看法观》主张修行华严宗的十门看法观,并著《华严一乘法界图》归纳说明了华严宗的四法界观。在高丽时代,义天创建了天台宗后,天台止观法一时盛行。其实,义天原属华严宗,因其认为理论的教学应该与相应的实践观行相结合,所以接受了天台教观,进而开设了天台宗。然而,从朝鲜时期开始,随着禅宗的兴盛,修行也逐渐倾向于禅修,有关观法实践的资料几乎再也找不到,而与念佛往生信仰相结合的念佛观却盛行一时。朝鲜末期,观法作为华严教学的主要修行方法主要是以与参禅、念佛等修行法相结合的形式存在的。
③ 龙城震钟:《觉海日轮》,大觉寺1997年版,第127—131页。

界三观这三种观法归到大乘法中。① 此外，他还特别强调了"反闻闻性"的观法。

> 《华严经》中有法界三观的修行法：其一，真空绝相观；其二，理事无碍观；其三，观察真法界性周遍天地、世界、虚空、万有等一切世间法的圆融无碍观。再有，据天台山智者圣师的《法华经》有空·假·中三观：其一，观察自性空；其二，观察缘起差别；其三，观察无二边分别。再有一妙观察法即反闻闻性。众生用耳根闻声，莫要寻声而观，而要反观闻声者。若能一心精进，使无间断自然能证得圆通境界。三藏经典中皆以观法为修心之法。观法种类繁多，在此大略记录以上几种。②

有关"反闻闻性"的观法的形态和通过观法所能达到的境地，龙城禅师在《觉海日轮》中是这样描述的："我们不要被听声这样的外在表相带走，而要反观听声之主体，自然能觉悟空性，而这一空性对于觉悟者而言又形成另一种境界。"③ 这样的觉悟是不够彻底的，需要我们"再反观觉悟空性的主体，久之则'能观'之主体和'所观'之客体都豁然空寂，二边、三际、中道一时全无"④，这才是通过观法所要到达的最终境界。也就是说，开始将精神集中到念佛之声上，然后终止追随声音的外向的认识活动，将意识转移到听声者自身的内部省察上，再进一步"疑心"闻声者是谁，持续

---

① 龙城震钟：《龙城大宗师全集》卷1，大觉寺1991年版，第428—429页。
② 龙城震钟：《觉海日轮》，大觉会1997年版，第138页。
③ 龙城震钟：《觉海日轮》，第146页。
④ 龙城震钟：《觉海日轮》，第146页。

## 第三章 近代"三门修行"的维系及禅的中兴

不断地深入,最后就能到达圆通境界。这一过程正是从念佛或真言持诵转换到观法,进而和话头"疑情"相结合的过程。以上内容体现了龙城禅师将参禅与多种修行方法相融合的特点。

(2)"禅胜教劣"的禅教观

龙城禅师在参禅的入门阶段运用了咒力、念佛、观法等辅助修行方法,但是在实际修行的过程中,对彻底觉悟起决定性作用的则是"看话疑情"。龙城禅师始终把看话禅看作最高的修行方法。他在《龙城禅师语录》中这样描述了看话参禅:

> 祖关如利斧斫伐树根,又如壮士轮刀上阵,但只疑情如大火聚,哪容计较思维、得失是非、阶级渐次也?才参一念,顿悟三乘一乘之见解也。惺惺然、寂寂然,无时间断则不历僧祇,顿成正觉,直至佛祖向上一窍。凡情莫谤佛祖向上玄关。前不云乎?三界唯识所变。唯此祖关为破恶觉、恶知见之大器杖也。翻破识情,三界哪有?净土秽土,一锤粉碎,转身一路,自由自在,何患乎轮回也?三界安眠无事,明月清风我家。①

龙城禅师强调不要"知解",只要"疑情"。参话头容不得任何剖析义理的思量分别,阶级渐次,只要做专一的"疑情"功夫,如大火聚,如利斧砍伐树根,才参一念便能打破话头,见本地风光。看话禅的根本意义不在于对话头的疑心上,也不在于获得任何新的觉悟,而在于通过这样的内证式的直接体验,从根本上认识我们的"本来面目",因为众生皆是佛性具足的存在。而只有通过没有理路、没有义路的话头参究,才能打破二元对立的固有思维模

---

① 龙城震钟:《龙城大宗师全集》卷1,大觉寺1991年版,第429页。

式,达到内证式的直接体验。因此,在龙城禅师看来,无论从效率还是从彻底性上来看,看话禅都是优越于其他修行方法的最高修行法。

> 盖念不如观,观不如参。何者?念者,念佛也。虽千念万念,但动念而念。如石上水转,一念一转,乃至万念万转,何时一念子如桶底脱相似也?全无参究之力故也。观者,如念佛大不相同。凡人入观之时,便是澄神凝寂之势自然现前。如若久久不移便能起灭即尽、体露真常、圆明无际。然,却与祖关参究大不相同。譬如浊水,渐清时澄湛渐现。虽湛性顿现,但湿性难明。又至正觉,须单复十二,方成正觉,全无参究之力故也。①

念佛不如观法,观法不如参禅。从效率的层面来看,念佛和观法,都需要经过日积月累的修行,去完成从"解悟"到"顿悟"的过程,毫无参究之力。从彻底性的层面来看,观法虽然能顿现即体之用——湛性,但却难明即用之体——湿性。换句话说,通过观法虽然能呈现出如实照见事物本身的"体之作用",但是却不能体悟到发挥这一玄妙作用的"体本身"。也就是说,通过观法而证得的觉悟境界是不彻底的。而龙城禅师所理解的觉悟的最高境界是不动道场,直显佛性,而无论念佛或观法皆着于相。顿悟佛性最善之法莫过于参禅。由此,我们可以明确龙城禅师具有"看话禅优越主义"倾向。

龙城禅师的这种"看话禅优越主义"的倾向形成了他"禅胜教劣"禅教观。他在《辨宗说》中指出:

---

① 龙城震钟:《龙城大宗师全集》卷1,第428—429页。

## 第三章 近代"三门修行"的维系及禅的中兴

> 天下老和尚皆游于翰墨,精通于三藏,皆称禅宗,未闻有教宗。近世无识衲子,失自家精神,妄谓禅教两宗,如两头人一般……自来朝鲜,元是临济宗一脉……临济之后,儿孙无特立法规,但用临济准绳故,不必立别宗也。①

他强调佛教"自来朝鲜,元是临济宗一脉","近世无识衲子,失自家精神,妄谓禅教两宗,如两头人一般也"。龙城禅师从宗统说方面强调了临济禅宗的正统性,认为"立临济宗号是堂堂大道也"。他又指出:"天下老和尚皆游于翰墨,精通于三藏,皆称禅宗,未闻有教宗"。

另外,龙城禅师曾在《新译大藏经摩诃般若波罗蜜经》中对禅教进行了"判释",指出:

> 《金刚经》者破小乘之执著,入大乘之初门也。履《楞严》《起信》《圆觉》《维摩》等阶级,至《华严》教理方圆。然,《华严》虽达圆极,于禅宗门下,亦是入道初门。②

他指出《金刚经》为入大乘之初门,《华严经》虽为大乘圆教的最高峰,然而在禅宗门下,仍然是入道之初门。龙城禅师对禅与教的这种"判释",明确地体现出他的"禅胜教劣"观。由此,可知19世纪形成的"禅教一致""三门平等"的认识在龙城禅师这里也发生了变化。

---

① 龙城震钟:《辨宗说》,《龙城大宗师全集》卷1,大觉寺1991年版,第543—544页。
② 龙城震钟:《新译大藏经摩诃般若波罗蜜经》,《龙城大宗师全集》卷5,大觉寺1991年版,第419页。

### 三　径截门的地位变化

上述镜虚禅师和龙城禅师的修行思想有两个共同特点：一是，在禅教关系上，都强调"舍教入禅"的必要性，体现了二者"禅胜教劣"的禅教观；二是，在修行方法上，都倡导以看话禅为主，其他修行方法为辅，体现了二者"看话禅优越主义"修行观。

两位代表禅师虽然不能全面反映这一时期的整个佛教界的修行状况，然而从二者的特殊历史地位及其影响力来看，足以代表近代韩国佛教界的主流。日本强占期间，绝大部分出家僧侣都出自镜虚禅师或龙城禅师门下。他们所指导的后学作为代表韩国佛教传统的精神领袖，已成为佛教界的新一代主力，延续了看话禅修行传统。直到今天，看话禅仍然是僧俗大众心中最具韩国传统性、最殊胜的修行法。

20世纪形成的"禅的中兴"态势直接影响了三门修行体系的结构变化。18世纪形成并一直影响到19世纪末的"禅教一致观"，到了近代，经过镜虚禅师和龙城禅师的近代禅中兴，禅的中心地位再次凸显，"禅胜教劣"的认识逐渐成为主流，"径截门"再次成为三门的中心。

"禅势渐胜，教势渐衰"还体现在这一时期禅院建设的兴起和传统讲院的衰颓上。由前述内容可知，镜虚禅师见性悟道以后，在全国各大寺院开设禅院，组织参禅结社，经过众多进步僧侣们振作禅风的努力，全国禅院数量不断增加，参加修行结社的僧俗大众也逐年增多，呈现出一番近代禅中兴的气象。与近代禅的中兴相比，日本强占期间，受西方思想文化的冲击，以讲读汉文佛教经论为主要内容的传统讲院被认为是落后于时代的产物，大部分讲院被迫关门，佛教教学进入了沉寂期。

第三章 近代"三门修行"的维系及禅的中兴

## 第二节 大众化译经与圆顿门

### 一 佛教教学及译经概况

（一）佛教教学概况

朝鲜后期，虽然华严教学兴起一时，高僧们留下了很多有关华严教学方面的著述，但是日本强占以后，在宗教殖民政策的影响下，由于种种社会原因对这部分文献的研究却没能展开。不仅如此，全国的讲院都呈现衰颓的气象，佛教教学不振。究其原因主要有两个。

一是新文化对佛教传统文化的冲击。崔其正在1928年《佛教》上描述了1920年前后佛教界的现实状况："现今不是没有专门讲院，也不是没有追随师僧的学人。然而，是什么原因使讲堂这样冷清、凄凉，没有一点活跃的气氛，只是机械地进行呢？身在讲堂的学人们没有一点勇气，垂头丧脑，就像进入屠宰场的牛一样，只是唉声叹气。"① 之所以产生这样的情况，其中一个主要原因是西方先进文化的传入和日本开化思想的影响。当时教育院以及多数的本山住持都把佛教教学振兴的方略放在新式学校教育上，而排斥传统的讲院教育。他们批判"传统的讲院是与新知识格格不入的、落后的、守旧的"，主张"增加心理学、宗教学、地理学、生物学、数学、天文学等新学科"②。这种氛围使僧侣们认为自己是落后于时代的人物，对数年修学的传统佛学失去了信心。当时的有识僧侣意识到，佛教教学的不振正是由于新文化对传统文化的冲击，指出："吾人恒长痛论，佛教的萎缩，绝不是因为僧数的减少和寺才的匮

---

① 崔其正：《听闻金刚山榆岾寺佛教设立》，《佛教》1928年第43期，转引自吴京厚《禅学院运动的精神史基础》，《禅文化研究》2006年第1期。
② 姜奭周、朴景勋：《教学振兴运动》，载《佛教近世百年》，民族社2002年版，第127页。

乏，而是因为教界信心日渐菲薄，教学研究年年衰退。"①

二是留学僧的出现带来了负面影响。佛教界的新兴僧侣们认为，传统的讲院教育不仅不能养成适应新时代的人才，而且也不能有助于佛教参与社会建设，因此，主张与讲院教育相比，更应该学习新学问，接受新式学校教育。② 结果，从1910年开始，在提倡新教育的政策下，传统讲院转换成地方学林，讲院被废止的情况不断发生。各大寺院用寺院经费选拔、派遣优秀学僧到首尔或日本学习。日本留学僧就是在1910年以后开始出现的。日本留学僧归国后，他们带回的新思想、新意识对韩国佛教有一定的正面引导，但与之相比，其对韩国佛教传统的破坏性更大。最典型的例子就是带妻僧的出现。受日本佛教影响，学成归国以后的日本留学僧几乎都成了带妻僧。在日本宗教殖民政策下，这些从日本留学归国的带妻僧被委任为各大寺院的住持，从此，娶妻食肉之风在整个韩国佛教界迅速扩散，带妻僧占据了各大寺院，清静比丘僧再无容身之所。

在这样的情况下，为了倡议改善讲院教育制度，1928年，耘虚龙夏（1892—1980）发起了"朝鲜佛教学人大会"。此外，佛教界为了改善清静比丘的修行环境，中兴韩国的传统禅法，于1931年再建禅学院。以此为契机，以龙城震钟、满空月面（1871—1946）、万海龙云等为首的有识僧侣展开了译经、说法、参禅大众化等各种布教活动。

现存的有关日本强占期间佛教教学的资料有限，可供参考的现存资料大部分也只是对讲院、布教堂的数字性的统计资料。另外，在日本强占期间，僧侣们留下的与华严教学有关的著述和资料少之

---

① 释宗圆：《振兴教学研究》，《佛教史》卷7，佛教社1924年版，第97—101页。
② 姜奭周、朴景勋：《教学振兴运动》，载《佛教近世百年》，民族社2002年版，第124页。

## 第三章　近代"三门修行"的维系及禅的中兴

又少,相关研究成果也不多。因此,本章选取比较典型的,且有资料可考的佛经翻译为研究对象,力求通过对近代译经的考察,反映出近代佛教教学的大致状况及特点。

(二) 译经概况

近代佛经翻译始于 1910 年以后。1910—1920 年十年间的译经有两个主要特点:第一,译经以布教为目的而展开。① 佛教界在日本制定的《寺刹令》管理体制下,丧失了寺院的人事、财政等各种运营权。在这样的情况下,韩国佛教界内部相继展开了设立新式学校、布教堂,创办佛教期刊、杂志等革新运动,为保国护教及佛教的近代化转型而不断努力。伴随着布教堂的设立,译经成为宣传佛教思想的重要方法而被积极倡导。1915 年上台的佛教振兴会在强调布教问题时,将"编撰刊行僧侣布教书和一般信徒的必要书籍事项"② 列在振兴佛教细则当中。

第二,佛经翻译的形式有"鲜汉文"和"纯谚文"两种。③ 鲜汉文,指古代汉文与朝鲜文混合的形式,纯谚文④指纯朝鲜语的形

---

① 韩龙云在 1913 年刊行的《朝鲜佛教维新论》中指出:"布教方法,固非一道,或以演说、或以新闻杂志、或以翻经广布、或以慈善事业,百方介绍,唯恐缺一,可也。今朝鲜之佛教,无或与此,未之此外,别有道理欤?愿闻。"(韩龙云:《朝鲜佛教维新论》,民族社 2015 年版,第 119 页。)

② 佛教振兴会编:《佛教振兴会施行细则》,《佛教振兴会月报》,1915 年第 1 期,第 43 页。

③ 1914 年 1 月举办的三十本山住持会议中有关布教扩张的决议内容对译经做了相关规定:"布教扩张的必要书籍即如来行迹,用鲜汉文和纯谚文两种编撰。委任金宝轮氏为编撰人,朴汉永氏为校阅人,同时兼任视察内地各宗的布教状况。"《朝鲜禅教两宗二本山住持会议所第三回总会录》,《海东佛报》1941 年第 4 期,第 93 页。

④ 谚文:也称朝鲜谚文、韩国谚文,是指朝鲜语的表音文字。1446 年,朝鲜王国世宗李祹正式公布新创制的文字,诏书称为"训民正音",意即教百姓以正确字音,正式名称为"谚文"(非正式文字)。谚文是一种参考借鉴汉字方体形态的方块拼音文字,与拉丁文、汉语拼音体系、日本假名(平假名和片假名)、蒙古文、阿拉伯文等一样是表音文字。

式。这一时期的佛经翻译大部分采用鲜汉文形式,如由觉皇寺布教堂刊行的最初布教书籍《弥勒上生经》(鲜汉文译述)和由禅、教两宗中央布教堂刊行的《佛教大典》(鲜汉文译述)。这样的译著中仍然包含大量的一般信众看不懂的古代汉文,佛经翻译的实用性并不高。这段时期,译经开展的情况并不顺利。《每日新报》评论当时的情况说,由于得不到相关佛教管理机构的支持,各布教堂负债累累。所谓佛教界的模范觉皇教堂,译经进展缓慢,连一个布教期刊都没能发行。① 1910年代的译经虽然发展甚微,但是作为近代译经事业的开端,有着重要的意义。

1920年,译经事业呈现飞跃性的发展态势。其中一个重要的社会原因就是三·一民族独立运动对佛教界的影响。三·一独立运动向佛教界传达了自主、自立的精神,使僧侣们对佛教的自信心逐渐恢复,开始意识到传统佛教思想及文化的价值。因此,这一时期译经作为弘扬佛教思想的有效方法被进一步重视,翻译出版的佛经也比前十年明显增多。这段时期先后出现了几个译经组织,比较有代表性的是1920年2月创立的"朝鲜佛教会"、1921年8月龙城禅师创办的"三藏译会"、1922年3月韩龙云创办的"法宝会"等。

朝鲜佛教会以继承韩国佛教传统,使其在韩国乃至世界发扬光大为宗旨而创办。朝鲜佛教会设立"都监",以"译刊藏经,普及教旨,作灵山会上之正乐,遗圆觉寺塔之宝迹"② 为朝鲜民族佛教的大事。该会于1924年发行《佛日》期刊,龙城禅师发表了《摩诃般若波罗蜜多心经译解》(创刊号),权相老发表了《弥陀经直

---

① "听闻所谓的朝鲜佛教的模范觉皇教堂……信徒所依经典的翻译尚今未完……一枚布教的传道志也未见刊行,却已经负下巨额债务,加剧了凋残末寺的负担。"[云田少纳:《呈三十本山住持诸氏(2)》,《每日新报》1918年2月10日。]

② 《朝鲜佛教趣旨书》,《朝鲜佛教总报》1920年第21期,第9—11页。

第三章 近代"三门修行"的维系及禅的中兴

译》(创刊号)、《佛说无量寿经中的四十八愿》(第2期)。此后《佛日》停刊,到了20世纪30年代才复刊,具体情况待考。

次述"三藏译会"。龙城禅师的中后期生涯处于日本强占期间佛教教学沉滞的时期。龙城禅师是活动于佛教改革第一线,促进朝鲜佛教近代化的先驱。1911年,他来到首尔,组织开展佛教大众化运动。1919年,作为民族代表33人中的佛教界代表参与了三·一民族独立运动,因此入狱一年半。在狱中,他看到其他宗教的信徒所读的各宗经典都有韩文译本,唯独佛教没有,于是发愿将余生倾注于佛经翻译事业。出狱后,龙城禅师立刻着手佛经翻译事业,创办三藏译会。三藏译会从1921年创办以来,直到1940年龙城禅师入寂,陆续翻译出版各类佛教译著。对于译经的缘起和宗旨,龙城禅师指出:"为顺应时代思潮,着手译经事业,从障碍文明发展的传统固守中脱离出来,立志成为传播佛教真理的指南针。"[①] 正是出于这样的革新意识,他不仅创办译经组织,而且出版佛教著作十余部,译著近20部。

法宝会致力于八万大藏经的纯朝鲜文翻译事业以及高僧大德学说的搜集、出版事业。然而,该会只在1926年5月出版了《十玄谈注解》,此后,再无显著成果。由此可知,20世纪20年代成立的、比较有代表性的翻译组织中,朝鲜佛教会和法宝会都没能持续发展,也没有产生可观的译著成果。相比之下,三藏译会是日本强占期间翻译、发行经典最多,坚持时间最长的佛经翻译组织。[②]

1930年以后,可谓译经成果旺盛的时期。译经的质和量都有

---

[①] 龙城震钟:《著述和翻译缘起》,《龙城大宗师全集》卷12,大觉寺1911年版,第1页。

[②] 无号山房:《译经的必要》,《佛教》1929年第58期。"然而,今日推究其成绩,除了三藏译会取得了令人满足的卷数以外,其他的没看到多少成果。"

很大的发展，译经人才逐渐增多，译经更加多样化。产生这一现象的原因是多方面的，与20世纪30年代前相比，重要的不同包括：第一，调和新旧教育主张的出现。佛教界认识到了一味强调新式教育，排斥传统讲院教育所带来的诸多问题和弊端，出现了调和新旧教育的主张，僧侣们重新树立起了对讲院教育和佛教传统的信心。第二，译经人才的成长与加入。这一时期译经的主力有龙城禅师、安震湖（1880—1965）、许永镐（1900—1952）、金泰洽（1889—1989）、权相老（1879—1965）、金东华（1902—1980）等。在旧学与新学两方面译经人才的共同努力下，从经典内容的理解到译经理论的完善都得到进一步的深化和发展。另外，1930年以后，除了白龙城的"三藏译会"以外，新兴起的译经组织有1935年由通度寺、梵鱼寺、海印寺共同创办的"海东译经院"①，安震湖创办的"卍商会"②，金泰洽于1935年创办的《佛教时报》③ 等。除此之外，1937年3月，停刊的《佛日》复刊，重新成为助力近代译经事业的主要期刊。然而，译经事业的良好发展态势却没能持续下去。1937年中日战争开始以后，日本对朝鲜半岛的殖民统治加剧。受社会动荡的影响，译经事业不再有显著的成果，1945年解放后，译经事业才逐渐恢复发展。④

如上所述，龙城禅师的"三藏译社"从1921年创设以来到1937年为止，可以说是整个日本强占期间佛经翻译出版的主干力

---

① "海东译经院"成立后第一年，在许永镐的主管下相继发表了《佛陀的意义》《四种原理》以及纯朝鲜文《佛教圣典》上卷。后因经费等问题，于1938年停办。

② 《佛教时报》第1期（1935年8月）登载的广告中介绍卍商会是"佛教书籍及佛具贩卖商"。

③ 《佛教时报》自1935年8月创刊以来到1944年为止不断发行相关期刊，可谓刊行这一时期的佛教言论的领军刊物。

④ 以上有关译经情况的内容主要参考了金光植《日帝下的译经》，《大觉思想研究》2002年第5期。

第三章　近代"三门修行"的维系及禅的中兴

量。龙城禅师被推崇为日本强占期间的"禅界巨擘",在佛教界有很高的威望。从他作为佛教代表参与三·一民族独立运动,组织创建"三藏译社",组织"万日参禅结社会"等活动,就足以证明他同时也是积极参与佛教近代化建设的领军性人物。由此可知,龙城禅师在韩国近代佛教史上是具有一定影响力的人物。他所翻译的佛经不仅对当时的信教大众和修学僧侣产生了一定影响,而且是今天研究日本强占期间佛教教学发展的珍贵且重要的资料。特别是,龙城禅师的《朝鲜语华严经》(12卷)(1928.3.28,三藏译会)开创了用纯朝鲜语翻译《华严经》的先河,在韩国译经史上具有重要的里程碑式的意义。

笔者下文中先从龙城禅师所译经典的部类着手,从宏观上把握近代时期经典流行的倾向;然后,选取其译著《华严经》和《大乘起信论》,通过对这两部译著的具体分析,挖掘他对佛教教学解读的特点,旨在通过对代表性的个例分析,反映出日本强占期整体佛教教学思想以及修行思想的一些倾向性及特点。

## 二　韩国近代佛教经典流行的倾向

### (一) 译经部类体现的经典流行倾向

纵观韩国佛教译经史,朝鲜初期的译经活动主要集中在世宗发明训民正音以后到15世纪为止的这段时期。这段时期,以"刊经都监"为中心,基本完成了朝鲜时期重要佛教书籍的翻译,以后的译经多为重刊。[①] 这段时期翻译的佛教经典具体的有:《释普详节》(1447初版,1561年再版)、《月印释普》(1459年/1542年)、《楞严经谚解》(1461年/1462年)、《阿弥陀经谚解》(1461年/1462年)、《蒙山法语谚解》(1459—1461年/1521年等多次)、《法华经

---

① 金英培:《朝鲜初期的译经》,《大觉思想》2002年第5期。

谚解》（1463 年/1523 年等多次）、《禅宗永嘉集谚解》（1464 年/1520 年等多次）、《金刚经谚解》（1464 年/1757 年）、《般若心经谚解》（1464 年/1495 年）、《圆觉经谚解》（1465 年/1579 年？）、《牧牛子修心决谚解》（1467 年）、《四法语谚解》（1467 年/1500 年等多次）、《金刚经三家解》（1482 年）、《南明集谚解》（1482 年）、《佛顶心经谚解》（1485 年/1533 年等多次）、《灵验略钞》（1485 年）、《六祖法宝坛经谚解》（1496 年）、《真言劝供》（1496 年）、《三坛施食文谚解》（1496 年）。① 除此之外，16 世纪翻译的佛教典籍有：《法集别行录谚解》（1522 年）、《佛说大报父母恩重经谚解》（1553 年）、《禅家龟鉴谚解》（1569 年）、《念佛作法》（1572 年）、《戒初心学人文・发心修行章・野云自警文》② （1577 年）等。

从以上的译经目录中可以看出，朝鲜初期译经的种类是以禅、教、真言・念佛三类为主的。就其特点而言：第一，具有禅教一致思想倾向的书籍比较流行。如宋代高僧温陵戒环注释的《法华经要解》就被多次以谚解本的形式翻译出版。第二，南宗禅，特别是有关宋代看话禅的书籍被多次刊行。如《蒙山法语谚解》。第三，以反映法性思想的经典及其注释书为主。如《圆觉经谚解》《楞严经谚解》等。第四，有关佛教仪式的佛教典籍也不少。如《真言劝供》《三坛施食文谚解》《念佛作法》等。③

而关于近代日本强占期的译经种类，如前所述龙城禅师创建的

---

① 金英培：《朝鲜初期的译经》，《大觉思想》2002 年第 5 期。
② 具体指高丽知讷的《戒初心学人文》、新罗元晓的《发心修行章》、野云的《野云自警文》。这三部著书常被合并刊行，命名为《初发心自警文》，后被编入朝鲜后期僧伽履历课程。
③ 辛奎卓：《汉译佛典的韩文翻译中体现的倾向性考察》，《东亚佛家文化》2010 年第 6 期。

## 第三章 近代"三门修行"的维系及禅的中兴

"三藏译社"是持续时间最长、翻译出版佛教经典最多、最具代表性的佛经翻译组织。由三藏译社出版发行的龙城禅师的著述和译经目录[①]如下：

著述：

1《归源正宗》（1913.6.8 初版，1921.7 再版）

2《佛门入教问答》（1913.10.24）

3《心造万有论》（1921.9.22）

4《修心正路》（1922.6.7 脱稿）

5《大觉教仪式》（1927.10.20 出版，1931 再版）

6《觉海日轮》（1930.3.15）

7《晴空圆日》（1933.6.17）

8《修心论》（1936.4.6）

9《临终诀》（1936.9.30）

10《吾道的真理》（1937.6.9）

11《吾道即觉》（1938.3.15）

译经：

1《梵网经演义》（1921 未出版）

2《新译大藏摩诃般若波罗蜜经》（1922.1.16）

3《首楞严经鲜汉演义（2卷）》（1922.3）

4《金毗罗童子威德经》（1922.9.15）

5《觉顶心观音正士总持经》（1922.11.30）

6《大方广圆觉经》（1924.6.15）

7《（朝汉文译）禅门撮要》（1924.6.25）

8《详译科解金刚经（全）》（1926.4.29 初版，1935 年再

---

[①] 韩普光：《龙城禅师的译经活动及其意义》，《大觉思想》2009 年第 5 期。

版,1937 年三版,1937 四版)

  9《八阳经(全)》(1928.1.5)
  10《朝鲜语华严经(12 卷)》(1928.3.28)
  11《朝鲜语楞严经》(1928.3.30)
  12《六祖坛经要译》(1930.3.15)
  13《大乘起信论》(1930.9.25)
  14《灌顶伏魔经》(1930.10)
  15《觉说梵网经》(1933.1.31)
  16《六字灵感大明王经(全)》(1937.10.13)
  17《千手经》(1938.5.15)
  18《地藏菩萨本愿经》(1939.4.18)

  以上译经目录大体也可以分为三大类:第一类,与禅有关的典籍。如《(朝汉文译)禅门撮要》《六祖坛经要译》等。第二类,与讲院履历课程有关的经论。如《新译大藏摩诃般若波罗蜜经》《首楞严经鲜汉演义(2 卷)》《大方广圆觉经》《详译科解金刚经(全)》《朝鲜语华严经(12 卷)》《大乘起信论》等。第三类,与佛教仪式有关的典籍。如《灌顶伏魔经》《六字灵感大明王经(全)》《千手经》《地藏菩萨本愿经》等。从译经的部类来看,主要以禅、教、念佛净土三类经典为主,体现了龙城禅师对这三门的重视,以及对三门修行体系的继承;同时也反映了这一时期僧俗大众对这三类经典的需求。

  另外,与朝鲜前期的译经种类相比,就"教"类经典而言,朝鲜前期并没有明显的宗派倾向性,而龙城禅师的译经中属于法性宗的"教"类经典居多,以华严为中心的佛教教学特征更加明显。究其原因,大概与 17 世纪末华严疏钞的大量刊行有很大的关系。就佛教仪式类经典而言,龙城禅师的译经中也有多部有关"真言的书

第三章　近代"三门修行"的维系及禅的中兴

籍",这体现了这一时期真言的流行以及僧俗大众对往生净土的关切。

(二) 看经顺序体现的修行思想倾向

看经顺序能体现出修行思想的倾向性。下面,我们以龙城禅师为例,从看经顺序上来考察一下其修行思想的倾向。龙城禅师在《首楞严经鲜汉演义》中指出了看经的次序,并在《新译大藏经摩诃般若波罗蜜经》中对禅教进行了判释并说明了理由。

**看经次序**

《金刚经》《楞严经》《起信论》《圆觉经》《华严经》《传灯录》《拈颂》,此等经按序看,然后教理方圆。①

今正觉始成,示现于众。先说《华严》,积行菩萨上德声闻亦如聋如哑。佛陀不得已,二十年间向诸弟子先说小乘。此方便从浅至深,渐渐引其入大道。此《金刚经》者,破小乘之执著,入大乘之初门也。履《楞严》《起信》《圆觉》《维摩》等阶级,至《华严》教理方圆。然,《华严》虽达圆极,于禅宗门下,亦是入道初门。通合如上教义,前后圆满,然后为吾佛教义融通者。②

首先,从看经次序可知,他继承了朝鲜后期确立的僧伽履历课程,并依循了其看经顺序,体现出"禅教兼修""由教入禅"的修行观。其次,他指出《金刚经》为入大乘之初门,《华严经》虽为

---

① 龙城震钟:《首楞严经鲜汉演义》,《龙城大宗师全集》卷9,大觉寺1991年版,第503页。
② 龙城震钟:《新译大藏经摩诃般若波罗蜜经》,《龙城大宗师全集》卷5,大觉寺1991年版,第419页。

大乘圆教的最高峰，然而于禅宗门下，仍是入道之初门。这种"教判"思想，体现了他"禅优教劣"的禅教观。

由此可知，朝鲜末期由华严学的一时兴起和念佛信仰结社的广泛流行而呈现的"三门平等""禅教一致"倾向，到了龙城禅师所在的时代，三门的地位再次发生了变化。禅教关系重现了三门体系建立初期的"禅胜教劣""由教入禅"倾向。

以上是通过译经部类的分析，考察了这一时期哪些部类经典的刊行更普及，以及这些部类的经典反映了怎样的整体修行思想倾向。下面，以龙城禅师翻译的《华严经》和《大乘起信论》为例，具体分析一下佛经翻译上的一些特点。

### 三 近代禅僧诠释华严教学的特点

(一)《华严经》翻译体现的"以禅释教"倾向

中国东晋时代，来自印度的译经僧佛陀跋陀罗（359—429）首次汉译了《华严经》，这个译本被称为"晋本"或"60卷本《华严经》"。大约280年以后，武则天掌权时期，来自印度的译经僧实叉难陀（652—710）重译了《华严经》，这个译本被称为"唐本"或"80卷本《华严经》"。比较重要的华严注疏有：以60卷本《华严经》为文本的智俨（602—668）的《华严经搜玄记》，贤首法藏（643—712）的《华严经探玄记》，以及以80卷本《华严经》为文本的李通玄（635—730）的《新华严经论》和清凉澄观（738—839）的《华严经疏》《华严经疏钞》等。

新罗和高丽时期，"60卷本《华严经》"盛行，与此同时法藏的经学也被广泛传播。到了朝鲜时代，世宗创造了韩文，世祖成立了"刊经都监"。刊经都监编撰出版了《楞严经》《圆觉经》《法华经》等大量佛经的谚解本，可唯独没有《华严经》的谚解本。直

## 第三章 近代"三门修行"的维系及禅的中兴

到荏子岛事件以后,80卷本《华严经》受到重视,才开始对《华严经》进行全面的解读。雪坡尚彦(1707—1791)及其门下的莲潭有一、仁岳义沾(1746—1796)、白坡亘璇等华严学者辈出,创作出了各具特色的华严"私记"。从此以后,《华严经》研究便以80卷本《华严经》为主要研究对象,清凉的《大方广佛华严经疏钞》成为华严教学的指南书。

到了近代,龙城禅师继承了这一传统,于1927年完成了80卷本《华严经》的朝鲜文译本。此后,1964年"东国译经院"成立,1966年耘虚龙夏(1892—1980)翻译出版了80卷本《华严经》的现代韩文译本。①《华严经》的翻译出版使龙城禅师的译经活动达到了顶峰。这也是韩国译经史上,首次用朝鲜语全译《华严经》,具有里程碑式的意义。②龙城禅师共翻译了《华严经》两次,第一次是1928年翻译出版了《朝鲜语华严经》(12卷);第二次是1936年,他修改、完善了第一次翻译存在的一些问题,加上了汉文原文,再译《(鲜汉文)大方广佛华严经》(15卷)。遗憾的是当时没能及时出版发行,直到现代随着《龙城大宗师全集》电子化课题的展开,才得以公布于众。③

首先,考察龙城禅师《华严经》翻译形式上的几个特点及其体现出的近代化意识。一是,《华严经》翻译参考了李通玄的《新华严经论》和清凉澄观的《华严经疏钞》;④二是,在翻译的分科上,

---

① 辛奎卓:《韩国佛教中〈华严经〉的地位和韩文翻译——以白龙城和李耘虚翻译的〈立世间品〉为中心》,《大觉思想》2012年第18期。
② 韩普光:《龙城禅师的国译〈朝鲜文华严经〉研究》,《大觉思想》2012年第18期。
③ 收录于《龙城大宗师全集》卷15到卷18,大觉寺1911年版。
④ 《朝鲜语华严经·序》,《龙城大宗师全集》卷11,大觉寺1991年版,第1页。"翻译此经时,依《华严论》和《清凉疏》,或展开释义,或删除繁冗、概括要义,省略重颂,仅译孤起颂,望周知。"

龙城禅师将《华严经》分为12卷39品，可见龙城禅师是以80卷《华严经》为文本的；① 三是，在翻译用语上，他用现代名词对佛教固有用语进行了转换。② 例如：把"佛"转换成"大觉"或"觉"，把"菩萨"转换成"正士"，把"大师"转换成"圣师"，把"僧侣"转换成"先生"等。有关更换佛教固有用语的提议和动机，在《对中央行政的希望》一文中他是这样阐述的：

> 取八万经卷中的固有名词，用现今所用名词替换，这才能拔去现今民众脑髓中固守的旧观念。何者？信仰吾教者，觉悟三界大梦，解脱生死，生生世世尊贵自在乃是人之常情。奈何吾佛弟子从出家信仰之日起，却受世人的轻贱。吾与世人相比，吾亦堂堂正正，只因信仰佛教之罪，而受世人轻慢。这样的情况需要急速改良。③

由于朝鲜时代的排佛政策，僧侣们受到世人的轻视。特别是，中宗（1506—1544年在位）以后残酷的抑佛政策下，僧侣被禁止出入都城，都城里的寺院沦为妓院或儒生们的娱乐场所。僧侣也沦

---

① 讲经场所据60卷《华严经》：第一，寂灭道场会，第二，普光法堂会（地上），第三，忉利天会，第四，夜摩天宫会，第五，兜率天宫会，第六，他化自在天宫会（天上），第七，普光法堂会（地上），第八，重阁讲堂会。这8个会座中，普光法堂会出现了两次，因此为7处8会。据80卷《华严经》，普光法堂会出现3次，因此为7处9会。（李智冠：《韩国佛教所依经典研究》，宝莲阁1973年版）

② 佛教用语的变化在龙城禅师初创期的《禅门要旨》（1905）、《归源正宗》（1913）、《心造万有论》（1921）、《鲜汉文新译大藏经》（1922）、《首楞严经》（1922）等论述和译著中并没有体现。1922年出版《八相录》以后，他才开始对佛教固有用语进行转换。1930年以后，用语的转换更加明显，特别是，1936年再译的《鲜汉文大方广佛华严经》中所有的"佛"和"菩萨"全部被转换成"觉"和"正士"。（韩普光：《龙城禅师的国译〈朝鲜文华严经〉研究》，《大觉思想》2012年第18期）

③ 龙城震钟：《对中央行政希望》，《佛教》，佛教社1932年第93集。

## 第三章 近代"三门修行"的维系及禅的中兴

为"八贱"之一,成为身份卑微的贱民。因此,在朝鲜时代,佛教成为受人鄙视的代名词,僧侣的身份受到蔑视。为了扭转世人对佛教的误解,使人们重新接受佛教,龙城禅师试图通过转换佛教固有用语的方式来重建佛教的新形象。这正是龙城禅师转化佛教用语的真正意图,源于其佛教近代化改革的先进意识。①

接着,考察龙城禅师在《华严经》教义理解上的特点。由于篇幅有限,不能对《华严经》译文进行通篇考察,这里仅就龙城禅师翻译经文时所著的《序》加以探讨,来把握他解读《华严经》的基本思想。

> 所谓"有一法,居万法之上,世间万象皆归于此",此谓"一法"不住不灭。世间说此法,万物说此法,国土说此法,过去说此法,现在说此法,未来说此法,三世一切全说此法。三界唯心,万法唯识。唯心之外,无有唯识、唯物。心境一如,物我一体。抛大千世界于方外,纳须弥山于芥子。众生心之光明体性,灵妙不寐,没有名相,吞吐虚空,海纳日月星宿。如何了知此一物?柳条绿在暖处,花雨红于晚枝。②

龙城禅师开头便说:"有一法,居万法之上,世间万象皆归于此。"接着强调三界唯心,强调唯心、唯识和唯物三者的圆融关系,从而导出前面所说的"法"就是指"心"。进一步说众生皆具备的"一心"的光明体性没有名相、不生不灭、灵妙不寐,是万法之根源。最后,作禅诗一首强调心真如性。从序文内容中我们可以体会

---

① 韩普光:《龙城禅师研究》,甘露堂1981年版,第66—67页。
② 龙城震钟:《朝鲜语华严经·序》,《龙城大宗师全集》卷11,大觉寺1991年版,第1页。

到，龙城禅师所理解的《华严经》的根本旨趣是："统万法，明一心"，与其说是在演说《华严经》的教学内容，不如说是在演说禅法。由此可知，龙城禅师是站在禅宗的立场上去理解华严教学的。这样的倾向性在他对《大乘起信论》的解读上也有充分的体现。

（二）《大乘起信论》翻译体现的"以禅释教"的倾向

《大乘起信论》对中国佛教产生了深远的影响。特别是，华严宗与禅宗的创立和发展过程中处处受到了《大乘起信论》的影响。以《大乘起信论》为媒介，华严和禅的交涉早在华严四祖清凉澄观就开始了。其交涉的结果是：理论上，以探究个别法的内在根源的统一性为中心；实践上，已经不满足于摆脱轮回之苦，而是以"体得"完整的佛性为目标。而就禅宗而言，在佛学理论上以立足于真如缘起说的佛性思想为基础，在修行方法上则标榜顿悟见性。① 韩国的情况是，朝鲜后期各宗派被统合为"禅教两宗"，禅以临济看话禅为中心，教以华严教学为中心，二者融合发展，《大乘起信论》就成为各宗的指南。

从《大乘起信论》这一题目中就可以看出，这是一本唤起僧俗大众对大乘的信念的论著。对大乘的信念就是对三宝和真如的信念。人人心中本来完满具足真如心，因而对大乘的信念也就是对自身的信念。《大乘起信论》的要旨是：阐明一切现象世界都是真如的显现，并且指出人人具备洞察并体得生灭变化的一切差别现象所内含的根本统一性的能力。《大乘起信论》的内容可以概括为一心、二门、三大、四信、五行。所谓二门，即真如门和生灭门；所谓三大，即一心的三大属性，体、相、用；所谓四信，即真如及佛·法·僧三宝；所谓五行，即布施·持戒·忍辱·精进·止观。最终目的就是通过对一心的构造和特点的阐释，唤起人们对大乘的信

---

① 辛奎卓：《圭峰宗密与法性教学》，橄榄绿2013年版，第535页。

## 第三章 近代"三门修行"的维系及禅的中兴

念,进而依六般若波罗蜜修实践行,实现见性成佛。其构成大体分为:① 序分,② 正宗分,③ 流通分,其中② 正宗分又细分为因缘分、立义分、解释分、修行信心分和劝修利益分。立义分和解释分是理论部分,修行信心分和劝修利益分则是强调实践修行的部分。

由于《大乘起信论》的重要性,出现了不少注释书,其中较有影响力的有:

中国:
隋,净影寺慧远(523—592),《大乘起信论义疏》2卷
唐,法藏(643—712),《大乘起信论义记》3卷
唐,澄观(738—839),《大乘起信论玄谈》
唐,宗密(780—841),《大乘起信论注疏》
宋,子璇(965—1038),《大乘起信论笔削记》20卷
明,真界(?),《大乘起信论纂注》4卷
明,正远(?),《起信论捷要》2卷
明,通润(1565—1624),《起信论续疏》
明,德清(1546—1623),《起信论直解》2卷
明,智旭(1599—1655),《起信论裂网疏》6卷(注释的是唐代实叉难陀的译本)
明,续法(?),《起信论疏记会阅》10卷

韩国:
新罗,元晓(617—686),《大乘起信论疏》2卷,《大乘起信论别记》2卷
新罗,太贤(?),《起信论内义略探记》(即《古迹记》)1卷
新罗,见登(?),《起信论同异略集》2卷

龙城禅师在这许多种注释书中唯独参考了明代真界的《大乘起信论纂注》4卷（1599年）。① 从龙城禅师的《大乘起信论》译文中可以发现，章节的划分基本上沿用了真界的划分方式，甚至各章节的名称也选取了《大乘起信论纂注》注释中各章节的开头来命名。可以说，真界的《大乘起信论纂注》对龙城禅师的《大乘起信论》理解产生了绝对性的影响。因此，在分析龙城禅师的《大乘起信论》理解之前，我们有必要大概了解一下真界的佛学思想及《大乘起信论纂注》的特点。

真界幻居（生卒不详）② 是明末③浙江省嘉兴的禅僧。他据自己的修行体验注释了《金刚经》，遗憾的是并未被收录到《续藏经》。他读《大乘起信论》至有关"因明"的方法论时发心研究因明。④ 真界研习因明学以后，先后著述了《因明入正理论解》（1589年）、《大乘起信论纂注》2卷（1599年）、《楞严经纂注》10卷（1599年）、《物不迁论辩解》1卷（1599年）等，这些论著全部被收入了《续藏经》。⑤

为了弄清真界的唯识思想及其《大乘起信论纂注》的性格，我们首先简单了解一下明末唯识学的背景。明末唯识诸家可以分为两流，一个是专攻唯识而不涉余宗；另一个是本系他宗，兼涉唯识

---

① 真界幻居的《大乘起信论纂注》（1599年）于明末万历十七年（1589）开始刻印，至康熙十五年（1676）《嘉兴藏》刊行期间被汇编出版。
② 喻昧庵编：《圆珑传》，《新续僧传》卷6，台湾琉璃经房1967年重版，第9—10页。"真界字幻居，檇李人。亦来吴中，栖止南屏松寿堂，注释《金刚经》，视古今百家注无当旨者，独会祖意而为之注，直指人心而不袭旧语……注成，六梦居士序之。去隐西溪，无何端坐而化。"
③ 明末是指明神宗万历年间，即1573—1619这段时期。
④ 《因明入正理论解》，《续藏经》第53册，第917页。"余尝掩关阅《起信论疏记》至因明三支比量之说，若蚊蚋啮巨石，毫无所入"
⑤ 圣严法师：《明末佛教研究》，宗教文化出版社2006年版，第165页。

## 第三章 近代"三门修行"的维系及禅的中兴

的。前者可谓唯识的唯识学,而后者可谓唯心的唯识学。唯心的唯识学,按照其各自的思想基础来分,大体可以分为四个种类:第一,以天台宗为基础的学者;第二,以《楞严经》为基础的学者;第三,以《大乘起信论》为基础的学者;第四,以禅修为基础的学者。可以看出,唯心的唯识学者大部分以法性宗的经论为基础,从禅宗的立场出发来研习唯识。真界属于后者。①

下面,我们通过真界的《大乘起信论纂注·序》,了解一下他注释《大乘起信论》的目的。

> 言纂注者,谓纂集疏记要义,以释此论也。然疏记流布,其来久矣。今复纂之者,盖以贤首疏释论疏各分,而圭峰以为览者不便,即碎析疏文列于论下,使论疏错杂而章段不分。虽则便于披览,又复困于支离,而弗克见本论浑全之旨,不无寻枝之厌。故今联合论文而分章段,收束科目以为断章,复纂集要义,随文销释,间有不符论旨者,窃附己意。此非论注各分,以论下有注,庶几无寻文之倦,而有得旨之欢。然未敢自许,达者倘不以人废言,幸为我一校其当否也。②

从以上序文可以看出,他并不是对法藏的起信论观有疑义,而是为了简化、整理圭峰宗密注疏的繁杂结构。因此,真界的《大乘起信论纂注》在思想上是立足于法藏的起信论观的。

龙城禅师正是参照了具有以上特点的注释书翻译了《大乘起信论》。他的朝鲜文《大乘起信论》翻译出版于1930年,现收录于《龙城大宗师全集》第9集。龙城禅师的《大乘起信论》翻译在构

---

① 圣严法师:《明末佛教研究》,宗教文化出版社2006年版,第185—194页。
② 真界幻居:《大乘起信论纂注》,《续藏经》第45册,第336页。

造上主要有以下五个特点：

第一，以《大乘起信论》原文翻译为主；

第二，沿用了真界的分科，共分99节①；

第三，各节的小题目是以《大乘起信论纂注》注解中的首句命名的；

第四，虽然以原文翻译为主，但是对重要内容或难懂部分也附加了注释；

第五，对固有佛教用语进行了转换，例如：将佛、如来改为觉或大觉，将菩萨改为大正士，将如来地改为大觉地等。

下面，再来看一下龙城禅师的《大乘起信论》翻译在思想上的倾向。比较《大乘起信论》的各种注释书中所体现出的不同思想倾向，韩国学界一般认为："法藏是从教相判释的观点出发，注重《大乘起信论》的如来藏缘起说；而元晓则是在唯识思想的延长线上把握《大乘起信论》的内容。"② 考察真界的《大乘起信论法相图》可知，他依据法藏在《大乘起信论义记》中的教判③，将如来藏缘起看作《大乘起信论》的核心思想。而龙城禅师在翻译《大乘起信论》时通盘参考了真界的《大乘起信论纂注》，由此可知，龙城禅师的《大乘起信论》理解也基本上是立足于如来藏缘起说的。

接着，看一下佛经翻译中体现的教义理解的特点。具体通过龙城禅师对《大乘起信论》"一心二门"中"觉"的构造的理解，来比较一下他与华严学者的不同。首先，看一下《大乘起信论》中

---

① 其中，第六节重复。

② 朴大源：《起信论思想研究（Ⅰ）》，民族社1994年版。

③ ①随相法执宗（小乘）；②真空无相宗（般若·中观等）；③唯识法相宗（解密·瑜伽等）；④如来藏缘起宗（楞伽·起信等）。

第三章　近代"三门修行"的维系及禅的中兴

"觉"的理论构造。

表中从下到上展示了众生通过修行，去除由粗到细的烦恼妄念，最终回归心之本源的各个阶段。具体归纳如下：

①不觉、始觉、本觉属生灭门；

②始觉中又按阶段分为不觉、相似觉、随分觉、究竟觉，各阶段分别对应灭相、异相、住相、生相四种相；

③随着修行的深化，在不觉阶段去除灭相，在相似觉阶段去除异相，在随分觉阶段去除住相，最后在究竟觉阶段去除生相，与本觉合一。

表3-1　　　　　《大乘起信论》的理论构造

| 一心 | 二门 | 三觉 | | 四相 | | 二熏习 |
|---|---|---|---|---|---|---|
| 一心 | 心真如门 | | | | 真如熏习 | 净法熏习 |
| | 心生灭门 | 本觉 | 究竟觉 | 生相 | | |
| | | 始觉 | 随分觉 | 住相 | 妄心熏习 | |
| | | | 相似觉 | 异相 | | |
| | | | 不觉 | 灭相 | | |
| | | 不觉 | 支末不觉 | | 妄境界熏习 | 染法熏习 |
| | | | | | 妄心熏习 | |
| | | | 根本不觉 | | 无明熏习 | |

这体现了渐修的阶段性。龙城禅师对前三个阶段的翻译，除了一些用语的不同以外，基本上和法藏以及大部分华严学者的理解没有明显差别。但是，在对最后究竟觉阶段的翻译上却出现了不同的理解。具体表现在对"觉心初起，心无初相"的解释上。

首先看一下华严学者的解释。华严学者一般把"觉"看作动词，即智慧观照，是觉悟的主体；把"心初起"看作动名词，即心

· 115 ·

初起之业相，是觉悟的对象；把"无初相"看作觉悟之心的状态。换句话说，心之为本，通真妄二界。心体一但起动便成业相，心无初相之时是为心性。因此，把这句话解释为："观照心起念的瞬间，（使心不起）则觉悟的心中无初起之业相。"这种观点仍没能消除能—所分别的二元对立，此时的觉作用不是彻底的"证悟"，而是整个修行过程中的一次"解悟"，体现了渐修的性格。

再来看一下龙城禅师的解释。他把"觉心初起"的"觉心"整体看作名词，即"即用之体"的本觉；把"初起"看作动词，即"即体之用"的始觉；把"无初相"看作本觉的状态。也就是说，"即体之用"觉悟生相的瞬间，此时呈现出来的就是心之本体。因此，把这句话解释为："本觉心开始觉悟的瞬间，本觉心中无初起之业相。"在龙城禅师看来，此时的觉作用是本觉自体的能觉作用的启动。这相当于《大乘起信论》中的"真如自体熏习"，消除了能—所二元对立，是彻底证悟的瞬间，体现了顿悟的性格。因此，他对"觉"的构造的理解，明显受到了禅宗顿悟修行观的影响。

事实上，禅师们的修行实践经验对他们理解教学理论有很大影响。禅师们以禅宗的修行观为基础去理解华严教学，具有"以禅释教"倾向。注重实践修行的禅宗，与分析、理解形而上学的本体及其复杂的意识构造相比，更注重如何在现实修行中充分发挥"依体之用"，进而回归本体。因此，禅师们更注重"不一不二"的体用关系中"体用不相离"的一面，这种倾向也体现在对华严教学的理解上。

## 四　圆顿门的地位变化

韩国佛教从朝鲜后期以来，禅宗一直处于主导地位。18世纪《华严注疏》的刊行引起了朝鲜时代华严学的复兴。全国各大讲院

## 第三章 近代"三门修行"的维系及禅的中兴

都讲习华严,许多著名禅师通过学习成为华严的大讲伯,大芚寺12宗师和12讲师的出现体现了"禅教并重""禅教一致"的特点。然而,值得注意的是,这些有影响力的华严大家大部分都是清虚系下的禅僧出身。正是这些禅师出身的华严大讲伯主导了朝鲜后期的华严教学,因此可以说朝鲜时代的华严教学是立足于禅宗思想的再解释。

特别是雪坡尚彦、仁岳义沾、莲潭有一三位华严大家对朝鲜后期的华严教学影响极大。朝鲜后期的讲师们在讲解《华严经》时,主要依据的就是仁岳义沾的《华严经私记》和莲潭有一的《华严私记》。① 《华严私记》不仅影响了朝鲜后期的华严学,而且也是近现代韩国华严学的指南。② 莲潭有一从禅教融通的观点出发归纳、整理《华严经》的根本要旨,这一点可以说是反映朝鲜后期以来倾向于从禅的立场出发对华严教学再解释的一个实例。由此可见,18世纪虽然华严教学一度盛行,教学的地位有所提升,但仍然处于禅教两宗体制下的禅宗的影响圈中。③

20世纪以后,特别是日本强占期间,由于新文化对传统文化的冲击,以讲经为主的传统讲院被视为落后于时代的产物,讲院被迫关门,佛教教学可谓进入了"沉寂期",没有显著的发展。不过,这一时期以布教为目的译经被提倡,译经成为维系佛教教学发展的主要途径,而此时译经的主体大部分仍是禅僧。因此,可以说"以禅释教"是从朝鲜后期以来至近代时期,诠释华严教学的主旋律。

综上所述,近代时期禅和教的发展是不均衡的,无论从禅院和

---

① 高桥亨:《李朝佛教》,宝文馆1971年版,第644—645页。
② 李智冠:《华严思想》,《韩国佛教思想概观》,东国大学出版部1993年版,第89—90页。
③ 辛奎卓:《韩国佛教中〈华严经〉的地位和韩文翻译——以白龙城和李耘虚翻译的〈立世间品〉为中心》,《大觉思想》2012年第18期。

讲院数量的增减变化,还是从经典翻译中体现的"以禅释教"倾向,都表明了"禅日盛而教日衰"的趋势。另外,在这一时期"舍教入禅"的主流修行观影响下,禅、教、净土念佛三门中,圆顿门不再是与径截门对等的修行方法,而被视为禅宗门下的入道之初门。可以说,从18世纪z到20世纪初,禅教关系经历了一次由"禅教一致"向"禅胜教劣"的转变。与此相应的,圆顿门的地位也从与径截门的横向对等关系,逐渐变成了纵向主次关系。

## 第三节 净土念佛的转型与念佛门

17世纪末,自柏庵性聪大量刊行净土念佛书籍以来,念佛作为一种简单易行的修行方法逐渐被僧俗大众所接受和认可。18世纪,以念佛信仰结社为中心的念佛修行逐渐普及。19世纪,念佛结社活跃,万日念佛会盛行。万日念佛会是以僧俗二众为对象,以万日为期限,以念佛为主要修行方式的结社组织。19世纪末,万日念佛会频繁举行,念佛与民间信仰结合起来,祈福色彩愈加浓厚,通过念佛祈愿往生极乐净土的西方净土思想倾向明显。

19世纪,以万日念佛会为主要形式的念佛修行盛极一时,促进了佛教修行的大众化,但同时也呈现出种种弊端,例如出现了没有实参实修,一味高声念佛的"假念佛"。到了20世纪初,佛教的近代化改革,处于传统维护与近代革新的岔路口,而这一时期没有实参实修的高声念佛已经丧失了佛教的本质,祈福色彩浓厚,因此也成为佛教界进步、保守两派共同批判的对象。结果,1914年朝鲜佛教禅教两宗三十本山住持第3次会议决议,除了乾凤寺以外,将全国寺院的"念佛堂"全部变更为"禅堂"。1921年,乾凤寺也将万日院的"念佛会"改为"禅会",从此万日念佛会的传统被禅会取而代之，念佛修行走上了与禅相结合的道路。由此可以看出，从19世纪到20世纪前半叶的这段时期，念佛修行经历了一次由盛到衰的过程，其特点也由指方立相的西方净土念佛转变成了以禅的基本理念为依据的唯心净土念佛。

为了更加清晰地展现这一时期念佛修行的兴衰过程和性格变化，本节将从19世纪出发，以1910年为分界点，分别从19世纪万日念佛会的展开情况及特点以及20世纪前半叶高僧文集中体现的念佛观两方面的资料着手，分析、对比1910年前后念佛修行的变化。

## 一 19世纪念佛结社的活跃及净土念佛观的特点

### （一）万日念佛会的开展情况及特点

有关18世纪念佛契的资料，有秋波泓宥（1718—1774）的《秋波集》中记载的《灵池万日会序》，莲潭有一的《莲潭大师林下录》收录的《莲池万日会序》。19世纪，这种念佛结社异常活跃，到了19世纪末达到了顶峰。[①] 朝鲜后期开设的念佛结社按年代顺序整理如表10所示。

从表10中可以看出，壬辰倭乱以后，19世纪以前的念佛结社只有3次，而到了19世纪增加到了19次，而且越到末期开展得越频繁，其中以"万日会"为名称的信仰结社居多。由此可见19世纪念佛修行的兴盛局面。

---

① 有关朝鲜后期寺刹契的先行研究主要有：李载昌：《朝鲜时代僧侣的甲契研究》，《佛教学报》1976年第13期；吕恩暻：《朝鲜后期的寺院侵夺和僧契》，《庆北史学》1986年第9期。韩普光：《信仰结社研究》，如来藏2000年版。韩相吉：《朝鲜后期寺刹契研究》，博士学位论文，东国大学，2001年，第26—33页。

表3-2　　　　　　　　　朝鲜后期念佛结社①

| 序号 | 年度 | 场所 | 典据 |
|---|---|---|---|
|  | 结社的主导者 | 名称 |  |
| 1 | 1709年（肃宗三十五年） | 七佛庵 | 《石室先师行状附》，《韩国佛教全书》卷9，第166—168页 |
|  | 石室明眼（1646—1710） | 结西方道场 |  |
| 2 | 18世纪 中叶 | 深源寺 | 《宝盖山念佛契序》，《榆岾寺本末寺志》，亚细亚文化社1977年版，第623—624页 |
|  | 未详 | 念佛契 |  |
| 3 | 1772年（英祖四十八年） | 灵源庵 | ①《灵源万日会序》，《秋波集》卷二，《韩国佛教全书》卷10，第72页 |
|  | 性罕（出生年月未详） | 万日会 | ②《莲池万日会序》，《莲潭大师林下录》卷三，《韩国佛教全书》卷10，第261页 |
| 4 | 1801年（纯祖一年） | 乾凤寺 | 《日本漂海录序文》，《日本漂海录》，《韩国佛教全书》卷10，第710页下 |
|  | 福仁（出生年月未详）② | 万日会 |  |

① 此表参考了李钟寿：《朝鲜后期佛教修行体系研究》，博士学位论文，东国大学，2010年，第170—172页。

② 有关乾凤寺万日会的开设时间和主导者，一般依据《乾凤寺本末史迹》（东亚文化社1997年版），认为1802年的万日会是由龙虚硕旻主导的。后李钟寿在《乾凤寺第2次万日念佛会再考察》，《佛教学研究》2010年第25期中纠正乾凤寺第2次万日会的开设时间为1801年10月，主导者为福仁。其所依据的典据为1863年郑允容（1792—1865）撰写的《日本漂海录序》，据记载：戊子夏，余游关东之布政司，有老衲，膜拜于前。巡察使从兄经山相公指示曰："此扞城乾凤寺僧锡旻也。其徒有福仁者，诚力绝异。岁庚申圣上嗣位，寺僧相与语曰：'圣上冲年孤单，吾徒请以万日斋，以祝万寿。'相福仁为住持，晨夕诵经，足不出山门者，三十年。旻出入募缘，以助斋供，一路共称。"吾使之来也，以钱二万界之曰："以资汝成就此功业也，余为之敛衽称叹。"仍问其详，旻曰："仁师今八十五岁，犹矍铄无病，模而少文，持戒甚严，敲磬念诵，书宵靡懈。今九千七百余日，既发此愿，庶遂此愿，明年三月几日为满万之期也。"翌年春闻师功德果圆。（《日本漂海录序文》，载《日本漂海录》，《韩国佛教全书》卷10，第710页下栏）由于这一序文是有关乾凤寺第2次念佛会最早的记录，更具可信性，因此，本书以李钟寿的研究结论为准。

## 第三章 近代"三门修行"的维系及禅的中兴

续表

| 序号 | 年度<br>结社的主导者 | 场所<br>名称 | 典据 |
|---|---|---|---|
| 5 | 1802年（纯祖二年）<br>月尚戒悟（未详） | 祇林寺<br>念佛契 | 念佛契大成功碑，祇林寺收藏木碑 |
| 6 | 1811年（纯祖十一年）<br>大晔（未详） | 吾鱼寺<br>念佛契 | 《念佛契员有功碑》，吾鱼寺收藏木碑，《朝鲜寺刹史料》上，宝莲阁1980年版，第441—442页 |
| 7 | 1846年（宪宗十二年）<br>守恩（未详） | 华藏庵<br>万日会 | 《华藏庵重创记》，《朝鲜寺刹史料》上，宝莲阁1980年版，第451—452页 |
| 8 | 1848年（宪宗十四年）5月<br>未详 | 神溪寺<br>万日会 | 《普光殿念佛会设始序》，《榆岾寺本末寺志》，亚细亚文化社1977年版，第267—268页 |
| 9 | 1851年（哲宗二年）9月<br>碧梧侑聪（1826—1889） | 乾凤寺<br>万日会 | 《大韩国杆城乾凤寺万日莲会缘起》，《乾凤寺本末史迹》，东亚文化社1997年版，第39—41页 |
| 10 | 1858年（哲宗九年）<br>灵虚义玄（未详） | 黄美寺<br>万日会 | 《美黄灵虚化行说》，《韩国佛教全书》卷10，第1081页下—1082页上 |
| 11 | 1860年（哲宗十一年）<br>月庵（未详） | 表忠寺<br>万日会 | 《万日会事迹》，《朝鲜寺刹史料》上，宝莲阁1980年版，第599—600页 |
| 12 | 1862年（哲宗十三年）<br>玩坡玮珏（1816—？） | 威凤寺<br>念佛会 | 《东师列传·玩坡大师传》，《韩国佛教全书》卷10，第1046页 |
| 13 | 1862年（哲宗十三年）10月<br>大云性起（未详） | 榆岾寺<br>万日会 | 《莲社广缘会记》，《榆岾寺本末寺志》，亚细亚文化社1977年版，第109—110页 |

续表

| 序号 | 年度<br>结社的主导者 | 场所<br>名称 | 典据 |
|---|---|---|---|
| 14 | 1875年（高宗十二年）5月 | 梵鱼寺 | 《梵鱼寺内院庵弥陀契序》，亚细亚文化社1989年版，《梵鱼寺志》，第583页 |
|  | 雨华，应处 | 弥陀契 |  |
| 15 | 1879年（高宗十六年） | 神溪寺 | 《普光庵重设万日会香徒契员列目》，《榆岾寺本末寺志》，亚细亚文化社1977年版，第270页 |
|  | 未详 | 万日会 |  |
| 16 | 1881年（高宗十八年） | 乾凤寺 | 《大韩国杆城乾凤寺万日莲会缘起》，《乾凤寺本末史迹》，东亚文化社1997年版，第39—41页 |
|  | 万化宽俊（1850—1918） | 万日会 |  |
| 17 | 1887年（高宗二十四年） | 大芚寺 | 《大芚寺无量会募缘疏》，《韩国佛教全书》卷10，第1093页下—1094页上 |
|  | 悔庵，雪虚 | 无量会 |  |
| 18 | 1887年（高宗二十四年） | 海印寺 | 《愿堂净土社重修上梁文》，《伽倻山海印寺志》，伽山文库1992年版，第617—618页 |
|  | 未详 | 念佛会 |  |
| 19 | 1889年（高宗二十六年） | 未详 | 《万日会弥陀契化文》，《东溟遗稿集》，东国大学图书馆收藏 |
|  | 未详 | 万日会 |  |
| 20 | 1889年（高宗二十六年） | 未详 | 《万日会同参契文》，《东溟遗稿集》，东国大学图书馆收藏 |
|  | 未详 | 万日会 |  |
| 21 | 1891年（高宗二十八）4月 | 银海寺 | 《运虚大和尚文午万日会新创诵功碑》，银海寺收藏 |
|  | 运虚（未详） | 万日会 |  |
| 22 | 1895年（高宗三十二年）10月 | 玉泉寺 | 《固城玉泉寺青莲庵万日契员募集文》，笔削本，玉泉寺收藏 |
|  | 未详 | 万日契 |  |

## 第三章　近代"三门修行"的维系及禅的中兴

19世纪念佛修行的兴盛有其历史背景。由前述可知,17世纪清虚休静及其弟子鞭羊彦机确立了径截门、圆顿门、念佛门的"三门修行"体系以来,三门关系一直呈现参禅为主、看经和念佛为辅的地位。17世纪末,华严注疏及净土书籍的大量刊行,使圆顿门和念佛门受到重视。以此为契机,18世纪后半叶重视念佛门的一派,重新提起新罗景德王十七年(758)栋梁发徵(或八珍)和尚于金刚山圆觉寺(现高城乾凤寺)聚徒念佛的灵应事迹①,强调念佛的重要性。接着,19世纪初,乾凤寺为了继承发徵和尚的万日会传统开设了第2次万日会。第2次万日会开设的直接动机虽然是为了给年幼登上王位的纯祖(1800—1834年在位)祈福,但从佛教史的脉络上来看,"三门修行"的时代潮流也是促进第2次万日念佛会开设的重要原因。在韩国佛教史上,将念佛门作为一种修行方法,与禅、教等同视之的认识形成于"三门修行"体系的确立以后。而以念佛修行传统闻名的代表性寺院就是乾凤寺。乾凤寺为了进一步稳固念佛门的地位而组织了第2次万日会,掀起了19世纪念佛结社修行的热潮。② 那么,19世纪的念佛结社呈现了怎样的净土观呢?下面我们就通过分析念佛结社的宗旨来考察一下这个时期净土念佛观的特点。

(二) 念佛结社宗旨中体现的净土念佛观的特点

从统一新罗时期西方净土信仰的普及,到禅佛教传入以后至高

---

① 有关新罗时代乾凤寺的万日会的最初记录是朝鲜后期泽堂李植(1584—1647)撰述的《水城志》。《水城志》(《朝鲜时代私撰邑志》1990年第36期)中记载:"寺有发徵和尚聚徒念佛灵应事迹云。"有关新罗时代乾凤寺的万日会,还有《请择法报恩文》(《韩国佛教全书》卷9,第650页)中记载:"新罗时发征筰尚,于乾凤道场,三十一僧,千八百俗,仝志念佛,三次精进,尽得往生";《莲池万日会序》(《韩国佛教全书》卷10,第261页)中记载:"征和尚继设会于乾凤,同日千人往生。"

② 李钟寿:《19世纪乾凤寺万日会及佛教史上的意义》,《东国史学》2010年第49期。

丽时期向唯心净土的转型，再到朝鲜后期唯心净土与西方净土的兼容，是净土信仰自传入朝鲜半岛以来的大致发展脉络。下面具体分析念佛结社的宗旨，来考察19世纪净土观的特点。前述朝鲜后期的22个念佛结社中，阐明了净土观的结社组织有以下六个：

表3-3　　　　　　　念佛结社的宗旨中体现的净土观①

| 年度及名称 | 净土念佛观 |
| --- | --- |
| 肃宗三十五年（1709）七佛庵 结西方道场 | 会徒七十余指，乃结西方道场，挪椿占位。师则第一番，得一佛简，是即上品上生金刚位。其感应之妙密也，远公之白莲会，常老之净行社，亦弗敢专孅矣。异哉！仍嘱明真道人镜玲曰：今此现行一经，实为末路清升之要津，子当绣榟寿传，广视乐邦之归程② |
| 18世纪中叶 神源寺 念佛契 | 西方之圣，有八万四千陀罗尼门。平等法教，教人以同住清净道场。稽首十方如来，口诵恒沙佛名，心存王想，即有无边功德，蓦地成佛，如种瓜得瓜③ |
| 英祖四十八年（1772）灵源庵 万日会 | 如来化生，方便有无数，唯劝生净土一门为最要。勿论贵贱智愚老少男女，若诚心执持西方极乐世界阿弥陀佛圣号昼夜诚勤，至命终时则彼佛接引，即得往生，得不退地，随其根性利钝，毕竟同成正觉。故诸经，别开念佛一门，广赞劝持。从上诸祖，顿明心要，尊崇此门。实可谓一切众生之出生死、证佛果之第一紧要也。④ |

---

① 李钟寿：《朝鲜后期佛教修行体系研究》，博士学位论文，东国大学，2010年，第182—183页。
② 《石室先师行状附》，《百愚随笔》，《韩国佛教全书》卷9，第176页下。
③ 青泉申维翰：《宝盖山念佛契序》，《榆岾寺本末寺志》，第623—624页，转引自李钟寿《朝鲜后期佛教修行体系研究》，博士学位论文，东国大学，2010年，第183页脚注75。
④ 秋波泓宥：《秋波集·灵源万日会序》，《韩国佛教全书》卷10，第72页中栏—下栏。

## 第三章 近代"三门修行"的维系及禅的中兴

续表

| 年度及名称 | 净土念佛观 |
|---|---|
| 纯祖一年（1801）乾凤寺 万日会 | 难事限万日，三十年之内，日日祝圣岁之万岁，日日诵弥陀之万声，三十年之外，我与法界生灵，共乘宝筏，<u>咸登彼岸天壤之间</u>，岂多有如是之庆哉① |
| 纯祖二年（1802）祇林寺 念佛契 | 莲花世界，琉璃严庄，七宝行树，非目前事，菩萨前道，声闻后拥，<u>箭往极乐国土</u>，甚如梦中饮食② |
| 高宗十六年（1879）神溪寺 万日会 | 净土一门，当五浊劫末，真个<u>超脱轮回</u>、解脱快捷方式也。则有信，何不归乎③ |

注：表中下划线为笔者标注。

七佛庵的结西方道场，强调《现行西方经》是通往极乐净土的要津；神源寺的念佛契中提到的"西方之圣"就是指阿弥陀佛，强调口诵佛号，心存目想就能成佛；灵源寺的万日会，强调"劝生净土一门为最要"，"若诚心执持西方极乐世界阿弥陀佛圣号，昼夜诚勤，至命终时则彼佛接引，即得往生"；乾凤寺的万日会，指出若每日诵佛陀名号万声，直至一万日，则我与法界生灵就能一同往生极乐净土；祇林寺的念佛契中描述了极乐世界以及佛菩萨前往极乐世界的场面；神溪寺的万日会，强调净土一门是末世众生超脱轮回

---

① 《新创万日会事迹日记》，《乾凤寺本末史迹》，东亚文化社1997年版，第29—30页，转引自李钟寿《朝鲜后期佛教修行体系研究》，博士学位论文，东国大学，2010年，第183页脚注78。

② 月尚戒悟：《祇林寺念佛契大成功碑》（祇林寺含月展示馆收藏），转引自李钟寿《朝鲜后期佛教修行体系研究》，博士学位论文，东国大学，2010年，第183页脚注79。

③ 《普光庵重设万日会香徒契员列目》，《榆岾寺本末寺志》，亚细亚文化社1977年版，第270页，转引自李钟寿《朝鲜后期佛教修行体系研究》，博士学位论文，东国大学，2010年，第183页脚注80。

的捷径，劝人信奉。通过上述内容，可以看出以上几个念佛结社都认可西方净土的真实存在，都是以弥陀净土信仰为思想背景展开的，这可以说是19世纪念佛修行结社的思想特点。这样的特点，虽然不能普遍化为当时出家僧侣们的一般认识，但是念佛结社作为19世纪大众教化最为盛行的方法，其所体现出来的西方净土信仰足以反映出当时的思想倾向。①

19世纪，以西方净土信仰为思想背景而展开的念佛结社进一步反映了其流行的社会原因。首先，朝鲜王朝向近代过渡的这段时期，封建体制瓦解，社会动荡不安，百姓对现世绝望，却又无力改变现状，因此只能借助阿弥陀佛的慈悲愿力，希求摆脱现世苦痛，往生极乐净土，而此时西方净土信仰正好顺应时代的要求，满足了大众的信仰需求。其次，据前述可知，19世纪流行的寺刹契反映了当时佛教界"僧俗联合"发展的一种"自救策略"。与佛教有关的"寺刹契"，大体可以分为以建立佛殿等为内容的"补寺契"和以信仰活动为中心的"信仰契"两类。补寺契使一般信众通过布施参与到寺院建设和管理中，而信仰契则促进了"僧俗共同修行体"的形成。

一方面，以补刹契为形式的僧俗共建组织，促成了佛教与民间信仰相结合的信行特点。这一特点具体体现在寺院空间构成的变化上。19世纪以后，韩国各大寺院开始出现七星阁、山神阁等殿阁，这表明北斗七星、山神等传统民间信仰被融入佛教当中。据称，北斗七星神和山神是在通往须弥山顶的佛国土途中将会遇到的神仙。此后，七星阁、山神阁成为各大寺院空间构建的一部分，被作为传统寺院样式继承了下来，延续至今。这也是韩国佛教在寺院空间构

---

① 李钟寿：《朝鲜后期佛教修行体系研究》，博士学位论文，东国大学，2010年，第187页。

第三章 近代"三门修行"的维系及禅的中兴

成上，有别于世界其他国家寺院构成的一大特点。另一方面，念佛契的僧俗共同修行体性质使念佛修行以大众布教为中心展开，于是祈福色彩就更加浓厚。这一特点具体体现在《劝往歌》①、《自策歌》②、《梦幻歌》③、《土窟歌》④、《回心曲》⑤ 等以往生净土为内容的念佛歌的流行上。由此，通过念佛希求往生极乐净土的西方净土念佛成为这一时期的主流。

## 二 1910 年以后念佛堂的废止和转型

### （一）念佛堂的废止和乾凤寺念佛会的转型

韩龙云在《朝鲜佛教维新论》一书"论废念佛堂"一节中对当时念佛的情形是这样描述的：

> 以同一佛性之俨然七尺，会坐于白昼清宵之中。打败鼓之皮而椎顽铁之片，以无意味之声呼不应诺之名号于九梦一觉之中。果胡为者目此而为念佛？何其蔽欤！⑥

---

① 《劝往歌》创作于 19 世纪中叶，作者是东化竺典，现收藏于《劝往文》（梵鱼寺本）。据亘叶编《金刚山乾凤寺事迹及重创旷章总谱》（《乾凤寺及乾凤寺末寺史迹》，东亚文化社 1977 年版，第 35 页）中记载："辛亥冬，东化竺典，碧梧有聪，同声相应，三设万日肆"，说明东化竺典，曾参与主导乾凤寺第 3 次万日会。

② 《自策歌》收藏于《劝往文》（梵鱼寺本）。

③ 《梦幻歌》创作于 18 世纪，流通于 19 世纪，作者是龙岩体照（1714—1779），现以笔削本的形式收藏于藏书阁。

④ 《土窟歌》创作于 19 世纪，作者是灵岩大师，现收录于李相宝的《韩国佛教歌辞全集》，集文堂 1980 年版。

⑤ 《回心曲》创作流通于 19 世纪，是当时最流行的念佛歌。有关佛教歌辞相关研究有：林基中：《佛教歌辞》（全五卷），东国大学佛典刊行委员会 1993 年版；林基中：《佛教歌辞研究》，东国大学出版部 2001 年版；金宗镇：《佛教歌辞的沿袭和传承》，以会文化社 2002 年版。

⑥ 韩龙云：《朝鲜佛教维新论》，1910 年执笔，1913 年出版。本书引文取自韩龙云《朝鲜佛教维新论》，崔京洵译，民族社 2015 年版，第 103 页。

由以上的描述可知，当时念佛结社的主要修行形式就是大众聚于一堂，伴随着锣鼓声，昼夜高呼佛之名号，每日一万声，直至一万日，以此祈愿往生极乐净土。韩龙云指出"朝鲜之所谓念佛者，乃呼佛也，非念佛也"①，批判一味高呼佛号，以往生极乐净土为目的念佛是舍本逐末的"假念佛"，呼吁以见性为目的的"真念佛"，强调徒以口诵、无有心念的念佛是没有任何意义的。另外，海昙致益（1862—1942）在《曾谷集》中也指出了念佛修行中"徒劳口诵"的弊病。

> 《禅鉴》曰："念佛者，在口曰诵，在心曰念。徒诵失念，于道无益。"由此言之，念佛在于一心，不在于多诵。然而近来为念者心不先调，徒劳口诵。比如刻冰成雕，蒸沙作饭。何日何时反诵契心，改凡就圣？②

随着念佛结社的普及和大众化，只做口诵的表面功夫，不做修心的根本修行，只求借助他力往生净土，不思依靠自力见性成佛，祈求现世安宁和来世往生的祈福色彩越来越浓厚，逐渐偏离了佛教修行的本质。因此，当时的进步僧侣意识到了念佛修行中出现的种种弊端，呼吁重视修行的根本，回归以见性为目的的"真念佛"。在这样的呼吁下，念佛会逐渐开始转型。

另外一个促使念佛会转型的重要因素就是19世纪后半叶禅的中兴。由前述可知，19世纪后半期，镜虚禅师掀起了中兴近代禅的运动。镜虚禅师大悟以后，于1899年在海印寺开设修禅社，又

---

① 韩龙云：《朝鲜佛教唯心论》，崔京洵译，民族社2015年版，第95页。"朝鲜之所谓念佛者乃呼佛也，非念佛也。"
② 海昙致益：《曾谷集》下卷，《韩国佛教全书》卷12，第802页中栏。

## 第三章 近代"三门修行"的维系及禅的中兴

分别于 1900 年在华严寺上院庵、1902 年在梵鱼寺鹤鸣庵等地开设修禅社,他于 1899 年到 1904 年的 5 年间往来于海印寺、梵鱼寺、通度寺、松广寺、华严寺、天恩寺、泰安寺、实相寺、德裕山松溪庵等地振作禅风。镜虚禅师的修禅运动虽然以南部地方为中心展开,但以看话禅为中心的参禅风潮很快普及整个佛教界。由此,以见性成佛为目标,以参究话头为主要方式的自力修行风尚逐渐形成。在这样的氛围下,1914 年,朝鲜佛教禅教两宗三十本山住持第 3 次会议决议,除了乾凤寺以外,将全国寺院的所有"念佛堂"全部变更为"禅堂"。

虽然,乾凤寺的"念佛堂"被保留了下来,但是事实上,在近代禅复兴运动的影响下,乾凤寺念佛修行的特征早在 1881 年的第 4 次万日会开始就已经发生变化。据《乾凤寺本末史迹》记载,乾凤寺发起的"万日会"按时间顺序整理如下:

表 3-4　　　　　　　　乾凤寺"万日会"

| 次数 | 年代及发起人 | 典据 |
| --- | --- | --- |
| 第 1 次 | 新罗景德王十七年(758) | 《水城志》,《朝鲜时代私撰邑志》,韩国人文科学院 1989 年版,第 34 页;《请择法报恩文》,《韩国佛教全书》卷 9,第 650 页;《莲池万日会序》,《韩国佛教全书》卷 10,第 261 页 |
|  | 栋梁发徵(或八珍) |  |
| 第 2 次 | 朝鲜 纯祖二年(1802) | 《日本漂海录序文》,《日本漂海录》,《韩佛全》卷 10,第 710 页下 |
|  | 福仁(未详) |  |
| 第 3 次 | 朝鲜 哲宗二年(1851) | 《大韩国杆城乾凤寺万日莲会缘起》,《乾凤寺本末史迹》,东亚文化社 1997 年版,第 39—41 页 |
|  | 碧梧侑聪(1826—1889) |  |

续表

| 次数 | 年代及发起人 | 典据 |
| --- | --- | --- |
| 第4次 | 朝鲜 高宗十八年（1881）<br>万化宽俊（1850—1918） | 《大韩国杆城乾凤寺万日莲会缘起》，《乾凤寺本末史迹》，东亚文化社1997年版，第39—41页 |
| 第5次 | 大韩帝国 隆熙二年（1908）<br>锦岩宜勋（未详） | 《大韩国杆城乾凤寺万日莲会缘起》，《乾凤寺本末史迹》，东亚文化社1997年版，第39—41页 |

由前述可知，以往的"万日会"都以"指方立相"的西方净土信仰为基本理念，而万化宽俊（1850—1918）①却在第4次万日念佛会期间另设了参禅室。据有关乾凤寺第4次"万日会"的最早记录《大韩国杆城乾凤寺万日莲会缘起》记载："万化宽俊和尚，设第五莲会，建参禅室。"② 这表明此次万日会的性质与以往不同，已经开始出现念佛与禅融合的唯心净土倾向。1918年万化宽俊入寂以后，乾凤寺由李大莲住持。此时，乾凤寺"发净土愿者，举皆以高声称佛为极则，而全昧其返观自性弥陀之真实教法"③，逐渐呈现出法道衰废的景象。于是，时任乾凤寺住持的李大莲与信众商议，邀请在金刚山内藏寺修行的汉岩禅师在万日院设立禅院，指导修行。1921年，乾凤寺将万日院的"念佛会"改为"禅会"，从

---

① 万化宽俊是虎岩体净（1687—1748）的第9代法孙，继承的是清虚系鞭羊派的法脉。鞭羊彦机门派的法脉如下：清虚休静→鞭羊彦机→枫潭义谌→月潭雪霁→唤惺志安→虎岩体净。

② 《大韩国杆城乾凤寺万日莲会缘起》，《乾凤寺本末史迹》，东亚文化社1997年版，第40页。

③ 《金刚山乾凤寺万日庵新设禅会后禅众芳啣录序》，《定本汉岩一钵录》上卷，汉岩门徒会编2010年版，第411页。

## 第三章 近代"三门修行"的维系及禅的中兴

此,19世纪万日念佛会的传统断绝,由万日禅会取而代之。① 综上所述,从19世纪到20世纪前半叶,念佛修行经历了一次从盛到衰的过程。

(二)高僧文集中体现的净土念佛观的特点

乾凤寺最后的念佛会被禅会取代以后,由汉岩禅师指导修行,那么从一定意义上而言汉岩禅师的修行观可以代表转型以后的净土念佛观的走向。下面我们就具体考察汉岩禅师对念佛与参禅关系的理解,以及对废念佛会而立禅会的缘由的解释。

> 日有一客问余曰:"古人云:'念佛参禅,本无有二',今废念佛会而为坐禅院,何也?"余曰:"子但闻其无二之言,而不知其无二之意旨……念佛者念彼佛而求生净界也。有净界故,有秽土。念他佛而求见故,自己元是凡夫。凡夫与佛既二,净界与秽土既二,欣厌取舍之心不得不生,而千差万别常现于日用事物上矣。参禅者初发心时即建自心是佛,一念回机,旷劫无明当下冰消,则凡圣、净秽、欣厌、取舍之心更何处安著乎?推此观之,参禅、念佛两个路头,相去如云泥之远,如何知会得成一耶?"客瞿然而起,曰:"听师之言,念参无二之云云是妄也。"余曰:"此言非妄也。子实不知其道理也。太古和尚云:'直下念自性弥陀,十二时中四威仪内心心相续,念念不昧,密密返观念者是谁。久久成功,则忽而之间心念断绝,阿弥陀佛真体卓然现前。'又懒翁祖师寄妹氏书云:'阿弥陀佛在何方?著得心头切莫忘。念到念穷无念处,六门

---

① 1921年乾凤寺万日院的"念佛会"改为"禅会"以后,整个近代日本强占期间万日念佛会传统一度断绝,直到1998年在乾凤寺住持及僧俗大众的努力下才发起了第6次万日念佛会。

常放紫金光。'返观念者谁,非一念回机乎?念到念穷无念处,非旷劫无明当下冰消乎?此乃念佛参禅无二之意也……古德云:'欲行千里,初步要正。'学道人最初头不可不抉择分明。悟理应修也。当此之时,若不改革旧习,开示正路,则将何以维持大法,流通无穷哉?此所谓拔旧念佛会,为坐禅院之老婆心切也。"①

汉岩禅师,俗姓方,法名重远,法号汉岩,从镜虚惺牛得道,继承了镜虚禅师的佛学思想和修行观,1941年被推举为曹溪宗第1代宗正。从以上内容可知,汉岩禅师从念佛与参禅的"非一非二"关系出发,阐明了他的净土念佛观。

首先,他指出念佛修行以通过念佛求生极乐净土为根本目标,那么从初发心时就产生了佛与众生、净土与秽土、欣与厌、取与舍的分别心,这样的修行离佛教的根本修行相去甚远。而参禅在初发心时就建立"自心是佛"的理念,"一念相应"则见性成佛,凡圣、净秽、欣厌、取舍之分别心,乃至旷劫无明顿消,这才是佛教修行的根本所在。因此,从初发心时所立足的根本思想上来看,念佛与参禅是根本不同的,体现了他的唯心净土倾向。

其次,他又从唯心净土念佛的角度出发,阐述了念佛与参禅的"非二"关系。他指出念佛门中的"返观念者谁"无异于禅门中的"一念回机"之法,念佛门中"念到念穷无念处"无异于禅门中"旷劫无明当下冰消"之境界,体现了他立足于唯心净土念佛观的"禅净一致"思想。

最后,他指出"欲行千里,初步要正",旨在强调佛教入门时

---

① 《金刚山乾凤寺万日庵新设禅会后禅众芳啣录序》,《定本汉岩一钵录》上卷,汉岩门徒会编2010年版,第410—411页。

## 第三章　近代"三门修行"的维系及禅的中兴

所建立的思想基础十分重要,有"正见"才能有"正行",这正是废止以他力念佛希求往生极乐净土的念佛会,而建立自性弥陀,以见性成佛为根本的禅会的初衷。由此可知,这一时期净土念佛修行开始转向以禅的宗旨为依据的唯心净土念佛。这样的念佛观也体现在同一时代的其他高僧语录中。下面我们就具体考察近代高僧文集中有关念佛观的内容。

① 《无量会重修募缘疏》

> 切以观音、势至二菩萨,即阿弥陀佛左右补弼之法臣也。势至以念佛接人,观音以参禅诲众。念佛参禅无二致。今之人参禅为高,念佛为卑者,二俱不知也。今此南庵无量会,念无量寿佛之禅会也。①

《无量会重修募缘疏》的作者梵海觉岸(1820—1896),字幻如,号梵海,俗姓崔,受具足戒于草衣意恂,1894年著《东师列传》(1957年刊行),记载了从372年(小兽林王二年)到1894年(高宗三十一年)为止的海东高僧传记资料。他在《无量会重修募缘疏》中强调念佛与参禅没有根本不同,指出无量会虽然是以念佛为名,但实际上是通过念佛引入禅定的修行,因此称之为"念佛禅会",表明了其"禅净一致"的唯心净土念佛观。

② 《与藤庵和尚》

> 佛以方便力说念佛法,引导众生。其趣甚妙,人皆不达,枉用心力而未效。如《阿弥陀经》大说净土庄严,至于说往生

---

① 梵海觉岸:《梵海禅师文集》,《韩国佛教全书》卷10,第1094页下栏—1095页上栏。

法，一日二日乃至七日，一心不乱，是人往生。《十六观经》有观像成就法，使之系心一处，其观历历，长时明了，成就三昧；《无量寿经》，三辈往生。皆先说发菩提心。菩提者，何也？即众生日用灵觉之性也。若能开发灵觉之性，或能成就观像三昧，或能成就一心不乱，其于往生有何未了？故圭峰禅师云：至于念佛，求生净土，亦修十六观禅、念佛三昧、般舟三昧。此不是一向以散乱心执持名号，便能超生净土也。新旧译经论皆云：十地已上菩萨分，见报佛净土。弥陀净土岂非报佛净土耶？十地菩萨尚未许其全见，如何具缚凡夫以散乱心徒称名号便能超生？若以散心称号亦能超生，何用苦苦做得一心不乱，与十六三昧……若能一日一心不乱，二日亦能一心不乱，何待七日？若一观历历长时明了，乃至十六个观亦历历长时明了，发菩提心亦不外乎斯矣。若以如此全功施于祖庭参究门中，孰不见性成佛？看话门中说惺寂等持，必能见性。念佛门中说一心不乱，决定往生。一心不乱，岂非惺寂等持耶？若以一心不乱以为他力，惺寂等持岂非他力？若以惺寂等持以为自力，一心不乱岂非自力？夫然则一心不乱与惺寂等持果孰迟孰速？孰难孰易乎？夫地上菩萨尚未全见，以具缚凡夫而能超生者，其功力全恃一心不乱，若非一心不乱，何能顿超？①

《与藤庵和尚》是镜虚禅师向藤庵和尚就念佛方便法门所示的法语。镜虚禅师修行观的特点是舍教入禅，强调定慧双修。在《与藤庵和尚》中他指出念佛法是佛祖为了引导众生而说的一种"方便说"，人们没有理解佛祖真正的意图，枉用心力念佛，希求往生极乐净土。在他看来，念佛法的关键在于"一心不乱"，"一心不乱，

---

① 镜虚惺牛：《镜虚集》，《韩国佛教全书》卷10，第592页中栏—下栏。

## 第三章 近代"三门修行"的维系及禅的中兴

决定往生"。他进一步指出念佛门中的"一心不乱"和看话门中的"惺寂等持"没有迟、速、难、易之分。也就是说,镜虚禅师认为"一心不乱"的念佛修行无异于"惺寂等持"的参禅功夫,这体现了他以"一心"为基础的唯心净土念佛观。

③《劝念文(赠性仁首座)》

>《禅鉴》曰:"念佛者在口曰诵,在心曰念。徒诵失念,于道无益。"由此言之,<u>念佛在于一心</u>,不在于多诵。然而,近来为念者心不先调,徒劳口诵。比如刻冰成雕,蒸沙作饭,何日何时反诵契心,改凡就圣?徒诵失念,虽百年千年于道无益。反诵契心,一念十念,于功有利也。故屠牛善和,临终十念,即得往生,岂不信哉?《净土》云:感应道交,惟心自现。《华严》云:一切惟心造。造之现之。何者弃心而现,何者舍念而造也?由是八万藏经、千七百公案乃至一切经论皆不出乎心之一字法门矣。故成佛作祖、念佛往生皆不在多诵,只在一心也。是以六祖云:常念弥陀,不免生死,守我本心,即到彼岸。性仁切信此语,常守心而勿为虚诵失念也。①

《劝念文(赠性仁首座)》的作者海昙致益(1862—1942),俗姓徐,从通度寺的春潭和尚出家,受法于孤云寺的音观和尚,善持戒,曾任通度寺讲主,1929年被推举为"禅教两宗七教正"之一。海昙致益在《劝念文》中批判近来念佛修行者不以修心为务,一味口诵,徒劳无功,强调念佛往生,皆不在多诵,只在一心,同样体现了他以"一心"为基础的唯心净土念佛观。

---

① 海昙致益:《曾谷集》卷下,《韩国佛教全书》卷20,第802页中栏。

· 135 ·

④《论废念佛堂》

朝鲜之所谓念佛者乃呼佛也,非念佛也。①
吾闻念佛之究竟目的在于往生净土。其其然？其其然？闻成佛而往生净土,未闻呼佛而往生净土者。闻秽土则净土,未闻秽土之外别有净土也。<u>土本无秽净,但心有秽净</u>。②
今之所言者,欲众生之废假念佛而为真念佛也。假念佛者何？今之所谓念佛也。呼佛之名号是也。真念佛者何？念佛之心,我亦心之。念佛之学,我亦学之。念佛之行,我亦行之。虽一语、一默、一静、一动,莫不念之,择其真假权实而我实有之,是真念佛尔。惧夫人之不真念佛而废之云者乃假念佛之会而已……权而不得中,不可为之道。假而不适时,不可为之教。③

《论废念佛堂》的作者是万海龙云,俗姓韩,法名龙云,法号万海,是著名的独立运动家,近代佛教革新运动的代表,他积极创办佛教杂志,强调韩文译经的重要性,倡导生活佛教,支持僧侣娶妻。在佛教修行方面,他倡导禅教振兴,强调实修。在佛教仪式方面,他主张简化佛教仪式,反对烦琐、耗财,祈福信仰浓厚,失去佛教本质的仪式。万海龙云的佛教革新思想集中体现在其著作《朝鲜佛教维新论》中,如前所述他在此书中专列"论废念佛堂"一节,指出了这一时期念佛修行的弊病,批判高呼佛祖名号的"假念佛",呼吁以见性为目的的"真念佛",并强调"土本无秽净,但

---

① 韩龙云:《朝鲜佛教维新论》,崔京洵译,民族社2015年版,第95页。
② 韩龙云:《朝鲜佛教维新论》,崔京洵译,民族社2015年版,第97页。
③ 韩龙云:《朝鲜佛教维新论》,崔京洵译,民族社2015年版,第104页。

## 第三章 近代"三门修行"的维系及禅的中兴

心有秽净",只有通过自力修行,见性成佛才能往生极力净土,体现了他的唯心净土念佛观。

⑤《论净土》

问曰:"佛有极乐净土之说,是疑夫哉?是真实有也否?"答曰:"极乐云者是无上清净法身之乐、人人个个自家屋里方寸之事,是他物也。"①

⑥《论净土九品》

问曰:"极乐之说有九品莲台之说,但以心清净者谓极乐者,其缪甚矣。"答曰:"汝但逐言诠,不达其理。众生心中有九品之惑故,随其惑之渐清,有九品莲台之说。盖心清净者本也,报土极乐者末也。但修其本,莫愁其末也。譬如浊水渐清,影像渐现。诸佛净土亦然。水清者本也,喻众生心也。水浊者末也,喻众生业惑也。水渐清者喻众生之业惑渐消也。影像渐现者喻报土九品莲台渐现也。心水清而报土极乐自至,心水浊而六途五蕴自现。夫三界六途,惟识所变。诸佛净土,惟心所现。纤尘不立,寸草不生,绝诸待对,中道不须安。转身一步,可谓无上大涅槃圆明常寂照。有甚么论天堂极乐也?"②

⑦《论十念往生》

问曰:"教有十念往生之说,其理如何?"答曰:"狮子咬人,韩獹逐块。不知理之所从,但逐言诠,是也。前不云乎,

---

① 《龙城禅师语录》,《龙城大宗师全集》卷1,大觉寺1991年版,第25页。
② 《龙城禅师语录》,《龙城大宗师全集》卷1,大觉寺1991年版,第25页。

> 六途五蕴，唯识所变 ……而人报缘迁谢之日，一念终命之时，见种种物相，六途五蕴，现前者皆识之所变也。到恁么田地，<u>系念一处，但念弥陀，全注一心则识浪顿静，变念令净</u>。前所谓心水清而报土极乐自至者，此之谓也。"①

以上，《论净土》《论净土九品》《论十念往生》都取自龙城震钟的《龙城禅师语录》。首先，他在《论净土》中对净土真实存在与否的问题给出了明确回答，指出所谓极乐净土是指清净法身，是每个人的"自家屋里方寸之事"，并不是指离开自心还有另一个净土存在，否定了指方立相的西方净土说。其次，在《论净土九品》中，他立足于法性宗的立场，从唯识学的角度解释了九品莲台的深刻含义。他指出九品莲台是指众生心中的九品惑。众生随着迷惑的渐次消除，能相应地登上九种不同的品位，因而有九品莲台之说。联系《大乘起信论》的内容可知，这九种迷惑正是《大乘起信论》中言及的"三细六粗"，而渐次去除九种迷惑进而恢复清净本性之说正是《大乘起信论》中提出的"三觉四相"的构造。这充分证明了龙城禅师是以《大乘起信论》的"一心"思想为基础去理解净土信仰的。最后，在《论十念往生》中，他针对"十念往生说"强调应该"从理"而不应"逐言"，指出十念往生关键在于"系念一处，全注一心"，心识灭则心清，心清净则极乐净土自现。以上三段引文的内容，充分体现了龙城禅师以"一心"思想为基础的唯心净土念佛观。除了以上高僧语录的内容以外，我们再来看一首20世纪初的念佛歌辞。

---

① 《龙城禅师语录》，《龙城大宗师全集》卷1，大觉寺1991年版，第25—26页。

## 第三章 近代"三门修行"的维系及禅的中兴

⑧《往生歌》

　　一同前往一同前往，一同前往极乐国土，天上人间全部舍离，一同前往极乐国土。

　　黄金铺地，莲花作台，阿弥陀佛奉为诸佛，观音势至成为补处。

　　立四十八愿，施九品莲台，舍般若龙船，接念佛众生。

　　受生莲花胎中，成就永不退转，你我无有差别，共成无量寿佛。

　　无上庄严，同发誓愿，切莫虚送岁月，常念阿弥陀佛。

　　何处唯心净土，谁是自性弥陀、<u>千念万念乃至无念，返照自性无有间断</u>。①

　　《往生歌》的作者启宗鹤鸣，俗姓白，法名启宗，法号鹤鸣，曾任内藏寺住持，积极参与近代禅中兴运动，在内藏寺设立内藏禅院，倡导"半禅半农"，寻求新的大众布教方式，曾编撰了《圆寂歌》《往生歌》《解脱曲》《参禅曲》等多首佛教歌词，《往生歌》是其晚年作品。白鹤鸣在《往生歌》中虽然同时提及极乐净土和唯心净土，但在歌词的结尾部分却强调"千念万念乃至无念，返照自性无有间断"，表明其念佛观最终还是倾向于唯心净土念佛。

　　以上内容虽然形式各不相同，但都有一个共同的特点，就是强调"心口相应，一心不乱"的"真念佛"，体现了这一时期注重"心"与"境"的"不二"关系，以"一心"思想为基础，强调自性弥陀、自力念佛的唯心净土念佛观。这样的念佛观体现了近代

---

① 白鹤鸣：《白农遗稿》，《佛教》1929 年第 66 期，转引自宗梵《朝鲜后期的念佛观》，中央僧伽大学论文集，1995 年第 4 期，第 19 页。另收录于安震湖《释门仪范》下册，卍商会 1935 年版，第 279—280 页，但内容稍有差异。

时期禅僧们虽然认可念佛修行是适合于任何根机的最普遍、最易行的修行方法，却极力反对有口无心的"口诵念佛"，呼吁心口相应的"心念念佛"。这体现了19世纪到20世纪前半叶的这段时期，念佛修行经历了由西方净土向唯心净土的转变过程。

### 三　念佛门的地位与三门整体结构的变化

#### （一）近代念佛门的地位

"三门修行"体系确定以来，念佛一直处于辅助禅修的地位。17世纪末净土书籍的大量刊行，使念佛门逐渐受到重视。到了18世纪，"三门平等"的认识开始出现。1769年刊行的振虚八关的《三门直指》中指出，"郭门虽异，会要则同……万里同风，三门一室"①，宣称三门作为通往觉悟之路的关门没有优劣差别。这样的认识变化，标志着念佛门不再是处于禅的下位的辅助修行法，而成为与禅平等的独立的修行法。

以此契机，18世纪后半叶重视念佛门的一派发起念佛结社。19世纪以西方净土思想为基本理念的万日念佛会盛行一时。然而，念佛结社求生净土的修行目标，高呼佛号的修行方式，僧俗修行共同体的性质以及与民间信仰相结合的特点，使这一时期念佛修行的祈福色彩浓厚，逐渐偏离了念佛修行的本质。此时，批判高呼佛号的"假念佛"，呼吁以见性为目的的"真念佛"的声音逐渐高涨，念佛修行逐渐开始转型。

19世纪后半叶近代禅的中兴也是促进念佛修行转型的重要因素。19世纪末以后全国禅院建设进入高潮，以看话禅为中心，以识心见性为目的修行风尚遍及整个佛教界。此时，只顾高声念佛却

---

① 振虚八关：《三门直指序》，载《三门直指》，《韩国佛教全书》卷10，第138页下栏。

## 第三章 近代"三门修行"的维系及禅的中兴

不知自性弥陀的念佛结社，逐渐呈现法道衰废的景象。随着1914年废止念佛堂的决议的出台，1921年乾凤寺最后一个念佛会也被禅会取代，念佛门最终没能形成一个独立的修行法门，再次走上了与禅相结合发展的道路。

念佛与禅的结合的发展，使念佛修行的特征也从西方净土念佛转向了唯心净土念佛。通过考察1910年以后的高僧文集可知，这一时期禅师们的念佛观有以下几个特征：第一，接受念佛修行是适应于任何根机的最普遍、最易行的修行法，但反对"心口不相应"的假念佛。第二，重视心与境"不二"的关系，强调心清净则极乐净土自现，充分体现了这一时期的唯心净土观。第三，认为念佛法的关键在于"一心不乱"，"一心不乱"的念佛修行无异于"惺寂等持"的参禅功夫，体现了"禅净一致"思想。

总之，韩国近代时期，以1910年为时间节点，念佛修行经历一次由盛到衰，由西方净土念佛向唯心净土念佛的转变过程。从19世纪末到1910年以前，"三门平等"认识仍是主流，念佛门作为独立的修行法门，以万日念佛会为中心，掀起了以西方净土为基本理念的念佛修行的高潮。1910年以后，随着念佛堂的废止，念佛门开始转向与禅结合发展的道路。念佛门虽然仍作为适用于一切根机的修行法门被大众所认可，但此时的净土念佛不再是以净土宗的理念为依据，而是以禅的理念为根据的、以禅净一致的思想为前提的唯心净土念佛。这意味着念佛门失去了其原来的宗旨而依附于禅宗，其地位也从与径截门的对等关系重新回落到了禅的辅助位。

不仅如此，念佛门逐渐被看作教的一部分，呈现禅是指径截门，教包含了圆顿门和念佛门这样的认识变化。这种认识早在禅论争中就有所体现。白坡亘璇和草衣意恂在禅论争中都未重点提及念佛门，基本认同念佛门属于义理禅，可归到圆顿门去理解。另外，在近代学者李能和1918年著述的《朝鲜佛教通史》中也能进一步

韩国佛教"三门修行"思想研究

确认这种认识倾向。他指出:"第观今日,朝鲜僧界或以戒律,或以讲授,或以禅学,或以事功,或以异行,如是各擅其所长,形成所谓禅教两宗。今列三十本山住持。其他重价禅讲诸僧,所行履略,验其宗旨则经教者最多,而其日用或念佛,或诵经诵咒。"①李能和把禅教两宗的僧侣们按戒律、讲学、禅学、事功②、异行③进行了划分。他还具体指出教僧的日常修行包括念佛、诵经、诵咒,由此可知念佛被看作教的一部分。

(二) 近代三门整体结构的特点

综上所述,三门修行经过近代殖民统治这一特殊的维系期,三门呈现了不同的兴衰变化。随着三门的兴衰变化,三门修行体系的整体结构也发生了变化。总的来说,1910年以前,三门延续了18世纪形成的"对等结构"。而1910年以后,禅的中心地位再次凸显,"禅胜教劣"的认识逐渐成为主流。与之相比,华严教学和净土念佛则呈现衰颓的景象。"径截门"再次成为三门的中心,而"圆顿门"和"念佛门"再次下落到径截门的辅助位。三门重新回到了朝鲜后期"三门修行"确立初期的"差等结构",不同的是,其中念佛门被归类到了圆顿门中。

---

① 李能和:《朝鲜佛教通史》下篇,韩国学研究所1977年版,第951页。
② 所谓事功就是指从事寺院日常事务的事判僧。理判僧和事判僧制度是朝鲜后期制定的。理判僧是指专门修行的僧侣,事判僧是指从事寺院日常事务的僧侣。
③ 所谓异行是指从事治病、占卜等的僧侣。

# 第四章 现代"三门修行"的演变及看话禅独尊

进入现代①以后,韩国佛教统合宗团"曹溪宗"成立。曹溪宗成为现代韩国佛教的代表,曹溪宗的宗正则成为引领现代韩国佛教发展的核心人物。本章将以曹溪宗为中心,以代表性宗正为研究对象来考察现代韩国佛教修行情况及特点。因此,在进入主题之前,有必要对"大韩佛教曹溪宗"的成立过程、曹溪宗的宗旨和性质以及各代宗正的法脉传承情况做简要介绍。

## 第一节 "大韩佛教曹溪宗"的成立、发展动向及修行形态

### 一 "大韩佛教曹溪宗"的成立及宗旨

(一)"大韩佛教曹溪宗"的成立

韩国今天的"大韩佛教曹溪宗"正式成立于1962年,它的成立经历了一个曲折的历史过程。如前所述,日本强占期间作为宗教殖民政策的一环,总督府在1911年7月颁布了《寺刹令》,设立了

---

① 韩国现代是指1945年解放以后至今,本书将研究范围限定在1945年到2000年的这段时期。

三十本山制度,并确定朝鲜佛教宗名为"禅教两宗"。三十本山制度以各自运营的构造使本山住持"各自为政",以此来削弱佛教界的统一力量。虽然在此期间佛教界部分人士对当时的寺院管理制度进行了反驳和抵制,但是以《寺刹令》为中心的朝鲜佛教禅教两宗体制一直沿用到了20世纪30年代。1941年,朝鲜佛教界提出的建设总本山的要求终获总督府许可,进而建立了"太古寺",并改宗名为"朝鲜佛教曹溪宗",同时推举汉岩重远为朝鲜佛教曹溪宗的第1代宗正[1]。

1945年解放以后,佛教界的重心转移到了铲除殖民地佛教遗产和发展佛教两个方面。1945年10月举行的全国僧侣大会上,近代殖民地时期命名的宗名"朝鲜佛教曹溪宗"首先被列为铲除对象,改宗名为"朝鲜佛教",并推举映湖鼎镐(朴汉永,1870—1948)为第1代教正[2]。

殖民地佛教的净化还体现在对日本强占期间颁布的《寺刹令》及设立的三十本山制度的抵制,以及对委任"带妻僧"为三十本山寺院住持等殖民地佛教政策的反对。针对这一问题的解决方案佛教界出现了保守和进步两条路线的对立。主张"保守路线"的是既得利益一方,也就是指带妻僧团。带妻僧团的执行部门及大多数的带妻僧侣从接受现实的角度出发,采取稳健发展的路线。主张"进步路线"的是以禅学院为中心的清净比丘僧。清净比丘僧们试图通过排除带妻僧进而推进以首座为中心的教团重组等方案"净化"宗团,通过建设模范丛林、扩张中央禅院、实现地方禅院自治等一系

---

[1] 《大韩佛教曹溪宗宗宪》规定,宗正象征本宗的神圣,继承宗统,具有最高的权威和地位。宗正须是具备以下资格,且行解圆满的比丘。第一,僧腊50年以上;第二,年龄65岁以上;第三,是法阶大宗师。(参照《宗宪》第六章,宗正第19、20条)

[2] 从曹溪宗历代宗正的历史来看,曾有过3位教正,3位宗正。1954年宋曼庵将"教正"统一改称为"宗正"以后,"宗正"的名称一直延续至今。

## 第四章　现代"三门修行"的演变及看话禅独尊

列改革发展佛教。在这样的氛围下，1946年11月迦耶丛林建立，地方在野禅院相继而生。

1950年，经过了"6·25"朝鲜南北战争以后，全国寺院受到了严重破坏，安定的修行环境无法得到保障，禅院存立本身面临着挑战。"6·25"战争期间，只有梵鱼寺、仙岩寺（釜山）、弥勒寺等极少部分相对来说受战争影响较少的寺院还开设禅院。①

战争结束以后，禅院呈现出更加衰颓的景象。其主要原因有两个：一是土地改革政策的实施。"6·25"战争前就开始的土地改革，将寺院的土地划归农民所有，致使寺院经济崩溃。二是"净化佛寺"运动的展开。1954年5月，李承晚大统领下达"净化谕示"，净化佛寺的运动使得佛教界愈加混乱。随着"净化运动"的推进，比丘僧和带妻僧的对立更加激化。在这样的情况下，曹溪宗中央宗务院成立，同时"太古寺"被改名为"曹溪寺"，曼庵宗宪（1876—1957）时任曹溪宗宗正，此时的曹溪宗是以比丘僧为主体的"曹溪宗比丘僧团"。当时在各处修行的首座们为了参加净化运动纷纷云集首尔，导致禅院建设和精进修行等事宜全被搁置一边。这种状况一直持续到1962年4月"统合宗团曹溪宗"成立，因净化运动而引起的佛教界内部纠纷才算告一段落。

统合宗团曹溪宗成立以后，晓峰学讷（1888—1966）被推举为第1代宗正。后来在中央宗会构成上，比丘僧和带妻僧意见不统一，带妻僧从曹溪宗分离出来，于1970年成立了"韩国佛教太古宗"，成为韩国第一个带妻僧团，朴大轮被推举为太古宗第1代宗正。自此，统合宗团曹溪宗就成为以比丘僧为主体的僧团，也就是今天代表韩国佛教的第一大僧团"大韩佛教曹溪宗"。

---

① 金光植：《韩国现代禅的知性史探究》，到彼岸社2010年版，第23—26页。

## (二)"大韩佛教曹溪宗"的宗旨

曹溪宗以宗正为本宗的精神领袖,赋予其最高的权威和地位,而宗正本身也相应地具有领导宗团发展的责任和义务。曹溪宗历代宗正整理如下:

表4-1　　　　　　　　　　曹溪宗历代宗正

| 时间 | 宗名 | 法脉 |
| --- | --- | --- |
| 1941—1945 | 朝鲜佛教曹溪宗<br>第1代宗正 汉岩重远①<br>(1876—1951) | 清虚休静→鞭羊彦机→枫潭义谌→月潭雪霁→唤惺志安→虎岩体净→青峰巨岸→栗峰青杲→锦虚法沽→龙岩慧彦→镜虚惺牛→汉岩重远 |
| 1945—1954 | 朝鲜佛教<br>第1代教正 映湖鼎镐②<br>(朴汉永,1870—1948) | 清虚休静→鞭羊彦机→枫潭义谌→月潭雪霁→唤惺志安→涵月海源→永松祖印→瀚星道贯→德岩瀛济→月岩绽静→丰谷元信→止潭日圆→锦山大营→映湖鼎镐 |
|  | 第2代教正 汉岩重远<br>(1876—1951) | 同上 |

---

①　汉岩:法名重远,俗姓方。初在金刚山长安寺行凛禅师修道,后在金刚山神溪寺普云讲会中读普照国师《修心决》开悟。1899年在金泉青岩寺修道庵听镜虚禅师讲《金刚经》四句偈悟道。1925年任首尔凤恩寺祖室,后入江原道五台山修道,27年洞口不出。1929年朝鲜佛教禅教两宗教正,1935年朝鲜佛教禅宗宗正,1941年朝鲜佛教曹溪宗宗正,1948年朝鲜佛教教正。弟子有普门(1906—1960)、煐庵(1893—1983)、吞虚(1913—1983)等。著书有《汉岩一钵录》。

②　汉永:号映湖、石颠,俗姓朴,全罗南道人。19岁从太祖庵锦山出家,21岁从白羊寺幻应学四教,从仙岩寺敬云习大教,后得法于龟岩寺处明。1945年被推举为朝鲜佛教第1代教正,同锦峰、震应一起被称为近代佛教史上的三大讲伯。

## 第四章　现代"三门修行"的演变及看话禅独尊

续表

| 时间 | 宗名 | 法脉 |
|---|---|---|
| 1945—1954 | 朝鲜佛教 | |
| | 第3代教正 曼庵宗宪①<br>（1876—1957） | 清虚休静→鞭羊彦机→枫潭义谌→月潭雪霁→唤惺志安→虎岩体净→莲潭有一→羊岳桂璇→枕松圣询→德云天烈→汉阳龙珠→翠云道真→曼庵宗宪 |
| 1954 | 曹溪宗 | |
| | 第1代宗正 曼庵宗宪<br>（1876—1957） | 同上 |
| 1954—1962 | 曹溪宗比丘僧团（僧团净化运动过渡期） | |
| | 第1代宗正 曼庵宗宪<br>（1876—1957） | 同上 |
| | 第1代副宗正 东山慧日②<br>（1890—1965） | 清虚休静→鞭羊彦机→枫潭义谌→月潭雪霁→唤惺志安→锦溪元宇→青坡慧苑→百忍泰荣→玩真大安→枕虚处华→草愚永瑄→南湖幸准→龙城震钟→东山慧日 |
| | 第2代宗正 东山慧日<br>（1890—1965） | 同上 |

---

① 曼庵：法名宗宪，全罗北道人。1886年于白岩寺从翠云禅师出家。1954年被推举为曹溪宗宗正。

② 东山：法名慧日，俗姓河，忠清北道人。1913年于梵鱼寺从龙城禅师出家。后在孟山牛头庵从汉岩学习四教，后返回梵鱼寺习大教，1923年在云门庵受具足戒。后于全国各大禅院精进参禅。1934年于金鱼禅院大悟，获得龙城禅师印可。1936年获龙城禅师法印。1954年主导佛教净化运动。1956年被推举为曹溪宗比丘僧团宗正。

续表

| 时间 | 宗名 | 法脉 |
|---|---|---|
| 1954—1962 | 曹溪宗比丘僧团（僧团净化运动过渡期） | |
| | 第2代副宗正 金乌太田① （1896—1968） | 清虚休静→鞭羊彦机→枫潭义谌→月潭雪霁→唤惺志安→虎岩体净→青峰巨岸→栗峰青杲→锦虚法沾→龙岩慧彦→镜虚惺牛→满空月面→宝月性印→金乌太田 |
| | 第3代宗正 石友普化② （1875—1958） | 清虚休静→鞭羊彦机→枫潭义谌→月潭雪霁→唤惺志安→涵月海源→玩月轨弘→汉峰体泳→华岳知濯→灵岩智赞→净空斗奉→东谷性真→莲潭凝信→霜月奉焕→石友普化 |
| | 第4代宗正 晓峰学讷③ （1888—1966） | 清虚休静→鞭羊彦机→枫潭义谌→月潭雪霁→唤惺志安→涵月海源→玩月轨弘→鹤峰益绽→白坡妙华→永惺锡潢→凌虚耳顺→永潭藏学→龙岳慧坚→白荷晴旻→石头宝铎→晓峰学讷 |

---

① 金乌：法名太田，俗姓郑，1912年于金刚山摩诃衍寺道庵亘玄出家。1924年3月获报德寺宝月禅师印可。1924年12月宝月禅师入寂后，1925年获满空授予传法偈。1955年被推举为曹溪宗比丘僧团副宗正，1958年被推举为曹溪宗比丘僧团总务院长。强调看话禅，认为"不参禅者非出家人"。

② 石友：又称"硕友"，法名普化，俗姓薛。1912年于金刚山长安寺从莲潭凝信出家，得法名普化。后于榆岾寺东宣义净处受具足戒，得法号石友。1955年被推举为曹溪宗比丘僧团第3代宗正。

③ 晓峰：法名学讷，1924年于普云寺石头宝铎受戒出家。1932年在榆岾寺受戒于东宣和尚。1937年以后的10年间，在松广寺三一庵指导后学，确立了定慧双修的修行观。1947年被推举为海印寺迦耶丛林方丈，1954年创建弥勒寺，1956年参加在尼泊尔举行的世界佛教土联谊会，同年任曹溪宗宗会议长。1957年任宗务院长，1958年被推举为曹溪宗比丘僧团宗正。1962年被推举为统合宗团第1代宗正。

## 第四章 现代"三门修行"的演变及看话禅独尊

续表

| 时间 | 宗名 | 法脉 |
|---|---|---|
| 1962<br>至今 | 大韩佛教曹溪宗 | |
| | 第1代宗正 晓峰学讷<br>(1888—1966) | 同上 |
| | 第2代宗正 青潭淳浩①<br>(1926—1971) | 清虚休静→鞭羊彦机→枫潭义谌→月潭雪霁→唤惺志安→虎岩体净→雪坡尚彦→退庵泰观→雪峰巨日→白坡亘璇→道峰国粲→正观快逸→白岩道圆→雪窦有炯→茶轮翼振→雪乳处明→映湖鼎镐→青潭淳浩 |
| | 第3代宗正 古庵尚彦②<br>(1899—1988) | 清虚休静→鞭羊彦机→枫潭义谌→月潭雪霁→唤惺志安→锦溪元宇→青坡慧苑→百忍泰荣→玩真大安→枕虚处华→草愚永瑄→南湖幸准→龙城震钟→古庵尚彦 |
| | 第4代宗正 古庵尚彦<br>(1899—1988) | 同上 |

---

① 青潭:法名淳浩,俗姓李。1926年于玉泉寺南圭荣门下出家,1930年师从映湖鼎镐(朴汉永)受戒得度,得法名青潭。33岁在忠清南道定慧寺禅院修禅安居,此后20余年间在全州禅院参禅修行。光复以后,积极参与教团再建和佛法中兴运动,在海印寺等地教化大众,培养弟子。1954年,在首尔禅学院组织全国比丘僧大会,是佛教净化运动主导者之一。1955年任曹溪宗首届总务院长,1956年任曹溪宗宗会议长,1966年任曹溪宗统合宗团第2代宗正,1970年任曹溪宗总务院长。

② 古庵:俗姓伊,法名尚彦,1918年于海印寺出家,恩师为霁山净圆(1862—1930),戒师为汉岩,1938年于内院寺悟道,从龙城禅师得传法偈,为龙城门下弟子。1967年被推举为曹溪宗第3代宗正,并连任第4代宗正。1970年任海印丛林方丈。重视戒律,被称为律师,主张"目击传受",晚年倾力于海外布教。

续表

| 时间 | 宗名 | 法脉 |
|---|---|---|
| 1962 至今 | 大韩佛教曹溪宗 | |
| | 第5代宗正 西翁① (1912—2003) | 清虚休静→鞭羊彦机→枫潭义谌→月潭雪霁→唤惺志安→虎岩体净→莲潭有一→羊岳桂璇→枕松圣询→德云天炅→汉阳龙珠→翠云道真→曼庵宗宪→西翁 |
| | 第6代宗正 退翁性彻② (1912—1993) | 清虚休静→鞭羊彦机→枫潭义谌→月潭雪霁→唤惺志安→锦溪元宇→青坡慧苑→百忍泰荣→玩真大安→枕虚处华→草愚永瑄→南湖幸准→龙城震钟→东山慧日→退翁性彻 |
| | 第7代宗正 退翁性彻 (1912—1993) | 同上 |
| | 第8代宗正 西庵鸿根③ (1914—2003) | 清虚休静→鞭羊彦机→枫潭义谌→月渚道安→雪岩秋鹏→日庵精颐→大圆无外→雪潭泰润→镜月智淳→圆惺淳觉→雪虚义寅→华山东衍→西庵鸿根 |

---

① 西翁：俗名李商纯，全州人。1932年在全罗南道白羊寺出家，从恩师宋曼庵受戒得度。1974年任曹溪宗第5代宗正。与性彻、西庵等一同被称为现代佛教界的高僧，强调参禅修行。著书有《临济录演义》《禅与现代文明》《西翁禅佛法语集》等。

② 性彻：1912年生于陕川，俗名李英柱，号退翁。1936年性彻拜海印寺白莲庵的东山慧日法师为恩师受戒得度，同年于雪峰和尚门下受比丘戒。1967年就任海印丛林第一任方丈。1981年，被推举为曹溪宗第6代宗正，在就任仪式上发表了"山是山，水是水"的法语。1991年，连任曹溪宗第7代宗正。

③ 西庵：俗姓宋，俗名鸿根。1932年从华山法师出家，1937年从金乌受比丘戒和菩萨戒。1944年同性彻一同精进修行。1946年以后往来于满空的定慧社，汉岩的上院寺、海印寺、望月寺等地精进修行。1948年到1950年，侍奉金乌法师，结社精进。1991年被推举为曹溪宗元老会的议长，1993年被推举为曹溪宗第8代宗正。

## 第四章　现代"三门修行"的演变及看话禅独尊

续表

| 时间 | 宗名 | 法脉 |
|---|---|---|
| 1962至今 | 大韩佛教曹溪宗 | |
| | 第9代宗正 月下喜重①<br>(1915—2003) | 清虚休静→鞭羊彦机→枫潭义谌→月潭雪霁→唤惺志安→雪松演初→凝庵希愈→庆坡敬审→东溟万羽→鹤松理性→双湖会蹿→普雨敏希→鹫龙泰逸→圣海南巨→九河天辅→月下喜重 |
| | 第10代宗正 慧庵性观②<br>(1920—2001) | 清虚休静→鞭羊彦机→枫潭义谌→月潭雪霁→唤惺志安→锦溪元宇→青坡慧苑→百忍泰荣→玩真大安→枕虚处华→草愚永瑄→南湖幸准→龙城震钟→麟谷昌洙→慧庵性观 |
| | 第11代宗正 道林法传③<br>(1925—2014) | 清虚休静→鞭羊彦机→枫潭义谌→月潭雪霁→唤惺志安→锦溪元宇→青坡慧苑→百忍泰荣→玩真大安→枕虚处华→草愚永瑄→南湖幸准→龙城震钟→东山慧日→退翁性彻→道林法传 |
| | 第12代宗正 道林法传<br>(1925—2014) | 同上 |

---

① 月下：俗姓尹，俗名喜重。1933年于金刚山榆岾寺从敬庵法师出家。1954年参与佛教净化运动。1979年任曹溪宗总务院长，1994年任曹溪宗第9代宗正。

② 慧庵：法名性观。1946年拜仁谷恩师出家。曾受晓峰、汉岩、东山、镜峰等近现代禅僧指导修行。1947年曾在凤岩寺同性彻、青潭、香谷等结会安居。1993年继性彻禅师被推举为海印丛林第6代方丈，后任曹溪宗元老会议长，1999年被推举为曹溪宗第10代宗正。

③ 法传：法号道林。1935年拜恩师雪醒法师，戒师雪浩法师受戒得度。1948年与性彻禅师习禅，1951年从性彻禅师处得法号道林，1957年获性彻禅师印可。2002年任曹溪宗第11代宗正，2007年任曹溪宗第12代宗正。

续表

| 时间 | 宗名 | | 法脉 |
|---|---|---|---|
| 1962至今 | 大韩佛教曹溪宗 | | |
| | | 第13代宗正 真际法远①（1934至今） | 清虚休静→鞭羊彦机→枫潭义谌→月潭雪霁→唤惺志安→虎岩体净→青峰巨岸→栗峰青杲→锦虚法沾→龙岩慧彦→镜虚惺牛→慧月慧明→云峰性粹→香谷蕙林→真际法远 |
| | | 第14代宗正 真际法远（1934至今） | 同上 |
| | | 第15代宗正 中峰性坡②（1939—至今） | 清虚休静→鞭羊彦机→枫潭义谌→月潭雪霁→唤惺志安→雪松演初→凝庵希愈→庆坡敬审→东溟万羽→鹤松理性→双湖会躃→普雨敏希→鹫龙泰逸→圣海南巨→九河天辅→月下喜重→中峰性坡 |

由上述对现代曹溪宗历代宗正及其法脉的整理，我们可以得到两个重要信息：第一，现代曹溪宗宗正中以镜虚禅师和龙城禅师的门徒居多。继承镜虚禅师法脉的有汉岩重远、金乌太田、真际法远。继承龙城震钟法脉的有东山慧日、古庵尚彦、退翁性彻、慧庵性观、道林法传。由此，可以再次反映出镜虚禅师和龙城禅师在近代佛教界的重要地位及其对现代佛教的重要影响。第二，从法脉传承来看，现代曹溪宗宗正全部属于朝鲜后期清虚系鞭羊派，而且除

---

① 真际：法名法远，2012年任曹溪宗第13代宗正，2017年任曹溪宗第14代宗正。

② 性坡：1939年生人，1960年于通度寺从时任曹溪宗第9代宗正月下喜重出家，1971年毕业于通度寺僧伽大学，此后于凤岩寺太古禅院参禅精进。1980年历任第5、8、9届中央宗会议员，1981年任通度寺住持，2013年被选举为曹溪宗元老议员，2014年被授予大宗师称号，2018年任通度寺方丈，2022年任曹溪宗第15代宗正。

## 第四章 现代"三门修行"的演变及看话禅独尊

了西庵鸿根以外,全部都是唤惺志安的后代法孙。因此,可以确定曹溪宗宗正全部都是继承朝鲜后期以来确立的临济法统的禅僧。接着,考察一下曹溪宗的历史渊源及宗派性质。

《大韩佛教曹溪宗宗宪》的第一章第1条和第2条阐明了曹溪宗的渊源和宗旨。

> 本宗称为大韩佛教曹溪宗。本宗起源于新罗道义国师创建的迦智山门,经过高丽普照国师的重阐和太古普愚的诸宗包摄而通称之为曹溪宗后,其宗脉绵绵不绝。①
>
> 本宗奉承释迦世尊的自觉觉他、觉行圆满的根本教理,以直指人心、见性成佛、传法度生为宗旨。②

宗宪第1条阐明曹溪宗是以新罗道义国师为开宗祖,以高丽时期普照国师为重阐祖,以继承临济法脉的太古普愚为中兴祖的禅宗。曹溪宗的起源被追溯到了新罗时期的道义国师。韩国学界一般③认为道义国师是最初将中国的南宗禅传入朝鲜半岛的人。道义曾赴唐求法于智藏,并嗣其法,821年归国后,欲兴南宗禅法未果,遂于雪岳山隐居,后经其弟子廉居及求法归来的体澄在全罗南道的迦智山建立了迦智山派,大振禅风。自此,韩国形成了以禅为主体的独立宗派。高丽中期,普照国师知讷于曹溪山开设修禅社,弘扬大慧宗杲看话禅,振作禅风。高丽末期的太古普愚,1346年入宋求法,继承了石屋清珙禅师的法脉,成为海东临济宗的初祖。

---

① 《大韩佛教曹溪宗宗宪》,《宗名及宗旨》,http://www.buddhism.or.kr/jongdan/sub1/sub1—2.php.
② 《大韩佛教曹溪宗宗宪》,《宗名及宗旨》,http://www.buddhism.or.kr/jongdan/sub1/sub1—2.php.
③ 禹真相、金龙泰:《韩国佛教史》,新兴出版社1976年版,第123页。

朝鲜后期，为了强调海东禅宗的正统性，确立了以临济看话禅中心的"临济太古法统说"。1930年，汉岩禅师提出分别代表九山禅门的道义—代表高丽时期曹溪宗的普照—代表临济法统的太古，这样的具有"历时性"的、新的宗祖体系。1962年大韩佛教曹溪宗成立后，将这一宗祖体系写入《大韩佛教曹溪宗宗宪》。由此可知，曹溪宗是继承中国南宗禅临济一脉的禅宗。宗宪第2条"直指人心、见性成佛、传法度生"的曹溪宗宗旨进一步明确了曹溪宗的修行思想是建立在南宗禅思想基础之上的。因此，曹溪宗所指向的修行体系也是以禅为中心而展开的。

## 二 解放后韩国佛教的发展重心及曹溪宗的修行形态

解放以后，韩国佛教界除了宗团建设以外，把重心放在了禅风振作上。在首座们的建议下，1946年迦耶丛林建立。实际上，迦耶丛林主要运营的是禅院。禅院规定修行年限是3年，当时在禅院修行的首座有50余人。除此之外，同一时期还出现了地方禅院，其中比较有代表性的就是凤岩寺结社和松广寺的三一禅院。凤岩寺结社以退翁性彻和青潭淳镐为中心，共同修行的首座有30余人。松广寺的三一禅院以晓峰学讷为中心，设立了洞口不出、午后不食、长坐不卧、默言不语等规则，展开了3年的定慧结社。在此期间，出现了不少精进修行的现代著名禅僧。经历了1950年朝鲜南北战争和1954年的"净化运动"等动荡，1962年统合宗团曹溪宗成立以后确立了徒弟养成、译经刊行以及布教三大事业。

徒弟养成主要体现在丛林建设上。1967年海印寺海印丛林成立，退翁性彻任第一任方丈。海印丛林以退翁性彻、青潭淳镐、古庵尚彦、慈云（1911—1992）、慧庵性观（1920—2001）、麟谷昌洙（又仁谷昌洙，1895—1961）、指月（1911—1973）等禅院的首座们为中心，展开了以振作禅风为宗旨的精进修行。海印禅院的"家风"可以概括为108拜忏悔和勇猛精进。所谓108拜忏悔是指

## 第四章　现代"三门修行"的演变及看话禅独尊

在黎明参禅结束后,从早上5点开始禅院大众共修的口诵念佛、身行礼拜的108拜忏悔,这一禅院传统一直沿袭到现在。所谓勇猛精进是指7月1—8日进入夏安居,1月1—8日进入冬安居。安居期间长坐不卧,24小时不眠,精进参究看话禅。海印寺108拜的"家风"成为现代韩国僧俗大众的普遍修行法。特别是在现代一般大众中流行的"寺院生活体验"项目中,108拜成为培养大众的谦卑心、调服焦躁、回归自我的主要修行方法之一。另外,以看话禅为主要内容的夏安居和冬安居则成为韩国出家僧侣精进修行的主要方法,每年在全国各大寺院如期举行。海印禅院的"家风"体现出了念佛与参禅修行的融合。海印丛林是在曹溪宗的徒弟养成和禅风振作的旨趣下开设的,它不仅具有一个禅院应有的机能和地位,而且担负着代表曹溪宗的使命。①

对译经刊行的重视主要体现在东国译经院的成立上。1963年东国译经院成立,耘虚就任东国大学译经院院长。1965年翻译出版了韩文大藏经第1卷《长阿含经》2000部。1966年到1970年5年间,每年出版发行韩文大藏经8卷,截至1973年共出版发行了韩文大藏经67卷。从1975年到1993年,高丽大藏经影印事业与译经事业同时进行。经过耘虚②、映岩(1907—1987)③、慈云、月

---

①　金光植:《韩国现代禅的知性史探究》,到彼岸社2010年版,第31页。
②　耘虚:法号龙夏,俗姓李。1921年5月在金刚山榆岾寺拜庆松为恩师出家,1926年在首尔开运寺组织举行了全国佛教学人大会,并组织了学人联盟。1930年加入朝鲜革命党。1936年在奉仙寺设立讲院。1946年建立广东中学任校长。1957年开始投身佛经翻译事业,1961年编撰《佛教词典》,1964年任东国译经院第一任院长。1980年在奉仙寺入寂,寿八十九,法腊五十九。
③　映岩:1924年于通度寺出家,拜朱青潭为恩师,九河和尚为受戒师受沙弥戒。1930年在通度寺讲院取得大教科毕业证。1933年在五台山月精寺拜汉岩重远为戒师受比丘戒和菩萨戒。此后,历任白羊寺住持、海印寺住持、凤恩寺住持等,1967年任曹溪宗宗务院长,1968年任东国译经院理事长,1978年任曹溪宗元老会议长,1979年任东国译经院院长,1985年任东国译经事业振兴会理事长。1987年于奉恩寺入寂,寿八十一,法腊六十四。

云（1928年至今）① 几任院长的努力，最终由月云完成了其师父耘虚的遗志，于2000年完成了《韩文大藏经》的全部翻译工作，并于2001年9月举行了韩文大藏经完刊回向法会。2001年开启了电子版韩文大藏经的录入工作并于2011年完成。2012年着手高丽大藏经与韩文大藏经译文的对照、排版等工作，目前正在进行中。

布教事业主要是以"大众化"为中心展开。大众布教首先体现在译经上，佛教经典的翻译刊行，使晦涩难懂的古代汉语典籍不再是阻碍韩国僧俗大众了解佛教的难关，促进了大众布教；同时，近年来电子佛典资源库的建立，使佛学研究者能够快速便捷地查找资料，推动了佛学研究的深入开展。目前在韩国，比较权威的电子佛典资源库是由东国大学佛教学术院创建的《佛教记录文化遗产数据库》②，其中包含《综合大藏经》、《韩国佛教全书》、《新集成文献》、《高丽教藏》等历史文献，近年来又新增了《变相图》、《近代佛教杂志》、《近代佛教文献》、《近代佛教照片》、《佛教寺刹本书目》、《朝鲜王朝佛教人名 DB》等近代佛教文献资料，是检索韩国佛教文献资料的重要窗口。其次，大众布教体现在系统的信众教育上，目前在韩国，全国各大寺院会定期举行法会和各种活动，鼓励出家人和在家信众积极参与。另外，有些寺院还开办传统寺院生活营，组织信众参加短期寺院生活体验活动，通过介绍寺院历史文化、讲解佛教基础知识及礼仪文化、体验佛教修行实践、品尝素食斋饭等活动传播佛教文化，吸引信众。再次，大众布教体现在佛教传统节日的重视上，例如：一年一度的燃灯节已经成为韩国重要的

---

① 月云：俗姓金。1949年于奉仙寺出家，师从李耘虚。1967年任东国译经院译经委员。1976年到1993年任奉仙寺住持。1979年到1994年任中央僧伽大学佛教学科教授。1993年至今任东国译经院院长。

② 《불교기록문화유산아카이브（佛教记录文化遗产数据库）》，https：//kabc.dongguk.edu。

第四章 现代"三门修行"的演变及看话禅独尊

文化庆典，是弘扬佛教文化、促进大众布教的重要形式。最后，大众布教体现在社会参与上，曹溪宗在全国各地建立宗立小学、初中、高中、大学等，同时运营众多的社会福利机构，还有自己的电视台、报纸、杂志、出版社等新闻机构，特别是在社会福祉事业方面贡献巨大，使其在韩国社会具有强大的影响力，有力地推进了布教事业的发展。

从上述解放后韩国佛教界的发展重心和曹溪宗的修行体系建设来看，现代韩国佛教的修行体系主要是以禅和教为中心展开的。下面，以禅教关系为中心具体考察汉岩重远和退翁性彻的修行观以及韩国现代佛教修行思想的发展变化。

## 第二节 "三门修行"的继承和演变

### 一 传统的继承及禅教融合——汉岩重远

汉岩重远①是横跨韩国近、现代两代，引领近现代佛教的高僧。

---

① 有关汉岩禅师的先行研究大体分为以下几个方面：1. 汉岩禅法的研究：高映燮：《汉岩的一钵禅》，《汉岩思想》2007 年第 2 期；金镐星：《汉岩禅师：继承普照禅的宗门善知识》，《韩国佛教人物思想史》，民族社 1990 年版；朴宰贤：《有关方汉岩的禅的落脚点和作用意识的研究》，《哲学思想》2006 年第 23 期；辛奎卓：《南宗禅地平线上看方汉岩禅师的禅思想》，《汉岩思想》2009 年第 3 期；仁镜：《汉岩禅师的看话禅》，《汉岩思想》2009 年第 3 期；宗梵：《汉岩禅师的禅思想》，《汉岩思想》2006 年第 1 期；尹畅和：《镜虚的知音汉岩》，《汉岩思想》2011 年第 4 期；正道：《汉岩和镜峰的悟后保印研究》，《韩国禅学》2014 年第 39 期。2. 汉岩戒律观的研究：廉仲燮：《〈戒箴〉的分析中体现出的汉岩的禅戒一致观》，《大觉思想》2015 年第 23 期；李德辰：《汉岩的禅思想和戒律精神》，《韩国佛教学》2014 年第 71 期；白道洙：《汉岩的戒律认识考察》，《大觉思想》2015 年第 23 期；慧炬：《三学兼修和禅教融合的汉岩思想》，《净土研究》2005 年第 8 期。3. 近现代佛教史上汉岩地位的研究：金光植：《方汉岩和曹溪宗团》，《民族佛教的理想和现实》，到彼岸社 2007 年版；金光植：《汉岩的宗祖观和道义国师》，《汉岩思想》2009 年第 3 期；辛奎卓：《汉岩禅师的僧伽五则和曹溪宗的信行》，《汉岩思想》2009 年第 3 期。

# 韩国佛教"三门修行"思想研究

1929年朝鲜佛教禅教两宗僧侣大会上被推举为教正，1935年任朝鲜佛教禅宗宗正，1941年任朝鲜佛教曹溪宗第1代宗正，1948年任朝鲜佛教第2代教正。历任两次宗正、两次教正的汉岩禅师是近现代韩国佛教史上为众人尊崇的一代师表，是最高的禅僧的同时也是最高的教学僧。汉岩禅师作为近、现两代统合宗团建团初期的首任宗正（教正），可以说是确立近现代韩国佛教根基和主体性的人物。下面就以汉岩禅师的佛学思想及其修行观为例，看一下现代曹溪宗建立初期佛教修行的一些特点。

（一）生平

有关汉岩重远的生平可详见其受法弟子吞虚宅成（1913—1983）所著《大韩佛教曹溪宗宗正汉岩大师浮屠碑铭并序》。① 据《碑铭并序》可知，汉岩禅师俗姓方，温阳人，讳重远，号汉岩，考讳箕淳。1876年生于江原道华川，生而颖悟绝伦，年9岁入私塾学史略，遂问先生曰："天皇氏以前有什么？"曰："有盘古氏。"又问曰："盘古氏以前有什么？"先生不能答。自此以后博涉经史，往往于盘古以前之面目起疑，而终不能决。

22岁，入金刚山长安寺，在行凛禅师门下出家。后在金刚山神溪寺普云讲会中读普照国师《修心决》至"若言心外有佛，性外有法，坚执此情，欲求佛道者，纵经尘劫，烧身炼臂云云，乃至转读一大藏教，修种种苦行，如蒸沙作饭，只益自劳处"，不觉身心悚然，如大限当头，忽觉无常如火，一切事相皆是梦幻。遂与同修束装登程，逐渐南下，1899年在金泉青岩寺修道庵听镜虚禅师

---

① 此碑现在五台山上院寺入口处，1959年立碑。有关汉岩禅师的入寂时间，实际入寂时间和碑铭所载入寂时间有出入。汉岩禅师的实际入寂时间是1951年二月十五日（阳历3月22日），但在碑铭上记载的入寂日却是二月十四日。因为汉岩禅师的入寂日与佛祖的涅槃日重叠，所以每年都提前一天也就是二月十四日举行期祭，逐渐形成了惯例。大概是因为这个原因，吞虚无意中将入寂时间写成了二月十四日。

## 第四章　现代"三门修行"的演变及看话禅独尊

讲《金刚经》四句偈"凡所有相,皆是虚妄,若见诸相非相,即见如来",眼光忽开,始见盘古以前之真面目,此时禅师24岁。

后往来于海印寺、通度寺、妙香山内院庵、孟山牛头庵等地安居修行。1921年以后开始开堂讲法,指导后学,大振禅风。1921年受乾凤寺住持及信众的邀请,在万日院开设禅院,设立《禅院规例》,组织结社指导大众参禅。1923年被推举为首尔奉恩寺祖室。

1925年,汉岩禅师起誓说:"宁为千古藏踪鹤,不学三春巧语鹦",辞去奉恩寺祖室,入五台山上院寺。1926年,制定颁布了《禅家五则》。1929年汉岩禅师在朝鲜佛教禅教两宗僧侣大会上被推举为教正,后分别于1941年任朝鲜佛教曹溪宗第1代宗正、1949年任朝鲜佛教第2代宗正。

1950年,6·25南北战争期间,汉岩禅师舍身保住上院寺。1951年2月15日入寂,寿七十六,法腊五十五。汉岩禅师上承镜虚惺牛法脉①,为唤惺8世。其弟子有普门(1906—1960)、煖庵(1893—1983)、吞虚等。著书有《汉岩一钵录》。

(二) 修行观

汉岩禅师制定了修行规范《僧伽五则》②,其大纲为①参禅;②念佛;③看经;④仪式;⑤守护伽蓝。从内容上可以看出,他在继承传统"三门修行"体系的基础上,又补充了仪式、守护伽蓝两项出家僧侣的本分事。《僧伽五则》可以说是汉岩禅师律己诲人的

---

① 汉岩重远:《先师镜虚和尚行状》,载《定本汉岩一钵录》(上册),五台山月精寺汉岩门徒会2010年版,第474页。"曾示众曰:夫祖宗门下,心法传授,有本有据,不可错乱……余虽道未充而性不检,一生所向期在于此一着子明白,而今老矣。日后我弟子,当以我嗣法于龙岩长老,以整其道统渊源,而以万化讲师,为我之授业师,可也。"据此,其法脉整理如下:清虚休静→鞭羊彦机→枫潭义谌→月潭雪霁→唤惺志安→虎岩体净→青峰巨岸→栗峰青杲→锦虚法沾→龙岩慧彦→镜虚惺牛→汉岩重远。

② 《僧伽五则》是1926年在五台山上院寺制定颁布的,具体内容不详,仅五大纲目留存了下来。

纲领，也是他修行观的核心内容。

1. 禅观

收录于《汉岩一钵录》中的《禅问答二十一条》是研究汉岩禅师禅思想的一手材料。《禅问答二一条》是1921年汉岩禅师在乾凤寺万日院禅院冬安居时，针对李砾的提问而给出的回答。从第一条到第十条的问答主要围绕禅的本质和修行方法等方面展开，特别是第十条问答详细阐述了修行方法上看话和返照的关系问题。从第十一问开始主要是举懒翁和尚法语进行提问，汉岩禅师做"著语"[①]式的回答。下面就以《禅问答二十一条》为研究资料，提炼核心问答具体考察一下汉岩禅师的禅观。

首先，汉岩禅师指出："参禅者，不是别件物事也。参者，合也。合于自性，保养净心而不外驰求也。"[②] 阐明了参禅的本质。接着，针对参禅者如何"发心"修行的问题，汉岩禅师回答说：

> 夫参学人欲明此一段大事因缘，最初头信自心是佛，自心是法，究竟无异，彻底无疑。若不如是自判，虽万劫修行，终不得入于真正大道矣。故普照禅师云："若言心外有佛，性外有法，坚执此情，欲求佛道者，纵经尘劫，烧身燃臂，敲骨出髓，刺血写经，长坐不卧，一食卯斋，乃至转读一大藏教，修种种苦行，如蒸沙作饭，只益自劳尔。"是知自悟自修、自成佛道为第一要妙也。设或心外有佛，佛是外佛，于我何有哉？故云："诸佛，非我道。"[③]

---

[①] 著语：一般指对禅宗公案的简短评语。

[②] 汉岩大宗师法语集编纂委员会：《定本汉岩一钵录》上册，五台山月精寺汉岩门徒会2010年版，第153页。

[③] 汉岩大宗师法语集编纂委员会：《定本汉岩一钵录》上册，五台山月精寺汉岩门徒会2010年版，第154页。

## 第四章　现代"三门修行"的演变及看话禅独尊

汉岩禅师在这里指出了初发心的重要性，强调初发心修行者要树立"自心是佛，自心是法"的信念。只有立"正见"，才能行"正行"，入"正道"。若初发心不正，向心外求法，则即使读遍一切经典，修遍种种苦行，也只是徒劳无功，因此树立正确的信念是修行的关键。接着，学人又问如何用工为如实参究？汉岩禅师回答说：

> 上根大智于一机一境上把得便用，不多言。若论参究，当以赵州无字、前柏树子、山麻三斤、门干屎橛等无味之语疑来疑去，举来举去。蚊子上铁牛下嘴不得处，和身透入。若有些毫差别念、尘计较量动乎其间，古所谓杂毒入心，伤乎慧命。学者第一深诫者也。懒翁祖师云："念起念灭，谓之生死。当生死之际，尽力提起话头，生死即尽。生死即尽处，谓之寂。寂中无话头，谓之无记。寂中不昧话头，谓之灵。只此空寂灵知，无坏无杂，不日成之。"学者当以斯语为指南。①

汉岩的上述回答中可以得到几个重要信息：第一，汉岩禅师提倡的是看话禅。他指出参究的内容为赵州无字、庭前柏树子、洞山麻三斤、云门干屎橛等无味之答语。这种不可解释性的答语被称为"活句"，具有启悟的功能。第二，从参禅的方法上来看，强调参究话头时切忌"起心动念"。他指出参禅时若起些许思量、分别之心就会"杂毒入心，伤乎慧命"。旨在强调在参究此类话头时，要排除文字解释和逻辑把握。第三，在参究话头时强调要时刻保持常寂常照、空寂灵知的状态。他指出在参透"空性"之后，切忌掉在

---

① 汉岩大宗师法语集编纂委员会：《定本汉岩一钵录》上册，五台山月精寺汉岩门徒会2010年版，第156页。

"无记空"中"冷淡无为",要在"寂"的状态下时刻"观照"话头,保持常惺惺的状态,寂照同时,定慧双修。

汉岩禅师对定慧双修的强调可谓是对镜虚禅师禅法的继承。在汉岩禅师这里,所谓"定"就同样是指以参究话头为内容的禅定功夫,所谓"慧"也同样是指以智慧观照为内容的返照功夫。那么,汉岩禅师是怎样看待参禅修行上看话与返照的关系的呢?①《禅问答二十一条》中的第十条给出了答案。学人问:"看话与返照有何差异乎?每见今之学者互相争论,幸垂详细辩明。"汉岩禅师举出仰山与沩山、高峰与雪岩、宗杲与荣侍郎的三组对话,对看话与返照的关系做了详细的阐述。

> 昔仰山问沩山:"如何是真佛住处?"沩山云:"以思无思之妙,返思灵焰之无穷。思尽还源,性相常住,事理不二,真佛如如。"仰山于言下大悟。后来心闻贲,举此话云:"'以思无思之妙,返思灵焰之无穷。思尽还源。'这里脱得去,更有什么净洁病?怎么入嚣尘逆顺?教谁嗔喜染著?然后打彻明暗两头,向不明不暗处,'看大悲院里有斋话',方知来由,方知落著。"返思灵焰之无穷,非返照乎?看大悲院里有斋话,非话头乎?仰山于返思灵焰之言下即大悟,心闻贲何故更教看话头耶?发悟人皆如仰山则已,若未及于仰山所证处,则知见未忘,生死心不破矣。生死心不破,则何言大悟?此贲禅师特为返照中未彻者言之也。

---

① 有关汉岩禅师的看话与返照,辛奎卓在《南宗禅的地平上看汉岩禅师的禅思想》(《汉岩思想》2009年第3期)中有详尽的分析。辛奎卓在文中还指出,通过对汉岩禅师禅法的分析得出两个结论:"第一,唐代禅师的修行方法是"返照";第二,"返照"和"看话"在修行效能上没有差别。这两者都是立足于法性思想的顿悟无心修行。

## 第四章　现代"三门修行"的演变及看话禅独尊

又高峰举"万法归一，一归何处"，触破"打死尸"句子，大地平沉，物我俱忘，把得定，作得主。而被雪岩和尚问："正睡著时，无梦无想，主在甚处？"直得无言可对，无理可伸。更教我看"一觉主人公在甚处安身立命"……一归何处，非话头乎？看一觉主人公，非返照乎？高峰既于一归何处上把得定，作得主，而雪岩因甚诘问，而更教看一觉主人公乎？此特为看话中未彻者教之也。果何优何劣，何圆何偏之差异乎？是知悟之彻不彻，在于人之真实与虚伪，究竟与不究竟，不在于方便之优劣浅深也。

呆禅师答荣侍郎书云：但向"日用应缘处觑捕，我自能与人快断是非曲直底，承谁恩力？毕竟从什么处流出？觑捕来觑捕去，平昔生处路头自熟。生处即熟，则熟处却生矣……遮一络索即生，则菩提涅槃，真如佛性，便现前矣。当现前时，亦无现前之量……未得如此，且将这思量世间尘劳心回在思量不及处。试思量看，哪个是思量不及处。僧问赵州：'狗子还有佛性也无？'州云：'无'。"只这一字，尽尔有什么伎俩，请安排计较看。计较安排无处可以顿放……只就这无字上提撕来提撕去，生处自熟，熟处自生矣。"大抵向日用应缘处觑捕来觑捕去，非返照乎？将思量尘劳底心回在无字上提撕来提撕去，非话头乎？然则呆禅师亦教人以返照法式而兼示以举话大略……推此观之，则看话与返照两个做工上，得其效力有何浅深也耶？古人之如斯教示机缘，不可一一校举，而皆以返照与看话不存差别想，今之学者互相攻击以为杜撰者从什么处学得来？[①]

---

[①] 汉岩大宗师法语集编纂委员会：《定本汉岩一钵录》上册，五台山月精寺汉岩门徒会2010年版，第169—172页。

在具体分析看话与返照的关系之前，有必要先明确一下看话和返照的概念。所谓"看"就是指内省式的参究。所谓"话"就是指公案中记录的禅师参禅问答中的答语。看话禅就是通过直观参究禅师问答中的答语而获得证悟的方法。所谓"照"本指般若智慧的运用，所谓"返"是指回顾反省。禅宗用语中返照就是截断对外部境界的思维活动，向内回顾反省，照见心性的方法。借用知讷之言，通过返照功夫而明心见性就是指"直是将空寂灵知之言，有返照之功，因返照功，得离念心体者也"①。

接着，在明确概念的基础上具体分析一下上述引文中的三个例子。首先在仰山和沩山的对话中，汉岩禅师指出沩山所示"以思无思之妙，返思灵焰之无穷"之法就是"返照"。引用《大乘起信论》中的"觉心初起，心无初相"来说明返照功夫的话，也就是说以灵妙智慧观照心初起之时，使"初相"不生，直到"观心之心"也消失，主客消融，体用不二，此时呈现出来的就是心之本体。仰山听闻此观法，便大彻大悟。后来心闻贲举此话时，又教人"看大悲院里有斋话"。汉岩禅师认为"看大悲院里有斋话"就是参话头。心闻贲为何举出返照功夫，又教人看话头呢？在汉岩禅师看来，如果参禅者都像仰山一样，听闻返照法语便能彻底觉悟，则大可不必再做看话功夫。看话是特别为在返照上未能彻悟的人指出的方法。

再看高峰和雪岩的对话。高峰禅师参"万法归一，一归何处"话头，证悟了"物我俱忘"的境界，却被雪岩的"正睡著时，无梦无想，主在甚处"问住。于是雪岩教高峰看"一觉主人公在甚处安身立命"。汉岩禅师解释说："一归何处，非话头乎？看一觉主人

---

① 普照知讷：《法集别行录节要并入私记》，《韩国佛教全书》卷4，第763页下栏—764页上栏。

## 第四章 现代"三门修行"的演变及看话禅独尊

公,非返照乎?"正是因为高峰参话头时未悟透,所以雪岩才教他做返照功夫。在这里,返照是特别为在看话上未能彻悟的人指出的方法。同样,在宗杲与荣侍郎的对话中,也是先教他返照"日用应缘处",若未得力不能参透,就把思量尘劳的心回到"无"上参究。由此可知,在汉岩禅师看来,看话与返照从效力上来看没有先后、深浅差别。"悟之彻不彻,在于人之真实与虚伪,究竟与不究竟,不在于方便之优劣浅深。"无论是看话还是返照,旨在教学人打破"知解",一念顿悟,"如实而见,如实而行,如实而用,出生入死,得大自在"①。

那么,汉岩禅师是怎样看待悟后修行的呢?我们通过汉岩禅师和镜峰禅师的书信来了解一下。汉岩禅师和镜峰禅师是师兄弟关系。下面的内容是1928年3月17日镜峰禅师开悟后,询问汉岩禅师悟后修行之法,汉岩禅师写给镜峰的回信。

> 细读来书及颂四首,字字真情,句句活意。何期大丈夫活男儿复出于后五百岁后哉。赞仰不已,欢喜踊跃不可胜言。如此悟人分上譬如一团火相似,物触便烧,有何闲言语指导方便之为哉。虽然悟后注意,更加于悟前。悟前则将有悟分,悟后若不精修,堕于懈怠,则依前流浪生死,永无出头之期。故古人悟后隐迹逃名,退步长养者,以此也。
> 
> 若欲一生事圆满具足,以古祖师方便语句为师友焉。故吾国普照国师一生以《坛经》为师,《书状》为友。祖师言句中第一要紧册子,大慧《书状》,普照《节要》和《看话决疑》是活句法门。恒置案上,时时点检,归就自己,则一生事庶无

---

① 汉岩大宗师法语集编纂委员会:《定本汉岩一钵录》上册,五台山月精寺汉岩门徒会2010年版,第172页。

> 差违矣。弟亦此得力者有。又依《书状》与《决疑》及《节要》末段举觉活句,甚好甚好。如此言语虽似繁絮,然曾为浪子偏怜客,幸勿忽之焉。若以一时悟处为足,拨置后修,永嘉所谓豁达空拨因果,莽莽荡荡,招殃祸者焉也。切莫学世之浅识辈,误解偏执,拨因果,排罪福者焉。①

上述回信内容明确阐明了汉岩禅师对悟后修行的看法。汉岩禅师强调"悟后若不精修,堕于懈怠,则依前流浪生死,永无出头之期",表明他是主张悟后修行的。对于悟后修行的具体方法,汉岩禅师指出要以祖师的方便语句为师友,并推荐把《大慧普觉禅师书》(在韩国称为《书状》),普照的《法集别行录节要并入私记》和《看话决疑论》等书籍恒置案上,时时通过经典语录检点自己的修行境界,千万不要"以一时悟处为足"而搁置了悟后的修行。由此可以看出,汉岩禅师对悟后修行的观点更接近于"顿悟渐修"。另外,据《碑铭并序》汉岩禅师经过几次悟道最后见性的证悟过程来看,也体现了其修行实践上"顿悟渐修"的特点。

2. 教学观

汉岩禅师1932年在《禅苑》第2期上发表了一篇名为《恶气息》的文章。主要内容如下:

> 古德云:"入此门来,莫存知解。"又云:"休穿凿。"又云:"恐上纸墨。"由此观之,摩竭掩关和少林面壁反成羞愧传迹,临济之喝和德山之棒亦未免偷心鬼子,何况寻章摘句,以

---

① 汉岩大宗师法语集编纂委员会:《定本汉岩一钵录》上册,五台山月精寺汉岩门徒会2010年版,第276—279页。

## 第四章 现代"三门修行"的演变及看话禅独尊

> 胡言乱语欺人惑众……嘘嘘！是因末世，还是因佛法时运变迁？所谓本色衲子，簸两片皮，夸张知识，楮墨为事，牵枝引蔓，添脂著粉，无始劫来，戏弄业识种子，引起生死根苗……今吾人以上数语，亦可谓恶气息，以此外扬家丑，熏习大众，真可谓欲除毒瘤却添毒瘤矣。未免可悲可笑！啼得血流无用处，不如缄口过残春。然而诸佛诸祖强为指注，臂不外曲……佛心需自得意，然后自成道，毕竟不属言语文字，故云得意忘言。若心得，则世间粗言细语皆为实相法门。若口失，拈花微笑亦是教内陈迹。若是以上提说葛藤是教内还是教外？是心得还是口失？皮下有血汉，速速著精彩！拟疑之间，十万八千。若不拟疑，还得么？①

从文中可知，所谓的"恶气息"是指寻章摘句，舞文弄墨，穿凿知解，胡言乱语，欺人惑众等禅门中的恶习气。汉岩禅师正是注意到了当时学人沉溺于解读经义的恶气，于是发表上述文章严厉斥责，以此警戒学人。他在文中强调禅门的见性悟道在于"心得"，应"得意忘言"而不应沉溺于语言文字。汉岩禅师引用禅门古训"莫存知解""休穿凿""恐上纸墨"旨在强调不要随语生解，穿凿章句，把舞文弄墨当成本分事而白生颠倒。但是这并不代表他反对看经。换句话说，他批判的是研读经典的态度，而不是排斥教学本身。

通读《定本汉岩一钵录》可知，汉岩禅师在禅院指导后学时曾向学人讲授过《金刚经》《梵网经》《华严经》等经典和《景德传灯录》《禅门拈颂》等禅语录，这说明汉岩在参禅的同时并不排斥

---

① 汉岩大宗师法语集编纂委员会：《定本汉岩一钵录》上册，五台山月精寺汉岩门徒会 2010 年版，第 54—57 页。

教学。不仅如此,汉岩还把禅师们对佛教经典的理解进行整理、编撰并出版刊行,劝同道在坐禅之余,日课诵读。其中比较有代表性的著作就是1937年在上院寺禅院出版发行的《金刚经三家解》,他在这本书的序文中说:

> 经云:"一切诸佛及阿耨菩提法,皆从此经出。"又云:"是经义与果报俱不可思议。"盖发无上菩提心,以入于不思议三昧者,舍此经奚以哉?余以是深感难遇之怀,每劝于同住道伴读诵受持。①

值得注意的是,汉岩的《金刚经三家解》是将涵虚得通(1376—1433)的《金刚般若波罗蜜经五家解说谊》中宗密(780—841)和傅大师(497—569)两家的解说删除后,仅保留了慧能(638—713)、冶父(1127—1130)、宗镜(904—975)三家的解说而集成的。这说明,汉岩虽然不排斥经典研读,但是在佛教经论的选择上是有取舍的,对于有碍于以"顿悟见性"为宗旨的参禅修行的、主张"禅教一致"的教学经论还是有所顾忌的。

对于汉岩劝读经典和祖师语录的行为,有人提出异议说:"西来密旨,非关文字。今使心学者记言逐句以助无明,可乎?"汉岩回答说:

> 但执文言而不如实参究,则虽阅尽大藏犹为魔魅。若本色人,言下知归,豁开正眼,则街谈燕语善说法要,况我祖师直

---

① 汉岩大宗师法语集编纂委员会:《定本汉岩一钵录》上册,五台山月精寺汉岩门徒会2010年版,第418页。

## 第四章　现代"三门修行"的演变及看话禅独尊

截警诲耶？是以不避讥嫌力主此事，使同行禅者时常披玩而体得奥旨，以为入道之宗眼矣。①

如果只是执着于言教而不能如实参究，那么必然被言语所系缚，即便读尽一切经典也只是个"门外汉"；如果能参透言下之意，回归本心，获得正见，那么在生活中的朴实言语中也可以体会到佛法的本质。由此可再次确认，在汉岩禅师看来，问题的关键不在于是否学习言教经典，而在于学习经典的态度。汉岩禅师鼓励参禅者在放禅之余时常把玩经典语录，进而体会其奥旨，说明在汉岩禅师这里参禅和看经并不是对立的，而是可以相融合的，体现了他"禅教融合"的修行观。②

3. 戒律观

汉岩禅师强调戒定慧三学不可偏废，他的戒律观在他整个佛学修行体系中占有举足轻重的地位，因此在这里单独设一小节加以论述。汉岩禅师曾说"不修戒行无以为人师表，不修禅定不能入如来德圆觉境界，不修智慧不能得佛法正眼"③，强调只有戒定慧无有偏废，并行无碍，才能成为真正的觉行圆满者。而汉岩禅师本人就是既精于禅法，又明于教学，同时又戒律清明的修行人，因而在后学者眼中他是"戒定慧三学圆满具足"的导师，是名副其实

---

① 汉岩大宗师法语集编纂委员会：《定本汉岩一钵录》上册，五台山月精寺汉岩门徒会2010年版，第421—422页。

② 有关汉岩禅师的禅教观，卞熙郁在《教学以后，教外别传以后——教外别传的解释学》（《哲学思想》2015年第55期）中有详细论述。文中首先解释了"教外别传"的意义，并以赵州、汉岩、宗密、宗杲为例，详细阐述他们的禅教观。

③ 汉岩大宗师法语集编纂委员会：《定本汉岩一钵录》上册，五台山月精寺汉岩门徒会2010年版，第11页。

的宗正。①

据汉岩禅师的门徒回忆：禅师每天凌晨 3 点起床礼佛，5 点吃早饭。吃斋后休息 30 分钟，然后去禅房坐禅。11 点吃午饭，晚上 5 点吃晚饭。汉岩禅师虽然午后不食，但所有修行一定共同参与，从不缺席。② 从其门徒的回忆中我们能够深刻地感受到汉岩禅师作为律师的风貌。在学人眼中他是个戒律十分严谨的人，是名副其实的律师。

汉岩禅师在为其尊师镜虚惺牛撰写的《先师镜虚和尚行状》中叮嘱后学："学和尚之法化则可，学和尚之行履则不可。"足见汉岩禅师耿直的性格，以及坚守戒律的意志和对佛教戒律的重视。在日本强占期间，韩国佛教迅速被允许"带妻食肉"的日本佛教同化的情况下，汉岩禅师为匡正韩国佛教的戒律观付出了巨大的努力。

1921 年汉岩禅师被推举为乾凤寺禅院祖室。在此期间他亲自制定并颁布了《禅院规例》。他强调说："学道非处众，难以琢磨成器。处众非规模，无以劝奖进业。其劝奖进业也，禅家之急先务，故兹陈几条则，以为将来龟镜。"③ 出家僧团是由以觉悟见性为目的的修行者构成的团体，因此为了维持宗团的正常修行和发展，有必要建立一种共同遵守的原则，这也是戒律产生的原因和必要性。汉岩禅师依据丛林清规设立了悦众、院主、知殿、书记、看病、供司、别座等各种职务，并指定了上堂说法的时间。《禅院规

---

① 汉岩大宗师法语集编纂委员会：《定本汉岩一钵录》上册，五台山月精寺汉岩门徒会 2010 年版，第 98 页。大隐讲伯（金素荷）在 1941 年汉岩禅师被推举为曹溪宗第 1 代宗正时曾写了一篇名为《（推举）大导师方汉岩禅师为宗正是正确的》的文章登载在《佛教时报》（1941 年第 72 期）上，称赞汉岩禅师是戒定慧三学具足的导师，是曹溪宗宗正的不二人选。

② 金光植：《令人怀念的导师——汉岩禅师》，民族社 2011 年版，第 269—270 页。

③ 汉岩大宗师法语集编纂委员会：《定本汉岩一钵录》上册，五台山月精寺汉岩门徒会 2010 年版，第 185 页。

例》如实反映了汉岩禅师对戒律的重视及其禅律兼修的修行观。

1926年汉岩禅师在五台山上院寺制定颁布了《僧伽五则》，僧伽五则规定了参禅、念佛、看经、仪式、守护伽蓝五则出家沙门所要遵守的本分事。

①参禅。参禅是修行人的本分事。禅是修行人的宝途。因而，若发愿成佛道，一定进禅门。看话禅修行为第一则。

②念佛。汉岩禅师所说的念佛不是指依他修行，而是立足于自性佛陀思想的唯心净土念佛。汉岩禅师认为一心念佛乃至无念就能成就念佛三昧，念佛三昧与禅定无异，体现了他"禅净一致"的念佛观。

③看经。出家僧侣作为人天师，必须具备智慧和教化众生的见识，因此，汉岩禅师规劝禅师们在参禅之余研读经论。但是，汉岩禅师提倡先参禅，在透得禅理之后再去看经。

④仪式。仪式是指寺院里奉行的大小佛教仪式。仪式作为表现教义的行为，是教化众生的宗教活动，也是宗教本身。汉岩禅师不仅邀请鱼山作法的法师来指导禅僧们的佛教仪式，还亲自整理了《小礼忏文》。可见他对佛教仪式的重视。

⑤守护伽蓝。守护伽蓝是指现实中的寺院维修和建设，同时也指向实现清净佛国土的精神。若修行者不具备参禅、念佛、看经、仪式等修行的善根，或不得已无法修行的情况，可以发愿外护伽蓝，待善根成熟再发心修行。

汉岩禅师强调修行者应在自家本分事上勇猛精进："参禅者疑情独露，惺寂等持；念佛者心口相应，一心不乱；看经者照了本性，超脱文字；守护伽蓝者善知因果，深达事理，供养礼敬；祈愿持咒者至心忏悔，消磨障业。"[①] 从修行方法上来看，参禅、念佛、

---

① 汉岩大宗师法语集编纂委员会：《定本汉岩一钵录》上册，五台山月精寺汉岩门徒会2010年版，第108—109页。

韩国佛教"三门修行"思想研究

看经继承了朝鲜后期确立的"三门修行"的传统,并且呈现出了以参禅为主,念佛和看经为辅的特点。另外,增加了仪式和守护伽蓝这两条僧侣的本分事,同时也体现了汉岩禅师维护佛教作为宗教的庄严性,建设真俗不二的佛国净土的修行理念。总的来说,《僧伽五则》确立了出家人的本分事,是汉岩禅师修行观的集中体现。

1942年汉岩禅师为了时刻提醒自己坚守出家人的本分,亲自做了《戒箴》挂在他的房中以示自警。《戒箴》内容分为禅定、持戒、不放逸三个部分,每个部分又分为八个条目,其中不放逸可以理解为防杜诸恶而专注于修善之精神作用,是共同作用于前两个部分的辅助条款。①《戒箴》的构造体现了汉岩禅师"禅戒兼修"的立场。具体内容如下:

戒箴
禅定宜以八法而得清净
一、常居兰若,宴寂思惟
二、不共众人,群聚杂说
三、于外境界,无所贪著
四、若身若心,舍诸荣好
五、饮食少欲
六、无攀缘处
七、不乐修饰,音声文字
八、转教他人,令得圣乐
又
持戒以具足八法而得清净

---

① 有关《戒箴》的构造及内容的具体分析可参照廉仲燮《〈戒箴〉的分析中体现出的汉岩的禅戒一致观》,《大觉思想》2015年第23期。

· 172 ·

## 第四章 现代"三门修行"的演变及看话禅独尊

一、身行端直

二、诸业淳净

三、心无瑕垢

四、志尚坚贞

五、正命自资

六、头陀知足

七、离诸诈伪不实之行

八、恒不忘失菩提之心

又

不放逸以八法而得清净

一、不污尸罗

二、恒净多闻

三、具足神通

四、修行般若

五、成就诸定

六、不自贡高

七、灭诸争论

八、不退善法

汉岩禅师在《戒箴》的最后写道："诸佛境界，当求于一切众生烦恼中，诸佛境界无来无去，烦恼自性亦无来无去，若佛境界自性异烦恼自性，如来则非平等正觉矣。"[①] 这句话道出了真俗不二的佛理，而禅定、持戒、不放逸三个部分则描述了一位真正出家人的日常。汉岩禅师就任宗正期间，他的《戒箴》先后被登载在

---

① 汉岩大宗师法语集编纂委员会：《定本汉岩一钵录》上册，五台山月精寺汉岩门徒会 2010 年版，第 132 页。

《佛教（新）》第 38 期（1942 年 7 月刊）和《佛教（新）》第 41 期（1942 年 10 月刊）上。这表明汉岩禅师的《戒箴》不仅被用于自警，同时也用在引领韩国佛教的清净禅风上。特别是在日本强占期间韩国佛教戒崩律坏的情况下，《戒箴》的颁布可谓引领韩国近现代佛教走向正路的灯塔。因此，可以说汉岩禅师的《戒箴》超越了自警文的范畴，象征着韩国曹溪宗团律仪的标尺。

通过以上论述，可以整理出汉岩禅师修行观的几个特点：第一，定慧双修的禅观。汉岩禅师在参禅的具体方法上继承了普照和镜虚禅师的禅法，主张"定慧双修"。所谓"定"就是指以参究话头为内容的禅定功夫，所谓"慧"就是指以智慧观照为内容的返照功夫。在看话与返照的关系上，汉岩禅师强调二者从修行效力上来看没有先后、深浅差别。觉悟彻底与否，在人不在法。另外在悟后修行上，根据自身的修行实践，他劝勉镜峰要时常通过经典语录检点自身的觉悟境界，切不可满足一时悟处而搁置了悟后修行，体现了他倾向于"顿悟渐修"的特点。第二，禅教融合的禅教观。汉岩禅师并不排斥佛教教学，鼓励修行人在参禅之余研读经典和语录。对于汉岩禅师来说，教学的意义不在于理论的探究和构建，而在于树立一种以觉悟自性为目标的世界观。禅宗以"不立文字，教外别传"为宗旨，在汉岩禅师看来，文字影响禅修问题的关键不在于是否学习言教经典，而在于学习经典的态度。若执着于言教，则必然被言语所系缚；若得意忘言，实参实修，必然见性解脱。学习文字的目的正在于要超脱文字。第三，禅戒并重的戒律观。在汉岩禅师看来，持戒是出家人为人师表的根本，参禅是出家人见性入道的根本，二者不可偏废。从他在乾凤寺禅院制定《禅院规例》，在五台山上院寺制定《僧伽五则》等的实际行动，以及《戒箴》以禅定和持戒为主体的构造中，足以表明他"禅戒并重"的戒律观。

第四章 现代"三门修行"的演变及看话禅独尊

综上所述,汉岩禅师一方面在修行方法上包容了参禅、教学、念佛乃至仪式、守护伽蓝等多种修行方式,对传统的修行法进行了全面的继承;另一方面在戒律守护上,严格按照丛林清规持戒修行,指导后学,匡正宗风,维系了韩国传统戒律的传承。可以说,无论从哪个方面来说,汉岩禅师都是佛教传统的继承者和发扬人。作为曹溪宗建宗初期的首任宗正,他将振兴佛教、发展佛教的方针指向了传统的继承和恢复。

## 二 现代的演变及看话禅独尊——退翁性彻

解放后,曹溪宗在汉岩禅师以继承佛教传统为目标,以《僧伽五则》为纲领的方针下开启了恢复传统、发展佛教之路。曹溪宗对传统的继承具体表现在:从佛教教学方面来看,僧伽教育仍然沿用了朝鲜后期确立的僧伽履历课程;在修行方面来看,仍然以看话参禅为主,以华严教学和念佛为辅。汉岩此后的几任宗正也大体上按照这一基本路线引领曹溪宗不断壮大、发展。然而,到了性彻禅师这里,韩国佛教的修行理念却发生了实质性的转变。

如前所述,1962年统合宗团曹溪宗成立以后,确立了徒弟养成、布教事业、译经刊行三大事业。1967年在曹溪宗的徒弟养成和禅风振作的旨趣下成立海印丛林,性彻禅师任第一任方丈,并确立了海印丛林"顿悟顿修"的看话禅风。后于1981年性彻禅师又被推举为曹溪宗第6代宗正,1991年连任第7代宗正。在任10余年期间,性彻禅师立足于自身的修行体验,专念于引导大众走向禅门正路,可以说性彻禅师的佛教观和修行论对现代韩国佛教产生了重要影响。下面就以性彻禅师的佛学思想及其修行观为例,看在性彻禅师的影响下现代曹溪宗的佛教修行发生了怎样的转变,呈现了哪些新的特点。

## （一）生平

有关性彻禅师的生平资料可参考东谷日陀（1928—1999）撰写的《退翁堂性彻大宗师行状》（1996年）[①]和碧海元泽（1944年至今）撰写的《性彻禅师行状》（2016年）[②]。性彻禅师生于陕川，俗名李英柱，号退翁，法名性彻。父亲尚彦，母亲晋州姜氏。性彻禅师10岁开始饱读儒书，1930年毕业于晋州中学。青少年时期，他阅读了大量有关东西方哲学、文化、逻辑学等方面的书籍。1935年性彻禅师读永嘉的《信心铭证道歌》，发心前往智异山大愿寺，以居士身份修行，后削发出家。

1936年性彻禅师拜海印寺白莲庵的东山慧日法师为恩师受戒得度，同年于雪峰和尚门下受比丘戒。此后10年间他往返于金刚山的摩诃衍寺、修德寺的定慧禅院、千圣山的内院寺、通度寺的白莲庵等地安居修行。特别是在梵鱼寺内藏庵修行期间，性彻禅师曾侍奉龙城禅师。1940年，29岁的性彻禅师在桐华寺金堂冬安居期间见性。1941年到1963年，他往来于松广寺、把溪寺圣殿庵、凤岩寺、妙观音寺、文殊庵阐提窟等地安居修行。

1965年，性彻禅师在闻庆金龙寺夏安居时首次开堂讲法，宣讲了《六祖坛经》《金刚经》《证道歌》及中道理论等。性彻禅师1966年住持海印寺白莲庵，1967年就任海印丛林第一任方丈。他就任方丈期间，演说了著名的《百日法门》，系统化了佛教的中道思想。性彻禅师1981年被推举为曹溪宗第6代宗正，在就任仪式上发表了"山是山，水是水"的法语，并于1991年连任曹溪宗第7代宗正。

---

[①] 东谷日陀（1928—1999）撰写的《退翁堂性彻大宗师行状》刻于海印寺内性彻禅师舍利塔旁的碑石上，并未出版成书。

[②] 元泽：《性彻大师侍奉录》（修订增补版），陕川藏经阁2016年版，第503—508页。

# 第四章 现代"三门修行"的演变及看话禅独尊

1993年11月4日他于海印寺堆雪堂入寂,世寿82,法腊58。性彻禅师上承东山慧日(1890—1965)法脉,为龙城禅师法孙。①

性彻禅师于1976年出版了《韩国佛教的法脉》,主张临济太古法统为韩国佛教的正脉。此后,相继出版了《禅门正路》(1981年),《本地风光》(1982年),《顿悟入道要门论》(1982年),《信心铭证道歌》(1986年),《直观自身》(1987年),《(敦煌本)六祖坛经》(1987年),《永远的自由》(1988年),《百日法门》(1992年)等著述。另外,还组织翻译出版了禅林古书丛书全37卷等。

(二)修行观

性彻禅师在1981年就任第6代宗正期间著述了《禅门正路》一书。其著书的目的正如书名一样是为了阐明禅门传统的修行方法,树立正确的禅修观。他博引了《大涅槃经》《六祖坛经》《宗镜录》《圆悟心要》等经论以及各种祖师语录中的核心内容,分19

---

① 性彻禅师法脉:唤惺志安→锦溪元宇→青坡慧苑→百忍泰荣→玩真大安→枕虚处华→草愚永瑄→南湖幸准→龙城震钟→ 东山慧日→ 退翁性彻。有关性彻禅师的法脉问题,目前韩国学术界还没有定论。一般性彻的门徒主张性彻继承了龙城→东山→性彻这一禅脉。然而,有关性彻禅师的传法和法脉这一方面还没有受学者们的重视。其理由有以下几点:第一,东山门徒们并没有把这一问题付诸公论。第二,有关性彻禅师传法和法脉的文献不足。第三,性彻对传法、恩法等带有批判意识。性彻在禅宗传法上强调与恩师相比应更加重视法脉,但同时他又强烈批判当时佛教界实行的不合法的建幢仪式。第四,性彻禅师本人并没有强烈表明自己是东山的传法弟子。据性彻的上座弟子们的口述可知,性彻禅师非常敬重东山慧日禅师,但是在理念上以及净化运动促进的方法上二者之间是有异见的。由于诸如此类的各种原因,有关性彻禅师的传法意识以及其法脉一直没有定论。但是,在性彻为东山撰写的碑文《东山慧日大宗师舍利塔碑》(1967年)中评价东山说:"实临济的骨,太古精血,此先师东山大宗师之家常也。"(《东山大宗师门集》,梵鱼寺东山门徒会1999年版,第335—342页)值得注意的是在碑文的署名处写着"门人 性彻 泣撰"。由此可以明确的一点是性彻自认是东山慧日门人。(以上有关龙城、东山、性彻法脉关系的内容主要参考了金光植《东山的法脉和传法——以龙城和性彻的关系为中心》,《电子佛典》2015年第17期。)

个章节详细阐述了禅宗的本来旨趣和禅修的具体方法，并且在书的后半部分提出了对"顿悟渐修说"的批判。可以说《禅门正路》是反映性彻禅师修行观的重要著作。下面就以《禅门正路》为主要研究资料，分析性彻禅师修行思想的特点。

1. 禅观

性彻禅师重视和坚持"明心见性"的禅宗根本原则。他在《禅门正路·绪言》中指出："禅门以见性为根本，见性就是彻见真如自性。"① 他在开篇第一章"见性即佛"中首先引用永明延寿《宗镜录》的章句"才得见性，当下无心，乃药病俱消，教观咸息"② 来说明什么是"见性"，他解释说：

> 真如慧日的无限光明虽恒常照耀法界，但被三细六粗的无明暗云遮蔽，众生不得见……若三细极微妄念灭尽无余，则廓彻大悟，洞见真如本性……《大乘起信论》中说见性即是远离微细的究竟觉……等觉以下的一切众生有念有心，因此才需要佛陀的圣教和法药……古人云："佛说一切法，为度一切心。我无一切心，何须一切法"，果然如此。诸佛的一切法门皆是为治愈众生业障而施设的方便。
>
> 然而，就像对于无病健康的人来说不需要起死回生的神方妙药一样，对于断然超越凡夫心、外道心、贤圣心、菩萨心等无量众生的一切心念，进而达到究竟无心地的大解脱人来说，无论是多么深玄奥妙的佛祖言教和观行对他来说也是不需要的。因此，只有到达了法药和众病俱消、圣教和妙观咸息的究竟无心地才是见性，才是彻证无上大道的绝学、无为闲道人的

---

① 退翁性彻：《禅门正路》，藏经阁1993年版，第2页。
② 永明延寿：《宗镜录》卷1，《大藏经》第48册，第419页。

## 第四章 现代"三门修行"的演变及看话禅独尊

境界。①

从上述内容可知,对于性彻禅师来说"见性"就是彻见真如自性;是远离微细的究竟觉;是断超一切心念,药病俱消,教观咸息的究竟无心地;是阿赖耶微细妄念灭尽的圆证佛果;是无余涅槃、大圆镜智。这些对见性境界的描述,体现了性彻禅师从修行结果上区别于教宗"解悟"阶段见性的不彻底性,突出禅宗"见性"的彻底性和完满性。另外,他还引用《宗镜录》中的下列章句:

> 见性即成如来。(《宗镜录》四十四)②
> 若顿见佛性,一念成佛。(《宗镜录》十七)③
> 若能谛观心性,即是见佛性,住大涅槃,即同如来。(《宗镜录》十一)④
> 于一切法见心自性,即是如实究竟之觉,即是顿成佛义。(《宗镜录》三十六)⑤
> 诸佛境界,广大无边,非情识知,唯见性能了。(《宗镜录》十八)⑥
> 亲到诸法无疑之处,吾心方知;顿照万境无相之门,见性方了,斯乃如来行处,大觉所知。(《宗镜录》九十六)⑦

---

① 退翁性彻:《禅门正路》,藏经阁1993年版,第9—10页。
② 永明延寿:《宗镜录》卷44,《大藏经》第48册,第672页。
③ 永明延寿:《宗镜录》卷17,《大藏经》第48册,第504页。
④ 永明延寿:《宗镜录》卷11,《大藏经》第48册,第476页。
⑤ 永明延寿:《宗镜录》卷36,《大藏经》第48册,第566页。
⑥ 永明延寿:《宗镜录》卷18,《大藏经》第48册,第513页。
⑦ 永明延寿:《宗镜录》卷96,《大藏经》第48册,第937页。

他解释说"见性即成佛,见性即住大涅槃,即同如来",进一步强调"见性"是佛教的"无上极果"。

性彻禅师主张"顿悟顿修"的禅修观。他指出:"见性即是顿悟。以寤寐一如,内外明彻,无心无念,常寂常照为内容。"① 他引用如下经论章句:

> 得旨即入祖位,谁论顿渐之门。见性现证圆通,岂标前后之位。(《宗镜录》一标宗章)②
> 
> 若直下无心,量出虚空之外,又何用更历阶梯。(《宗镜录》二十三)③
> 
> 诸圣分证,诸佛圆证。(《宗镜录》一)④
> 
> 无明若除,一时顿证。(《宗镜录》二十五)⑤
> 
> 祖佛圆证法界。(《宗镜录》七十八)⑥

他进一步解释说:

> 见性是无明永尽的究竟佛地,故是圆证、顿证,而非分证。因此,宗门的证悟见性一定不是以诸圣的分证而是以佛地的圆证为内容的。⑦
> 
> 若见性则现证大觉圆通,药病具消,教观咸息,故顿渐等

---

① 退翁性彻:《禅门正路》,藏经阁1993年版,第2页。
② 永明延寿:《宗镜录》卷1,《大藏经》第48册,第418页。
③ 永明延寿:《宗镜录》卷23,《大藏经》第48册,第544页。
④ 永明延寿:《宗镜录》卷1,《大藏经》第48册,第417页。
⑤ 永明延寿:《宗镜录》卷25,《大藏经》第48册,第560页。
⑥ 永明延寿:《宗镜录》卷78,《大藏经》第48册,第850页。
⑦ 退翁性彻:《禅门正路》,藏经阁1993年版,第28页。

## 第四章 现代"三门修行"的演变及看话禅独尊

各门和闲圣等位阶全不需要。若在修行上需要位阶和顿渐的话，则是以依病用药来妄灭证真，不是病差药除之究竟无心，绝不可称之为见性。①

见性则当下无心，故超脱一切地位、渐次。②

性彻禅师强调禅宗的见性是瞬间顿悟，而不是分阶段的渐次修行，体现了他"顿悟顿修"的修行观。

性彻禅师强调"人人具足见性成佛的能力"。他在第二章"众生佛性"中引用《大涅槃经》的章句，充分肯定众生见性成佛的能力，为其"顿悟顿修"的修行观提供了可行性理论依据。

一切众生，悉有佛性，佛法众僧无有差别。(《大涅槃经》二十一)③

一切众生悉有佛性，常为无量烦恼所覆故，不能得见。(《大涅槃经》十八)④

自性满足一切功德。(《大乘起信论》)⑤

自性具三身，发明成四智，不离见闻缘，超然登佛地。(《坛经》)⑥

---

① 退翁性彻：《禅门正路》，藏经阁1993年版，第27页。
② 退翁性彻：《禅门正路》，藏经阁1993年版，第28页。
③ 《光明遍照高贵德王菩萨品10》，《大般涅槃经》卷21，《大藏经》第12册，第487页。
④ 《大般涅槃经》卷18中没找到一致原文。《如来性品4》，《大般涅槃经》卷7，《大藏经》第12册，第407页有："一切众生悉有佛性，即是我义。如是我义，从本已来，常为无量烦恼所覆，是故众生不能得见。"
⑤ 《大乘起信论义记》卷3，《大藏经》第44册，第273页有："从本已来自性满足一切功德。"
⑥ 《六祖大师法宝坛经》卷1，《大藏经》第48册，第356页。

他解释说：

> 一切众生具有的真如本性，圆满具足诸佛的果德，故称之为佛性、法性、佛心、佛智等。佛性绝对平等，成就无上极果。完全具备广大无边智德的诸佛如来，抑或是极恶重罪的五逆十恶，乃至一阐提的众生都圆满具有，如来和众生本无差别。因此，善根绝灭的一阐提只要正见佛性也能成佛，这便是佛教的生命，是其他一切宗教都无法比拟的卓越的特色。①
> 
> 自性即佛性具备佛教的极果三身四智，圆满具有一切功行和德用，没有一毫的不足，诚可谓不思议中的不思议。所以，若彻见自性则一超直入如来地也是理所当然的。
> 
> 释尊对众生的最大贡献是发现了佛性。如果没有宣示佛性的存在和开发佛性的方法，众生将永作众生，度脱苦海的解脱之路将永远闭塞。因此，应依一切众生皆有佛性的大原理努力修行，成就法海自在无碍的大解脱道。②

人人本具佛性，若能明见自己的本性，就是见佛性，这也就是所谓的"见性成佛"。人人都圆满具足见性成佛的能力，"若未见性是不为也，非不能也"。这体现性彻禅师在修行主体上，比起个体根机的差别性，更注重人内在的具有根源性的同一性即佛性。既然众生圆满具足见性成佛的能力，那么通过什么样的方法修行才能"见性"呢？

性彻禅师指出见性的捷径就是"看话禅"。

---

① 退翁性彻：《禅门正路》，藏经阁1993年版，第33—34页。
② 退翁性彻：《禅门正路》，藏经阁1993年版，第38页。

## 第四章 现代"三门修行"的演变及看话禅独尊

> 见性的方法中参究佛祖公案是最快之捷径。佛祖公案极深难解,自在菩萨亦茫然不知,唯有大圆镜智能了知。若能明了公案,则自性彻见。因此,在圆证佛果即见性之前应专注在参究公案上尽力。圆悟一直苛责说不参究公案是大病。
>
> 若能打破公案彻见自性,则能圆满证得三身四智,全机大用一时现前,此为杀活自在、纵横无尽之正眼宗师,非正眼者不能继承佛祖之慧命。马祖弟子八十名中正眼三人,正如黄檗所指出的一样正眼极难。然而,个个本来毗卢顶上人,勿要自轻自屈,努力到底便能豁开正眼,成为出格大丈夫,此真可谓妙法中之妙法。[①]

性彻禅师指出见性的方法中参究佛祖公案是最快的捷径,在见性之前应尽力专注参究公案。在他整本著作中并没有主张参究公案与其他修行方法结合,只是强调要专注于参究公案,可见他"看话禅独尊"的倾向。然而,"禅门之旨,在乎内照,非笔可述,非言可宣",性彻禅师并没有详细阐述参禅的具体过程,仅指出参禅要过两个"关门",一个是"寤寐一如",另一个是"死中得活"。性彻禅师首先引用《懒翁集》中的相关章句解释了"寤寐一如"是怎样的境界。

> 工夫既到动静无间、寤寐恒一,触不散荡不失,如狗子见热油铛相似,要舔又舔不得,要舍又舍不得时,作么生合杀。(《懒翁集》)[②]

---

[①] 退翁性彻:《禅门正路》,藏经阁1993年版,第2—3页。
[②] 觉琔录,幻庵教正:《懒翁和尚语录》,《韩国佛教全书》卷6,第722页下栏。

# 韩国佛教"三门修行"思想研究

懒翁惠勤是高丽后期僧侣,曾作《工夫十节目》并将其作为修道的指针,这是第六节目。所谓"寤寐恒一",包括睡梦中和熟眠时两种。梦中位是第六识的领域,相当于教家的七地;熟眠位是第八识的领域,相当于教家的八地以上的阶位。性彻禅师解释说:

> 参禅悟道中通过寤寐一如是必须条件。若没能通过,则非见性、悟道。彻底证得超过十地等觉的究竟觉——无心,在真正的寤寐一如的境界永劫不昧为见性,保任大无心地为悟后履践,这是佛祖正传的铁则。实证究竟无心的宗师有可能会疑心其到了什么程度。若成就梦中一如就达到了华严七地,若成就了熟眠一如就达到了八地以上。禅门的正眼宗师,若没能透过寤寐一如的玄关,就不是见性;若在成就八地以上的熟眠一如以后开悟,那必定是究竟觉。①

根据唯识学理论,成就梦中一如则灭尽第六分别意识,成就熟眠一如则灭尽第八微细妄念。然而,此时正处于"一念不生,前后际断,身心寂灭"的"死地","神通光明不能发露"。换句话说,此时陷入了"无记空"中,"灵妙智慧"还未能显现,因此这时也不是真正的证悟。要到达"空寂灵知""寂照同时"的究竟地还需要通过"死中得活"的关门。性彻禅师举《大慧语录》章句强调通过最后"死中得活"关门时提起"话头疑情"的重要性。

> 老汉见圆悟老师举熏风自南来,忽然前后际断,如一缕乱丝,将刀一截截断相似,虽然动相不生,却坐在净裸裸处。老

---

① 退翁性彻:《禅门正路》,藏经阁1993年版,第108—119页。

## 第四章　现代"三门修行"的演变及看话禅独尊

师云:"可惜!死了不能活。不疑言句是为大病。绝后更生,欺君不得。"(《大慧语录》十七)①

性彻禅师解释说:

> 禅门将这样的前后际断的胜妙境界叫做死了不活,是极力排斥的。只有在此基础上彻悟,豁然大活,才能被印可为正眼。不疑言句是为大病。在大死后大活之前不可能领会佛祖公案的深玄妙旨。因此,对处在七地大菩萨位的大慧也建议极力参究言句……可见若不疑言句是为大病,参学高士要以此为万世的龟鉴。②

他指出:"粗重妄想灭尽,一念不生、前后际断的大死深处是第八魔境,非悟道、见性也。"③ 这时应时时刻刻提紧"话头疑情",保持常惺惺的状态,才能在"灭尽定"中"向上一路",进而"死中得活"。性彻禅师强调:"只有彻证寂照同时、寂照不立、明暗双双的究竟无心,才能罢参碧眼。"④

有关悟后修行,性彻禅师主张"保任无心"。他在"保任无

---

① 《大慧普觉禅师语录》卷17,《大藏经》第47册,第883页。"举僧问云门。如何是诸佛出身处?门曰:'东山水上行。'若是天宁即不然。如何是诸佛出身处?熏风自南来,殿阁生微凉。向这里忽然前后际断。譬如一缤乱丝将刀一截截断相似,当时通身汗出。虽然动相不生,却坐在净裸裸处得。一日去入室。老和尚曰:'也不易尔到这个田地,可惜尔死了不能活。'不疑言句,是为大病。不见道,悬崖撒手自肯承当,绝后再苏欺君不得。须信有这个道理。"
② 退翁性彻:《禅门正路》,藏经阁1993年版,第125—126页。
③ 退翁性彻:《禅门正路》,藏经阁1993年版,第132页。
④ 退翁性彻:《禅门正路》,藏经阁1993年版,第132页。

心"章中引用《坛经》中"已后，念念修行佛行"① 后解释说："若顿悟见性即是佛地，没必要悟后渐修，因此说修行佛行。这便是圆证无心后的无事行。"②

2. 教学观

性彻禅师在《禅门正路·绪言》开头便说：

> 灵鸠山顶，世尊拈花，此为指鹿为马；少林岩窟，二祖三拜，此为方衲圆凿。古今善知识的玄言妙句皆是向眼中洒沙。热喝和痛棒已非衲僧的本分事，怎又有睁眼做梦的客谈。入泥入水、不顾自身性命是古人的落草慈悲。正法相传岁久年深，种种异说横行，祖庭荒废。老拙虽称不上落草慈悲，但为了万世正法不惜眉毛，采集正眼祖师垂示法门，指示禅门正路。③

性彻禅师的教学观，从上面的这段话也可见一斑了。"师尊拈花，此为指鹿为马；二祖三拜，此为方衲圆凿"，旨在说明见性成佛的境界是一种内证体验，需要亲身修行实践才能体验到，是无法用言语文字准确表达出来的。古今善知识的玄言妙语、机锋棒喝只不过起到"指月之指"的作用。若学人不能领会古人的"落草慈悲"，不能做到"得意忘言"，实参实悟，那么古今善知识的玄言妙语也都是障碍明心见性的"眼中沙"。

因此，性彻禅师在"多闻知解"章中，引用各大经论的内容批判多闻知解。

---

① 《六祖坛经》卷1，《大藏经》第48册，第343页。"法达一闻，言下大悟，涕泪悲泣，白言：'和尚！实未曾转《法华》，七年被《法华》转，以后转《法华》，念念修行佛行。'大师言：'即佛行是佛。'其时听人，无不悟者。"

② 退翁性彻：《禅门正路》，藏经阁1993年版，第107页。

③ 退翁性彻：《禅门正路》，藏经阁1993年版，第1页。

## 第四章　现代"三门修行"的演变及看话禅独尊

譬人大惠施,种种诸肴膳,不食自饿死,多闻亦如是。(《华严经》五)①

譬如贫穷人,日夜数他宝,自无半钱分,多闻亦如是。(《华严经》五)②

他进一步解释说:

说食终不饱。即便研习、讲说八万法藏,如果不能实悟佛性,也无济于事。不仅如此,有言"广学多智则神识转暗",与此相同,于清净无垢的本有心境上,金口玉言反而成为尘垢。因此,广学多闻对于悟道来说是第一大障碍,是需要极力排斥的。不能让自己落到堆积如山的珍馐摆在面前,却被饿死的境地。只有实参实悟,才能洞见真如,成为大解脱、大自在人。

若不去开发自己心中的无尽宝库,只学习佛祖的言说的话,只会落得数他人宝贝的下场。若能断然废弃经论习诵这一修道上的第一障碍,能勇猛精进,发掘自己的宝藏,即使穷尽未来劫,其功德也不会穷尽,可见佛法是不可思议的。③

佛祖言教如同施与众生的一种"精神食粮",需要每个人亲身通过实参实修去消化理解,才能转化为自身的能量。佛祖言教是古今善知识实参实悟后的经验之谈,如果只拿别人的经验说事,而不去亲身实践,那么只能落到数他人宝贝的下场。佛祖言教虽然能起

---

① 《菩萨明难品 6》,《大方广佛华严经》卷 5,《大藏经》第 9 册,第 428 页。
② 《菩萨明难品 6》,《大方广佛华严经》卷 5,《大藏经》第 9 册,第 429 页。
③ 退翁性彻:《禅门正路》,藏经阁 1993 年版,第 197—198 页。

到一定的引导作用，但是对于本来清净的心境反而成为尘垢，因此性彻禅师指出："广学多闻对于悟道来说是第一大障碍，是需要极力排斥的。""若能断然废弃经论习诵这一修道上的第一障碍，能勇猛精进，发掘自己的宝藏，即使穷尽未来劫，其功德也不会穷尽。"可见，性彻禅师排斥言教是因为言教有碍于实修，目的在于强调"实参实修"。他进一步引用经论章句，引导学人对佛祖言教树立正确的认识观。

> 佛性非是作法，但为烦恼客尘所覆，若能断除，即见佛性，成无上道。(《大涅槃经》八)①
>
> 如来有言："奇哉！奇哉！此诸众生云何具有如来智慧，愚痴迷惑，不知不见？我当教以圣道，令其永离妄想执著，自于身中得见如来广大智见，与佛无异。"(《华严经》五十一)②

性彻禅师解释说：

> 佛性是众生所本有，非造作之法。只是被烦恼客尘所覆蔽，若断除烦恼即明见佛性，成就无上大道。《涅槃经》和《华严经》两大经中说明一切众生本具佛性，这是有史以来发表的有关人本有的真正价值、绝对性的一大宣言。由此，人得到了开发本有的绝对性，成就无上道的永恒的活路。

---

① 《如来性品4》，《大般涅槃经》卷8，《大藏经》第12册，第411页。"诸众生身亦复如是，虽有四大毒蛇之种，其中亦有妙药大王，所谓佛性非是作法，但为烦恼客尘所覆，若刹利、婆罗门、毗舍、首陀，能断除者，即见佛性成无上道。"

② 《如来出现品37》，《大方广佛华严经》卷51，《大藏经》第10册，第279页。

## 第四章 现代"三门修行"的演变及看话禅独尊

若佛陀没有通过无碍大智洞见众生具备佛性，没有把这个道理教示给众生，那么众生将永远不能脱离众生的领域。因此，八万宝藏的金口圣言其目的在于佛性的开发，若把言语文字的习得看作佛教的话，则是佛教的逆行。①

性彻禅师指出八万四千佛教典藏中记录的佛祖圣言目的在于佛性的开发，如果把语言文字的习得看作佛教的根本的话则是佛教的逆行，佛教的根本在于实参实悟。这一点在他的涅槃颂中有集中体现："平生欺诳男女群，弥天罪业过须弥。活陷阿鼻恨万端，一轮吐红挂碧山。"② 性彻禅师入寂前叮嘱门人说："别被我的话骗了，因为我一直在说谎。"③ 性彻禅师可谓真正彻底践行佛祖"依法不依人，依义不依语，依智不依识，依了义经不依不了义经"④ 宗旨的修行人。

通过以上分析，可以整理出性彻禅师修行观的几个特点：

第一，始终坚持"明心见性"的禅宗基本原则。性彻禅师强调禅门的见性是彻见真如自性，是远离第八阿赖耶识微细妄念的究竟觉，突出禅门"见性"的彻底性和圆满性。

第二，坚持"顿悟顿修"的修行观。基于性彻禅师对"见性"彻底性的强调，"见性"所对应的修行也不容许分阶段性的渐次修行，因此他强调禅宗的见性是瞬间顿悟，主张顿悟顿修。可见性彻禅师继承了六祖慧能南宗禅的"顿悟"思想。

---

① 退翁性彻：《禅门正路》，藏经阁1993年版，第49—50页。
② 这首涅槃颂是1993年11月性彻禅师入寂前所作的临终偈，后由其弟子圆泽在《性彻法师的行状与语录》（《退翁性彻大禅师的生涯和思想》学术会议，1994年10月）一文中首次公开发表。
③ 圆泽：《现代高僧—性彻，高僧讲法1》，藏经阁1995年版，第40—41页。
④ 《如来性品4》，《大般涅槃经》卷6，《大藏经》第12册，第374页。

第三，强调"人人具足成佛的能力"。他忽略个体根机的差别，注重人人具备的根本佛性，强调"若未见性是不为也，非不能也"，反映出他对修行主体的主观能动性要求非常高。

第四，强调见性的捷径就是"看话禅"。他并不主张参禅与其他修行方法的融合，强调专一参究祖师公案，反映出他"看话禅独尊"的倾向。可见他继承了唐末五代临济宗的看话禅风。

第五，关于悟后修行，性彻禅师反对"顿悟渐修"，主张"保任无心"。可见，他继承了马祖—黄檗—临济传承下来的"无心"思想。①

第六，关于教学观，性彻禅师在实际修行中极力反对多闻知解，警戒后学不要被语言文字系缚。

另外，强调看话禅是证悟的唯一捷径，主张"顿悟顿修"修行观也决定了性彻禅师反对"禅教一致"，而独尊南宗禅本来宗旨的禅教观。在性彻禅师看来，禅和教是两个范畴，禅有禅法，教有教法，禅教不能混同。因此，他特别反对混同禅教，混淆修行观，贻误后学的做法。

综上所述，从性彻禅师主张参究公案是"见性"的捷径到主张顿悟顿修，可见性彻继承了中国禅宗唐末五代的纯禅思想和北宋末年流行的参究公案之风。② 性彻禅师独尊看话禅的"顿悟顿修"修行观一反传统以看话禅为主，以华严教学和净土念佛为辅的三门融

---

① 有关性彻禅师的禅思想，辛奎卓在《韩国近现代佛教思想探究》（新文社2012年版，第436页）中评价性彻禅师是彻底的"本分主义者"。他从禅思想上体现的本分主义，阿赖耶识概念理解上体现的本分主义，佛教界现实对应上体现的本分主义三个方面阐述了性彻禅师禅思想的特点，他总结道："从性彻禅师的禅思想来看，他一方面继承马祖、黄檗、临济等传承下来的'无心'思想，一方面继承了六祖慧能南宗禅的'顿悟'思想，将二者结合起来树立了自己'顿悟无心'的佛教修行思想体系。"

② 魏道儒：《性彻与延寿禅学思想之异同》，《韩国禅学》2016年第45期。

合的修行观，使韩国现代佛教修行观有了新转变。不仅如此，他明确批判普照知讷"顿悟渐修"的修行观，掀起了韩国现代佛教界的"顿渐论争"。

### 三 顿渐论争的展开及其对三门修行体系的影响

"针对韩国禅正式提出顿渐问题，并且为顿悟顿修赋予生命的正是性彻禅师。"① 性彻禅师的顿悟渐修批判和顿悟顿修主张将韩国现代顿渐论争推向了高潮。性彻禅师在《禅门正路》中正面批判荷泽神会、圭峰宗密以及高丽时期的普照知讷主张顿悟渐修是违背禅门正统的异说。事实上，韩国现代顿渐论争不仅是个人层面的佛学观的论争，也是代表韩国禅宗最具代表性的两大丛林之间的论争。换句话说是在禅宗主导韩国佛教的大背景下，继承了普照思想和修行传统的松广寺与性彻禅师领导的海印寺之间在修行体系上的论争。

性彻禅师1981年著《禅门正路》正式提出对"顿悟渐修"的批判。时隔10年后，继承知讷"顿悟渐修"修行传统的松广寺于1990年通过"普照思想研究院"举行了主题为"佛教思想上的悟和修"国际学术会议。与之相应，支持性彻禅师"顿悟顿修"修行思想的海印寺为了宣扬性彻禅师的佛学思想1987年成立了"白莲佛教文化财团"，1996年又成立了附属"性彻禅思想研究院"，每年举行学术会议。韩国佛教的顿渐论争直到今天还在持续进行中。

整理以往顿渐论争的先行研究，大体有两种倾向：第一，对性彻禅师提出的顿悟渐修批判合理与否的探讨。这种倾向具体又分为肯定其合理性、否定其合理性及对顿悟顿修所具有的价值的综合评判三个方面。肯定性彻主张的主要从肯定知讷批

---

① 郑荣植：《顿悟顿修和祖师禅》，《顿渐思想的历史和意义》，性彻禅师诞辰100周年纪念第五次学术论坛，2012年，第84页。

判论据的合理性，肯定顿悟顿修的内容和意义①以及通过从禅宗传统上追踪顿悟顿修系谱等方式支持性彻的主张②。持否定观点的主要从指出性彻论据本身存在的问题，强调知讷顿悟渐修的意义和价值，主张看话禅的正统是顿悟渐修等间接方式批判性彻主张的不当。③ 对顿悟顿修所具价值的综合评判方面，比较有代表性的是从对华严及"通佛教"的传统认识方面入手，指出性彻"顿悟渐修"批判所内含的意义。④ 第二，对顿渐论本身的深入探讨。⑤ 然而，笔者认为"顿渐论争"不仅仅局限于"顿悟渐修"和

---

① 睦桢培：《〈禅门正路〉的根本思想》，《普照思想》1990年第4期；睦桢培：《顿悟思想的现代意义》，《白莲佛教论集》1993年第3期；尹元澈：《禅门正路的修证论》，《白莲佛教论集》1994年第4期；郑敬奎：《普照圆顿门的实体和性彻禅师的圆顿批判》，《白莲佛教论集》1994年第4期；徐明源：《从比较宗教学的观点看韩国佛教的顿渐论争》，《普照思想》2005年第24期；徐明源：《对性彻禅师的考察》，《佛教学研究》2007年第17期。

② 辛奎卓：《本地风光和临济禅风》，《白莲佛教论集》1994年第4期；朴商洙：《顿悟顿修的起源和主张者及佛教历史上的评价》，《白莲佛教论集》1994年第4期。

③ 金镐星：《顿悟渐修的新解释》，《觉悟，是顿悟渐修还是顿悟顿修？》，民族社1992年版；金镐星：《顿悟顿修中渐修说的问题点》，《觉悟，是顿悟渐修还是顿悟顿修？》，民族社1992年版；朴成陪：《关于性彻禅师的顿悟渐修说批判》，《觉悟，是顿悟渐修还是顿悟顿修？》，民族社1992年版；李钟翼：《禅修证上顿悟渐修的课题》，《普照思想》1990年第4期；姜健基：《普照思想中修的意义》，《觉悟，是顿悟渐修还是顿悟顿修？》，民族社1992年版；仁镜：《看话禅和顿渐问题》，《普照思想》2005年第23期。

④ 石吉延：《性彻顿悟顿修论的传统认识》，《白莲佛教论集》2005年第15期。

⑤ 姜惠远：《北宗神秀的顿渐观》，《觉悟，是顿悟渐修还是顿悟顿修？》，民族社1992年版；全慧洙：《澄观和宗密的顿渐观比较》，《觉悟，是顿悟渐修还是顿悟顿修？》，民族社1992年版；沈在龙：《从顿渐观看普照禅的位置》，《觉悟，是顿悟渐修还是顿悟顿修？》，民族社1992年版；朴成陪：《顿悟顿修论》，《觉悟，是顿悟渐修还是顿悟顿修？》，民族社1992年版；朴大源：《顿渐论的批判性研究》，《韩国思想史学》2001年第17期；李德辰：《顿渐论留下的课题》，《普照思想》2003年第20期；金邦龙：《看话禅和华严，是会通还是断绝》，《佛教学研究》2005年第11期；金镇戊：《禅宗的顿悟受容及展开》，《韩国禅学》2006年第15期。

## 第四章 现代"三门修行"的演变及看话禅独尊

"顿悟顿修"修行观上的论争,它指向的是以看话禅和华严学为内容的禅教关系问题。因此,本节试图重点从禅教关系方面对顿渐论争作进一步探讨。

(一) 退翁性彻的"顿悟渐修"批判及顿渐论争的展开

性彻禅师的"顿悟渐修"批判,其指向的对象涉及中国唐代的荷泽神会(684—785)、圭峰宗密和朝鲜高丽中期的普照知讷。下面整理一下性彻禅师顿悟渐修批判的核心内容。首先,考察性彻禅师对荷泽神会、圭峰宗密的批判。性彻禅师引证《法眼录》内容如下:

> 古人授记终不错,如今立知解为宗者,即荷泽是也。(《法眼录》)①

他进一步解释说:

> 荷泽是提倡解悟渐修的本源。六祖的授记明确切中,斥责其为知解宗徒。不仅是大法眼,达磨直传的正眼也如出一口排斥荷泽为知解宗徒。圭峰是荷泽的嫡统,不要被知解宗旨惑乱。②

性彻禅师引证《金陵清凉院文益禅师语录》指出提倡"解悟

---

① 法眼文益:《金陵清凉院文益禅师语录》卷1,《大藏经》第47册,第592页。"六祖示众云:吾有一物,无头无尾,无名无字,无背无面,诸人还识么?时荷泽神会出云:是诸法之本源,乃神会之佛性。祖乃打一棒云,这饶舌沙弥,我唤作一物尚不中,岂况本源佛性乎?此子向后设有把茅盖头,也只成得个知解宗徒。师云:古人受记人终不错。如今立知解为宗,即荷泽是也。"

② 退翁性彻:《禅门正路》,藏经阁1993年版,第204—205页。

渐修"的本源就是荷泽神会,而圭峰宗密继承了荷泽解悟渐修的修行思想,批判二者为"知解宗徒"。可见,批判的焦点在"知解"上。

接着,考察性彻禅师对普照知讷的批判。如前所述,普照知讷,号牧子牛,高丽中期著名僧侣,他最先提出了"惺寂等持门、圆顿信解门、径截门"三种修行法门,主张"禅教一致""定慧双修""顿悟渐修"。他的主要论著有《圆顿成佛论》(1185年)、《劝修定慧结社文》(1190年)、《修心诀》(1198年)、《看话决疑论》(1198年以后)、《念佛要门》①、《法集别行录节要并入私记》(1209年,以下简称《节要》)等。

性彻禅师引用知讷《节要》中的内容,并与其前期著作《圆顿成佛论》《劝修定慧结社文》《修心诀》等相比较,首先指出知讷前、后期佛学思想不一致的问题。

> 牧牛子曰:"荷泽是知解宗师。虽未为曹溪嫡子,然悟解高明,决择了然。密师宗承其旨,故今为因教悟心之者,除去繁词,钞出纲要,以为观行龟鉴焉"(《节要》)②

---

① 《念佛要门》这本书的单行本被名为林猗山的僧侣收藏,后被收录在1769年刊行的《三门直指》一书的第一章念佛门部分,并被命名为《念佛因由经》。《念佛要门》对朝鲜佛教的念佛观产生了非常重要的影响,朝鲜后期确立参禅、看经、念佛的"三门修行"体系过程中,《念佛要门》成为确立念佛门的根本理论。

② 普照知讷:《法集别行录节要并入私记》,《韩国佛教全书》卷4,第741页上栏。"牧牛子曰:'荷泽神会是知解宗师。虽未为曹溪嫡子,然悟解高明,决择了然。密师宗承其旨,故于此录中伸而明之,豁然可见。今为因教悟心之者,除去繁词,钞出纲要,以为观行龟鉴。予观今时修心人,不依文字指归,直以密意相传处为道,则溟涬然,徒劳坐睡,或于观行失心错乱,故须依如实言教决择悟修之本末以镜自心,即于时中观照,不枉用功尔。'"

## 第四章　现代"三门修行"的演变及看话禅独尊

今且约圆顿信解者言之尔，教外别传不在此限。（《节要》）①

上来所举法门，并是为依言生解悟入者，委辨法有随缘不变二义，人有顿悟渐修两门。然若依言生解，不知转身之路，虽终日观察，转为知解所缚，未有休歇时。故更为今时衲僧门下，离言得入，顿亡知解之者，虽非密师所尚，略引祖师善知识，以径截方便，提接学者，所有言句，系于此后，令参禅峻流，知有出身一条活路耳。（《节要》）②

**性彻禅师解释说：**

普照在《结社文》和《修心诀》中力说荷泽和圭峰的顿悟渐修是达磨正传，而在后来的《节要》中却明确阐明荷泽和圭峰作为知解宗徒不是曹溪嫡统，他们顿悟渐修的思想是依言生解的教家，不是离言亡解的禅门。这些表明了普照思想的转变。

从普照的著述年代来看，《结社文》是三十三岁所著，《节要》是其入寂前一年，即五十二岁所著。他的修道过程在碑文上有明确记载"四十一岁上无住庵，物不碍膺，雠不同所，当下安乐，慧解增高"，可以看出随着修道的进展他的思想是逐步提高的。《修心诀》的撰述年代不详，但其内容和《结社文》相同，因此可以断定是其早年著述。

---

① 普照知讷：《法集别行录节要并入私记》，《韩国佛教全书》卷4，第752页上栏。
② 普照知讷：《法集别行录节要并入私记》，《韩国佛教全书》卷4，第764页上栏。

普照著述《结社文》和《修心诀》时是其混同禅教，并主张教家的顿悟渐修是达磨禅宗的时候，后来随着慧解的提高，在晚年醒悟早前的错误，宣说禅宗是径截门。①

《劝修定慧结社文》和《修心诀》是知讷的早期著作，是以调和禅教关系为目的，以"禅教一致""顿悟渐修"思想为基础而撰写的著述。性彻禅师指出，知讷在前期著作《劝修定慧结社文》和《修心诀》中力说主张顿悟渐修的荷泽和圭峰是达摩的正传，可在详述"顿悟渐修"修行法的《节要》中开篇就断言荷泽是"知解"宗徒，并在论述"顿悟渐修"部分的结语中指明顿悟渐修是教家圆顿信解者之言，不是禅宗的教外别传思想。性彻还指出知讷在全书的结尾介绍说"有一种离言得入，顿妄知解的参禅峻流的径截门，是去除知解大病的转身活路"，这说明知讷也认同"知解"是禅门最大的禁忌，圆顿知解不同于教外别传。在性彻禅师看来，知讷前、后期著作思想倾向不一致是由于随着慧解的提高，他的思想发生了转变。性彻禅师进一步断言："普照当年都阐明了顿悟渐修不是禅宗，可到了八百年后的今天，凭借普照来主张顿悟渐修是禅宗，这是绝对不能容忍的。最初阐述顿悟渐修的普照本人都断言顿悟渐修的元祖荷泽和圭峰是知解宗师，那么不论是谁，只要是信奉顿悟渐修思想的全部都是知解宗徒。"②

性彻禅师又列举了知讷晚期著作《看话决疑论》中指出圆顿信解的局限性，高扬看话径截门的章句，进一步为自己的主张提供论据。

---

① 退翁性彻：《禅门正路》，藏经阁1993年版，第209页。
② 退翁性彻：《禅门正路》，藏经阁1993年版，第206—210页。

## 第四章　现代"三门修行"的演变及看话禅独尊

圆顿信解门则以有语路、义路，闻解思想故，径截门则无有语路、义路，未容闻解思想故。(《看话决疑论》)①

然此义理虽最圆妙，总是识情闻解思想边量故，于禅门径截门，一一全拣佛法知解之病也。(《看话决疑论》)②

圆顿信解，如实言教，如恒河沙数，谓之死句，以令人生解碍故。并是为初心学者于径截门活句，未能参详故，示以称性圆谈，令信解不退转故。(《看话决疑论》)③

性彻禅师解释说：

圆顿门的顿悟是十信初心的解悟，因此需要渐修，来断除闻解思想。

至圆极妙的圆顿玄门在禅宗径截门中也是知解大病，因此普照也在以证悟为中心的看话径截门中给予排斥，而另为教家别撰了解悟思想的书即《圆顿成佛论》。由此，在离言忘解的证悟上，依言生解的解悟是大病。④

首先，性彻禅师通过上述引文确定了知讷提出的"圆顿信解门"中的顿悟是有语路、有义路的"解悟"。他进一步指出正因为圆顿信解门中的"顿悟"是"解悟"，需要渐次修行来断除知解获

---

① 普照知讷：《看话决疑论》，《韩国佛教全书》卷4，第733页上栏—中栏。"又若约圆顿信解门，则此十种知解之病，亦为真性缘起，无可取舍。然以有语路、闻解思想故，初心学者亦可信受奉持。若约径截门，则当于亲证密契，无有语路、义路，未容闻解思想故，虽法界无碍缘起之理，翻成说解之碍。若非上根大智，焉能明得，焉能透得耶？"
② 普照知讷：《看话决疑论》，《韩国佛教全书》卷4，第733页上栏。
③ 普照知讷：《看话决疑论》，《韩国佛教全书》卷4，第733页上栏。
④ 退翁性彻：《禅门正路》，藏经阁1993年版，第211页。

得证悟，这是被禅门所排斥的，因此知讷为教家另外撰写了以解悟思想为中心内容的《圆顿成佛论》。

性彻禅师引用《看话决疑论》的内容：

> 禅宗教外别传径截门，超越格量故，非但教学者难信难入，亦乃当宗下根浅识茫然不知。(《看话决疑论》)①
>
> 故云教外别传，迥出教乘。(《看话决疑》)②
>
> 夫参学者须参活句，莫参死句。活句下荐得，永劫不忘；死句下荐得，自救不了。(《看话决疑论》)③

进一步解释说：

> 普照圆寂后，发现在他的《看话决疑论》中他总结说以顿悟渐修为内容的圆顿信解完全是知解，因而是死句，而教外别传的禅宗径截门是活句。并且反复强调参学者应当参究离言忘解、永劫不忘的活句，不应参究依言生解、自救不了的死句。
>
> 在混同禅教的早期著述《结社文》和《修心诀》中推崇顿悟渐修为大宗的普照自身都在晚年时宣说教外别传迥出教乘，规定了顿悟渐修是知解死句，不是禅宗径截门活句。今天如果有人再宣说顿悟渐修是禅宗，那么这不仅违背禅宗正传，也没有正确理解普照，这种见解是愚昧的。教外别传的达磨儿孙，不要成为禅门最大禁忌荷泽和圭峰的知解宗徒。④

---

① 普照知讷：《看话决疑论》，《韩国佛教全书》卷4，第735页中栏。
② 普照知讷：《看话决疑论》，《韩国佛教全书》卷4，第736页中栏。
③ 普照知讷：《看话决疑论》，《韩国佛教全书》卷4，第737页上栏。
④ 退翁性彻：《禅门正路》，藏经阁1993年版，第213页。

## 第四章 现代"三门修行"的演变及看话禅独尊

性彻禅师指出知讷在晚年的著作中规定"顿悟渐修是知解死句,不是禅宗径截活句",并且反复强调"参学者应当参究离言忘解、永劫不忘的活句,不应参究依言生解、自救不了的死句",说明顿悟渐修不是禅门的修行法。

最后,性彻禅师批判知讷明知以顿悟渐修为内容的解悟是禅门最禁忌的知解,却没有彻底摒弃,始终固守圆顿思想,那么他就不是禅门的本分宗师,其思想的主旨是内教外禅的"华严禅"。

> 已经明确以顿悟渐修为内容的解悟即圆顿信解是禅门最禁忌的知解,那么就应彻底抛弃才对。在禅门正传的本分宗师看来,秋毫的知解都是断绝佛祖慧命的邪知恶解,因此,只会反对,不会劝修一言半句的知解。然而,普照一方面批判圭峰的解悟思想是知解,另一方面却在《节要》《圆顿成佛论》等中未能丢掉解悟思想,并加以宣扬。普照虽然在晚年明确宣说圆顿解悟不是禅门,但因其始终固守圆顿思想,所以普照不是禅门标准的直指单传的本分宗师,他的思想主旨是华严禅。
> 
> 他在阐述禅门是证智的《决疑论》结尾部分还宣扬教宗的圆顿信解参意门,可见普照的内教外禅的思想是很明显的。[①]

整理以上阐述的性彻禅师"顿悟渐修"批判的内容可以得出以下几个核心论点:第一,指出"顿悟渐修"中的顿悟是"解悟"。第二,指出"解悟"是有语路有义路的"知解",是禅门的最大禁忌。第三,由此,顿悟渐修不是禅门的修行法,应该极力排斥。综合以上三点可知,性彻批判的核心问题在"解悟"。另外,性彻禅师还指出知讷一方面强调须参径截活句,另一方面又固守圆顿思

---

① 退翁性彻:《禅门正路》,藏经阁1993年版,第214页。

想，评价其思想主旨是内教外禅的"华严禅"，批判他不是禅门的本分宗师。从这一点可知性彻禅师反对禅与教的融合，在修行上强调禅法的纯粹性。综上可知，性彻禅师"顿悟渐修"批判的核心在"解悟"上，而其最终指向的则是禅教关系。

佛教修行大抵可以分为顿悟顿修、顿悟渐修两大类。顿渐论争的症结在于对"顿悟"的理解：一种把顿悟理解为修行过程中的一次"解悟"，主张分证渐修，教家倾向此类修行法；另一种认为顿悟就是彻底的"证悟"，主张圆证无心，禅门强调此类修行法。针对把教家"顿悟渐修"中的"顿悟"与禅门的"顿悟"概念混同的现象，性彻禅师进一步展开论述。他通过对"解悟"和"证悟"的解释论述了"悟"的深浅，明确表明了他排斥"解悟"的鲜明立场。

> 彻见心性，当下无心，则涅槃心和如来心也未能求觅，又何从论解悟和证悟。众生的根性各异，往往误入邪路，认贼为子的实例很多，故方便上假借解悟和证悟试论一下证悟的深浅、邪正。
> 大抵解和证在相反的立场上，解是初始，证是终极。在思量分别的妄识中明白、了解性相佛法知见称为解悟，妄识永灭，知见荡尽，到达究竟的玄极处称之为证悟。此证悟在教家被分成各类，而在禅门证悟就是圆证。
> 教家在信、解、修、证的原则下从解悟始发，历经修行三玄十圣的诸位，渐入终极证悟即妙觉。然禅门的悟即见性，是现证圆通的究竟觉，因此否定分证和解悟，以超越三玄十圣直入无余涅槃的无心地即证悟为铁则，这就是禅门高唱的一超直入如来地。
> 诸圣的分证属微细知解而非见性。因为即便有秋毫的知解

## 第四章 现代"三门修行"的演变及看话禅独尊

残留都不能证悟,一切知见解会彻底荡尽才能见性,故分证和解悟是修道上的一大障碍即解碍,是绝对要排除的。这也是禅和教不同的立场,是禅门的特征和命脉。若将玉石混同疑惑后学,则是犯了断绝佛祖慧命的重大过误。

如上所述,佛祖正传的见性是以远离微细、永断无明的真如无心,无余涅槃,究竟觉,如来地为内容的圆证顿证的证悟。因而,正传的大宗匠不认可非圆证的见性,并且将分证和解悟看作是邪知恶解、妄识情见,极力痛斥。但是,往往存在把危害禅门的弊病即分证和解悟看作是见性的异说,千万不要被这样的异说眩惑。现证圆通,阔然见性,在究竟无心地阐扬佛祖正传,开导群迷,这才是圆证见性的正眼宗师。①

性彻禅师首先阐明"解悟"和"证悟"的含义,他指出"解"和"证"在相反的立场上,"解"是初始,"证"是终极。解悟是通过思量分别了解佛法知识的初始阶段,而证悟是妄识永灭,知见荡尽,一超直入如来地的终极果位。教家在信、解、行、证的渐修原则下从解悟出发,通过阶段性的修行渐次抵达终极果位;而禅门在"直指人心,见性成佛"的宗旨下,主张转念与佛性契合的瞬间即妄识永灭,本体现前,没有始终,初始即终结,没有阶段性可言,强调证悟的瞬间完成性和彻底性。性彻禅师对"解悟"和"证悟"的论述旨在阐明虽然教家和禅门都使用"顿悟""见性"这样的用语,但是其实质内容是完全不同的,不能玉石混同,误导后学。

性彻禅师还通过对比教家和禅门对"理须顿悟,事要渐修"这句话的不同理解进一步阐明禅与教在修行思想上的差别。他引用《圆悟心要》如下内容:

---

① 退翁性彻:《禅门正路》,藏经阁1993年版,第30—32页。

于一念不生处，明悟此心。虚而灵，寂而照，内外洞然，唯一真实，便能随所作为皆是透顶透底大解脱金刚正体也。要须了悟此心，然后修一切善。平持此心，无我人无爱憎，无取舍无得失，渐渐长养。所谓理须顿悟，事要渐修，离诸妄缘，悠然澄净，然后奉行一切善，饶益有情。（《圆悟心要·答胡尚书悟性勤善文》）①

进一步解释说：

这是在一念不生处廓彻明悟，成就虚灵寂照的大解脱后，修行一切诸善，饶益有情的圆证圆修。往往有把此法语中"理须顿悟，事要渐修"这句话与圭峰的顿悟渐修混同的现象。然而，圭峰的顿悟是心中有妄，而其渐修是心中除妄；圆悟的顿悟是心中无妄，而其渐修是事上修善，因此圭峰的渐修是除业，而圆悟的渐修是积善。顿悟渐修的名称同一，但其内容却南北相反。再有，之所以将修善称为渐修，是因为诸善不能一时尽行。圆悟的悟后修行无论何时都是大解脱圆证以后的不污染的修，因此其实是圆修。

圭峰在《都序》中规定顿悟顿修是"一念不生前后际

---

① 圆悟克勤：《佛果克勤禅师心要》卷2，《续藏经》第69册，第474页。"于一念不生处明悟此心。况此心能生一切世出间法。长时印定方寸，孤迥迥活泼泼，才生心动念即昧却此本明也。如今要直截易透，但放教身心空劳劳地，虚而灵、寂而照，内忘己见，外绝纤尘，内外洞然，唯一真实……便能随所作为皆是透顶透底大解脱金刚正体也。要须先悟了此心，然后修一切善……当平持此心，无我人、无爱憎、无取舍、无得失，渐渐长养三十二十年，逢顺违境界得不退转。到生死之际，自然悠然，无诸怖畏。所谓理须顿悟、事要渐修。多见学佛之俦，唯以世智辩聪，于佛祖言教中違掠奇妙语句，以资谭柄逞能逞解，此非正见也，应当弃舍。冥心静坐，忘缘体究，逗到彻底玲珑，于自家无价无尽宝藏中运出，何有不真实者哉？却须先悟了本来，明见即心即佛正体，离诸妄缘，悠然澄净。然后奉行一切众善，起大悲饶益有情。"

## 第四章 现代"三门修行"的演变及看话禅独尊

断",然而若住著意念不生处,则非正悟,非真无心。因此,禅门正传的悟后保任一定是以于一念不生处彻证无心为前提,这要从顿修圆证后开始。保任长养是指妄灭证真,病差药除的无念无生的大休歇、大解脱的究竟地。所以,参学高人只以佛祖的正传为标准,不应追从余外的异说。①

性彻禅师指出在对"理须顿悟,事要渐修"这句话的理解上禅门和教家不同,然而往往有把这句话与圭峰的顿悟渐修混同的现象。圭峰所说的顿悟是不彻底的"解悟",心中仍然有妄念,需要经过渐次修行去除妄念;而圆悟所说的顿悟是彻底的"证悟",心中已无妄念,渐修是以圆证无心为前提的"事上修善"。由此可知,圭峰的渐修是"除业",而圆悟的渐修是"积善",二者所说的顿悟渐修虽然名称相同,但内容却南北相反,是有本质区别的。由此可知,性彻禅师对"解悟"和"顿悟"概念的分析以及对"理须顿悟,事要渐修"教家和禅门不同理解的对比,旨在阐明禅与教在修行思想上的差别,强调盲目融合禅教会误导后学;体现了他反对"禅教一致",坚持划清禅教界限的禅教观;明确表明了他彰显禅宗本来旨趣,追求纯禅思想的立场。

性彻禅师对知讷的批判还具体体现在对僧伽履历课程的调整上。由前述可知,17 世纪确立了僧伽履历课程:①沙弥科(1—3 年):受十戒,朝夕诵咒,学习《般若心经》《初心文》《发心文》《自警文》《沙门律仪》《缁门警训》《禅林宝训》;②四集科(2 年):学习《禅源诸诠集都序》《大慧普觉禅师书》《法集别行录节要并入私记》《高峰和尚禅要》;③四教科(4 年):学习《首楞严经》《大乘起信论》《金刚般若经》《圆觉经》;④大教科

---

① 退翁性彻:《禅门正路》,藏经阁 1993 年版,第 104—105 页。

(3年)：学习《华严经》《禅门拈颂》《景德传灯录》。履历课程虽然是在"禅教兼修"的旨趣下设置的，但从内容上可以明显看出教学内容是从禅的立场出发，以禅思想的理解和体系化为目标而编制的。换句话说，履历课程的最初确立就是以"禅主教从"和"舍教入禅"的思想背景下，立足于以修禅悟道为目的的方法论而设置、编制的。曹溪宗的代表丛林海印寺的讲院教育和修行体系也是在这一基础上形成的。特别值得注意的是，性彻禅师首任海印丛林方丈以后，将四集科中带有"禅教一致"思想的宗密的《禅源诸诠集都序》和知讷的《法集别行录节要并入私记》删除，用强调"顿悟见性"禅法的《大珠禅师语录》①和《六祖坛经》取而代之。② 可见，现代曹溪宗虽然在修行体系构建上仍然以禅和教为主体③，然而以讲院为中心的佛教教学体系实际上并不是为了发展教学本身，而是具有强烈的辅助参禅修行的性格，而到了性彻禅师任宗正时期，这种倾向性就更加明显了。

由此可知，"顿悟渐修"批判产生的根本原因在于性彻禅师和普照知讷对禅教关系的立场不同。从韩国佛教传统上来看，看话禅、华严教学、念佛净土共存。因此，主张"禅教一致"的圭峰宗密的著述一直是韩国僧伽履历课程的重要教科书之一。受圭峰宗密

---

① 大珠慧海：唐代高僧，生卒年代不详。俗姓朱，福建人，在越州大云寺智和尚座下剃度出家，于马祖道一处得法。著有《顿悟入道要门论》。
② 尹钟甲：《现代曹溪宗出家者的修行形态和体系》，《东亚佛教文化》2009年第3期。
③ 现今曹溪宗的教学和修行机构主要是以讲院和禅院为主。教学分为：①基础教育（行者教育院）；②基本教育（僧伽大学）；③专门教育（学林、僧伽大学院、律院、禅学研修院）；④再教育（中央研修院）；⑤特殊教育（特殊学校）。修行分为：①基础禅院；②专门禅院（一般禅院、丛林禅院、特别禅院）；③其他修行机关（念佛院、忏悔院等）。（尹钟甲：《现代曹溪宗出家者的修行形态和体系》，《东亚佛教文化》2009年第3期）

## 第四章 现代"三门修行"的演变及看话禅独尊

佛学思想的影响,立足于华严教学传统的"顿悟渐修"修行思想成为韩国佛教的传统修行思想。然而中国南宗禅却建立了与上述教学传统不同的修行传统,即"顿悟无心"的修行思想。对于这两个不同的修行思想,普照知讷试图立足于"历时"的观点将二者全部包容到他的思想体系中,主张"顿悟渐修"的修行观。而性彻禅师却反对禅教混同,坚持南宗禅修行传统,主张"顿悟无心"的修行观。①

那么,二者为什么会持有不同的禅教观乃至修行观呢?这与他们所处的不同时代背景有密切关系。据李能和对韩国佛教的特点做的时代划分可知,高句丽小兽林王时期以后五百年期间为"经教创兴时代",新罗宪德王以后至高丽初为"禅宗蔚兴时代",高丽初期至末期约400年间为"禅教并隆时代"。从韩国佛教发展史上可以发现一个特点,那就是新罗时期禅宗的传入和兴起并没有带来教学的衰落,九山禅门的出现并没有确保禅门的绝对优越地位,高丽整个时代呈现出禅教并隆的现象。高丽中期华严与禅的并存发展可以说是知讷兼顾华严,阐扬看话禅,主张"顿悟渐修"修行思想的主要原因之一。知讷以后,朝鲜时期在"禅教两宗"体制下立足于华严教学传统的"顿悟渐修"修行思想仍是主流。而到了性彻所处的现代时期,统合宗团曹溪宗成立,韩国佛教被统合为以"直指人心,见性成佛"为宗旨的禅宗。在现代禅宗独大的情况下,对于性彻禅师来说不需要再考虑华严教学的影响势力,作为曹溪宗的宗正首要任务就是确立韩国佛教的本体性,明确韩国禅门的南宗禅临济法统,并在此基础上提出符合曹溪宗宗旨的修行体系。笔者认为这也是性彻禅师反对"顿悟渐修",独尊看话禅,坚持主张"顿悟顿

---

① 辛奎卓:《退翁性彻禅师的禅思想》,《韩国近现代佛教思想探究》,新文社2012年版,第433页。

修"的南宗禅修行传统的主要原因之一。但值得注意的是，普照知讷与性彻禅师都认同看话禅在修行法上的卓越性。虽然二者在阐扬看话禅这件事上所选择的方法和路线不同，但弘扬看话禅的目的是相同的。从这点来看，可以说性彻禅师是站在以普照知讷为起点而展开的韩国禅思想史的延长线上的。①

（二）顿渐论争的意义及影响

我们应该明确的一点是：普照知讷的修行思想融合了宗密的"顿悟渐修"和大慧宗杲的看话禅观。然而，普照知讷的这种修行思想与南宗禅传统的"顿悟无心"是有一定距离的。而发现了这个距离并将南宗禅传统更加鲜明地贯彻到以"直指人心，见性成佛"为宗旨的"大韩佛教曹溪宗"的人正是性彻禅师。②

结合性彻禅师所处的时代及他在韩国现代佛教界所处的地位来看，性彻禅师的"顿悟渐修"批判和"顿悟顿修"主张内含了以下几点重要意义：

第一，在经历了日本强占期的宗教殖民后，统一宗团曹溪宗建立初期，性彻禅师批判以往禅教两宗体制下形成的立足于禅教融合的"顿悟渐修"修行观，反对混同禅教，主张"顿悟顿修"，把韩国禅引向了回归南宗禅本来旨趣的正路，确立了契合"直指人心、见性成佛"的曹溪宗宗旨的修行体系。

第二，强调看话禅是证悟的唯一捷径，旨在立足于南宗禅修行传统，明确韩国禅门是继承南宗禅临济一脉的宗统认识。

第三，指出混同禅教引起的佛教概念理解的偏差，明确了禅门见性的标准。佛教强调"正见"，有"正见"才能有"正行"。同

---

① 石吉延：《性彻顿悟顿修论的传统认识》，《白莲佛教论集》2005年第15期。
② 辛奎卓：《退翁性彻禅师的禅思想》，《韩国近现代佛教思想探究》，新文社2012年版，第437页。

## 第四章 现代"三门修行"的演变及看话禅独尊

一佛教用语在不同的佛教派别、不同的思想体系中含义是不同的,因此"会通"的前提是要明确"区分"。韩国长期以来融合禅教的传统,在理论上使禅教概念混同,在修行上使修行观模糊不清,性彻禅师的"顿悟渐修"批判具有明晰佛教概念、明确见性标准的作用和意义。

性彻禅师的"顿悟渐修"批判引起了现代"顿渐论争",促进了韩国佛教界乃至学界对顿渐修行法的深入探讨,以及对韩国禅的本质和特点的再认识。同时也向曹溪宗提出了一个需要直面的课题,那就是要明确以看话禅和华严为内容的禅教关系。因为只有明确了禅教关系才能明确以曹溪宗为代表的韩国佛教的整体性。性彻禅师的"顿悟渐修"批判和"顿悟顿修"主张促进了传统修行法的现代演变,将韩国禅门引向了回归南宗禅修行传统之路,影响了一代僧众的修行观。

### 四 现代三门整体结构的特点

综上所述,解放后,韩国佛教统一宗团曹溪宗成立,恢复韩国传统佛教成为韩国佛教界的首要任务。汉岩禅师作为建宗初期的首任宗正,在修行方法上包容了参禅、教学、念佛等多种修行方式,主张"禅教融合""顿悟渐修",对传统的修行法进行了全面的继承。到了第6、7代宗正性彻禅师这里,他一反传统修行观,坚持彰显禅宗本来旨趣,"独尊"看话禅,主张"顿悟顿修"。这样,传统的"三门修行"体系中禅的中心地位被最大化,径截门成为唯一的修行法门,而以华严教学为内容的圆顿门和以净土念佛为内容的念佛门被排除在外,名存实亡。可以说,传统的"三门修行"体系到了性彻这里就变成独尊看话禅一门了。

性彻禅师的修行思想对韩国佛教界的影响是巨大的。从他历任海印寺方丈,连续两届历任曹溪宗宗正,引领现代韩国曹溪宗近30

年的历史事实来看,他的佛学思想和修行观对现代韩国佛教是有着绝对性的影响力的,足以带动现代韩国佛教修行观的新转变。事实也是如此,在性彻禅师的影响下,韩国佛教界开始大力推进"禅林古镜丛书"的出版事业,集中翻译出版与禅相关的佛教典籍。"禅林古镜丛书"系列共分两辑,从1988年开始至1993年已经完成了第一辑(共三十七卷)禅文献的翻译出版,内容如下:

表4-2　　　　　　　　"禅林古镜丛书"第一辑

| 序号 | 文献名 | 作者 |
| --- | --- | --- |
| 1 | 禅林宝典 | 第一卷《敦煌本坛经》[包括西山(1520—1604)的《禅教诀》]<br>第二卷《顿悟入道要门论》(大珠慧海)<br>第三卷《传心法要》、《宛陵录》(黄檗希运,？—855)<br>第四卷《信心铭》(三祖僧璨)<br>第五卷《证道歌》(永嘉玄觉,637—713) |
| 2 | 山房夜话 | 中峰明本(1263—1323) |
| 3 | 东语西话 | |
| 4 | 缁门崇行录 | 云栖祩宏(1535—1615) |
| 5 | 参禅警语 | 博山无异(1575—1630) |
| 6 | 禅林宝训 | 妙喜大慧(1088—1163),竹庵士珪(1082—1146) |
| 7 | 林间录 上 | 慧洪觉范(1071—1128) |
| 8 | 林间录 下 | |
| 9 | 五家正宗赞 上 | 希叟绍昙(？—1297),1254年序文。 |
| 10 | 五家正宗赞 下 | |
| 11 | 马祖录·百丈录 | 马祖道一(709—788),百丈怀海(749—814) |
| 12 | 临济录·法眼录 | 临济义玄(？—867),法眼文益(885—958) |
| 13 | 沩仰录 | 沩山灵祐(771—853),仰山慧寂(807—883) |
| 14 | 曹洞录 | 洞山良价(807—869),曹山本寂(839—901) |
| 15 | 云门录 上 | 云门文偃(？—949) |
| 16 | 云门录 下 | |

## 第四章　现代"三门修行"的演变及看话禅独尊

续表

| 序号 | 文献名 | 作者 |
|---|---|---|
| 17 | 杨岐录·黄龙录 | 杨岐方会（996—1046），黄龙慧南（1002—1069） |
| 18 | 赵州录 | 赵州从谂（778—897） |
| 19 | 雪峰录 | 雪峰义存（822—908） |
| 20 | 玄沙录 | 玄沙师备（835—908） |
| 21 | 太古录 | 太古普愚（1301—1382） |
| 22 | 懒翁录 | 懒翁惠勤（1320—1376） |
| 23 | 人天宝鉴 | 昙秀，绍定年间（1228—1233）刻板 |
| 24 | 罗湖野录 | 晓莹仲温（宋代），1155年 |
| 25 | 宗门武库 | 大慧宗杲（1089—1163） |
| 26 | 丛林盛事 | 古月道融（宋代），1199年跋文 |
| 27 | 云卧纪谈 | 晓莹仲温（宋代） |
| 28 | 枯崖漫录 | 枯崖圆悟，1272年刊行 |
| 29 | 山庵杂录 | 无愠恕中（1309—1386），元代 |
| 30 | 圆悟心要 上 | 圆悟克勤（1063—1135） |
| 31 | 圆悟心要 下 | |
| 32 | 从容录 上 | 天童正觉（1091—1157），行秀禅师（1166—1246） |
| 33 | 从容录 中 | |
| 34 | 从容录 下 | |
| 35 | 碧岩录 上 | 圆悟克勤（1063—1135） |
| 36 | 碧岩录 中 | |
| 37 | 碧岩录 下 | |

　　第二辑分两卷，第一卷《冥枢会要》从1993年开始至2015年已经翻译出版完成，第二卷《五灯会元》翻译初稿已经完成，待出版中。可以说，"禅林古镜丛书"的刊行，一方面为性彻禅师所坚持的"禅门正法"提供了客观依据，另一方面禅文献的韩文翻译有

利于禅文化在韩国社会中的普及，推进了"参禅大众化"。①

与此同时，受性彻禅师"顿悟顿修"修行观的影响，韩国佛教曹溪宗确实呈现出"看话禅一边倒"的倾向。基于这样的现实，韩国佛教界和学术界近年来出现了对"看话禅一边倒"现象的批判和对"顿悟顿修"修行观的审视与思考。

朴太源在《论真理：退翁的顿悟顿修论——关于禅修观的两个论点》②一文中指出了性彻禅师立足于顿悟顿修论，过于强调心法、排斥"知解"所导致的副作用。他指出："禅宗排斥语言文字的氛围由来已久。这种对语言文字的否定态度在现代禅僧身上仍有所体现。现代禅宗为了凸显顿悟无心禅法的殊胜性，夸大'知解'的局限性，无视其积极作用和价值，结果导致禅僧整体上对慧学漠不关心"，这样一来就容易产生"无知"的"假道人"，最终导致禅宗内部鱼龙混杂、良莠不齐。他还进一步提出："如何不偏不倚地把握好'知解'与心法、慧学与定学的意义和关系，决定了退翁性彻顿悟顿修论的生命力和发展前景。"可见，其旨在强调应该定慧双修，禅教并行，不能"独尊看话禅"而轻视看经说法。

金邦龙在《看话禅和华严，是会通还是断绝?》③一文首先指出了"现代韩国佛教的特征之一就是看话禅修行"，目前韩国佛教界"开始将看话禅向大众化、生活化、世界化推进"。然后，他从现实角度出发，指出了性彻禅师"顿悟顿修"修行观在推进"参禅大众化"上可能存在的问题。他说："在顿悟渐修体系中，'究

---

① 朴仁锡：《退翁性彻的禅文献翻译事业的背景及意义》，《禅学》2017年第48期。

② 朴太源：《论真理：退翁的顿悟顿修论——关于禅修观的两个论点》，《退翁性彻的佛教传统继承和现代佛教社会》，韩国佛教学会2015年春季学术大会论文集，第36—76页。

③ 金邦龙：《看话禅和华严，是会通还是断绝?》，《佛教学研究》2005年第11期。

## 第四章 现代"三门修行"的演变及看话禅独尊

竟觉'是带有可能性和指向性的目标,但是在顿悟顿修体系中它却带有'现在完结性'的意味。"也就是说,从根机论上看,对于一般修行者来说,将究竟觉设定为最终目标,然后通过渐次修行去不断提升,最终达成这个目标,是可行的。但是顿悟顿修,"立地成佛",对于一般修行者来说是很难做到的事情。"既然是这样,主张通过'顿悟顿修'来实现看话禅大众化,从现实的角度来看是更加困难的事情。"同时,他还指出"普照知讷的'顿悟渐修'和退翁性彻的'顿悟顿修'这两种修行观的论争,虽然主要是围绕着'悟'和'修'展开的,但实际上包含了如何看待看话禅与华严的关系,乃至禅与教的关系的问题。"可见,韩国佛教修行传统的现代继承中仍存在很多矛盾与问题有待解决。

# 第五章 "三门修行"传统的现代继承中存在的矛盾与问题

**一 "三门修行"传统的现代继承**

前几章,我们以朝鲜后期形成的"三门修行"体系为基本框架,在这一基础上对韩国佛教从朝鲜后期到现代的修行体系的发展变化,及其修行思想在不同时期的特点进行了考察。

朝鲜后期,17世纪,清虚休静和鞭羊彦机立足于"禅胜教劣观"确立了以径截门、圆顿门、念佛门为内容的"三门修行"体系。三门呈现以径截门为主,以圆顿门和念佛门为辅的差等结构。18世纪,三门竞相发展。华严疏钞、净土书籍的大量刊行和念佛结社的活跃,引发了华严学的复兴和净土念佛的流行。这使圆顿门和念佛门的地位提高,"禅·教·净一致"认识形成。这种认识的转变,导致三门修行体系的整体结构也由差等结构转变为三门平等的对等结构。

到了近代,镜虚惺牛中兴近代禅,禅的中心地位再次凸显,"禅胜教劣"的认识成为主流。与之相比,华严教学和净土念佛则呈现衰颓的景象。"径截门"再次成为三门的中心,而"圆顿门"和"念佛门"再次下落到径截门的辅助地位。三门重新回到了"三门修行"体系确立初期的差等结构。不同的是20世纪以后念佛堂被禅堂取代,念佛再次与禅、教结合发展,念佛门丧失了独立修

## 第五章 "三门修行"传统的现代继承中存在的矛盾与问题

行法门的特征。

到了现代,从第6代曹溪宗宗正性彻禅师开始,三门修行体系发生了重大演变。他一反三门融合的修行传统,坚持南宗禅修行传统,独尊看话禅,主张顿悟顿修。这一时期圆顿门和念佛门不再是禅师的修行法,径截门作为唯一修行法具有绝对的价值和地位,呈现出"看话禅一边倒"的倾向。自此,"三门"兼修的修行传统演变成了独尊看话径截"一门"。

如前所述,性彻禅师的这种修行观没有被韩国现代佛教界全体认同,韩国佛教界和学术界近年来出现了批判"看话禅一边倒",主张禅教融合发展,恢复"三门修行"传统的倡议。在笔者看来,原因有二:一是,从对待传统的角度来说,三门修行是韩国佛教由来已久的修行传统,修行思想的现代化转型不可能,也不应该完全摒弃或背离传统,摒弃了传统就是丢掉了根本,根基不稳就不会有长足的发展;二是,从现实修行的角度来说,众所周知,在佛教中参禅是适用于"上根机"的修行方法,对于普通的僧众来说,实际上很难实现通过参究话头来顿悟佛性。而要求每一个人都勇猛精进,参禅顿悟,实际上是一种不切实际的苛求。因此,当今韩国佛教实修情况是,看话禅虽然是主流,但是看经、念佛也并没有完全沉寂。

看话禅是被韩国僧俗大众所共同认可的最殊胜的韩国佛教传统修行法。当今,看话禅逐渐大众化,为出家僧侣和在家信众所推崇。韩国佛教的出家僧侣通常会利用夏安居和冬安居期间集中进行看话禅修行,或者进入曹溪宗的全国禅院进行精进修行;在家信众也会通过一些寺院组织的"短期出家"活动项目或者利用为在家修行者提供的"市民禅房"进行看话禅修行。在韩国,目前有50余所"市民禅房",其中首尔就有16所,包括禅定会、修禅会、金刚禅院、华溪寺国际禅院等,一些具有国际性质的禅院还吸引了不少国外参禅爱好者来韩国进行短期禅修。可见，看话禅发展到今天已然实现大众化，并且在修行体系中始终占据中心地位。

在佛教教学方面，现在的韩国佛教丛林寺院仍然延续着朝鲜时代形成的讲院体系，出家为僧尼仍然需要先从讲院看经学习开始。目前，在韩国，一个人出家后，首先要进入讲院完成讲院教育所规定的沙弥科（4年）→四集科（2年）→四教科（4年）→大教科（3年）的履历课程，但讲院的履历科目和教学方法与朝鲜时代有所不同，会随着时代的发展而有所变动和改进。另外，当今在韩国，学习佛学也有了新的途径。一方面，出家僧侣中有的人会选择通过东国大学、中央僧伽大学等现代教育机构进一步学习佛学知识，提升专业水平。这部分僧侣毕业后一般会成为专门的佛学讲师，从教于专门大学的佛学科或寺院的讲院，成为佛教教学的主干力量。另一方面，90年代以后，首尔等地纷纷建成了"佛教教养大学"，为一般信众提供系统学习佛学知识的场所。随着时代的发展和人们受教育水平的不断提高，专研佛经已经不再是出家僧侣和佛教学者的专利，很多在家信众也能读懂、自学汉字佛经。据说，在家信众中有不少想深入了解佛学义理的佛学爱好者都会选择去佛教教养大学进行专门学习。"佛教教养大学"的设立助推了佛教的大众布教。可见，以"看经"为中心的佛教教学当今并没有沉寂，而是呈现出了现代化发展趋势，在修行体系中仍占据着举足轻重的地位。

净土念佛虽然在韩国始终没能形成具有宗派性质的净土宗，而且在近代禅教两宗体制下，还被归入"教门"，但是念佛修行作为普遍适用的修行法，发展到今天仍在僧俗大众中广泛流行。念佛修行一直以来都被看作适用于"下根机"的修行法。但是，到了18世纪，净土书籍的大量刊行和念佛结社的活跃引发了净土念佛的流行。后来，箕城快善进一步强调念佛门的普遍适用性，指出念佛门

## 第五章 "三门修行"传统的现代继承中存在的矛盾与问题

是适用于一切根机的修行法,提出了念佛门优越论。自此,念佛门的地位不断提高,到了19世纪,"禅·净一致"认识形成,念佛修行成为深受出家僧侣和在家信众欢迎的普遍修行法。虽然到了20世纪初,由于念佛修行的祈福色彩过于浓厚,念佛堂一度被废止,但是念佛修行并没有彻底消失,而是向两个方向持续发展。一方面,念佛修行与禅结合发展,以唯心净土为主流,作为看话禅修行的辅助修行法为出家僧侣广泛使用。另一方面,念佛修行与民间信仰相结合,以消灾祈福为目的,通过口诵佛号、经文或持咒等方式祈求佛菩萨的护佑,于在家信众中广为流行。虽然这种以祈福为目的的念佛修行方式与佛教修行的本质有一定的距离,但仍被作为一种佛教信仰传统继承了下来,延续至今。这一点,从当今的韩国佛教寺院建筑构造中就能得以确认。今天,韩国佛教新建寺院时,七星阁、山神阁等具有民间信仰特色的殿堂仍是寺院建筑构成中必不可少的一部分。可见,念佛修行在今天虽然不被看作一个独立的修行法门,却通过另外两种渠道持续发展,同样在韩国佛教信行传统中占据着不可或缺的地位。①

### 二 "三门修行"思想与曹溪宗宗旨之间的矛盾

以上,我们通过对径截门、圆顿门、念佛门这三种法门从朝鲜后期直到现代这三个历史阶段的竞相发展,以及由此而导致的三门修行体系整体结构的变化进行系统的分析、整理,大致勾勒出了韩国佛教三门修行思想的演变过程及各时期的特点。同时,对韩国佛教三门修行传统的现代继承情况进行了简要的介绍。那么韩国近现代佛教修行思想为什么呈现如上的演变过程和特点呢?今天韩国佛

---

① 李钟寿:《朝鲜后期佛教的信行传统与现代继承》,《东亚西亚佛教文化》2017年第31期。

教的现代继承又面临着哪些时代课题呢？最后，笔者想从韩国佛教发展史的角度出发做一点思考。

韩国佛教从整体上看，其理论和观点多与中国佛教相似，但具体来看，韩国佛教因受固有文化及思维方式的影响又表现出诸多独有的特点。从临济看话禅的韩国传入和发展过程来说，在韩国特有的禅教关系下，不同的时期有不同的发展方式，形成了韩国禅独有的特点。

佛教传入朝鲜半岛，诸宗之中，以禅宗传入最晚。而其中最早将南宗禅传入朝鲜半岛者为道义，道义曾赴唐求法于智藏，并嗣其法，821年归国后，欲兴南宗禅法未果，遂于雪岳山隐居，后经其弟子廉居及求法归来的体澄在全罗南道的迦智山建立了迦智山派，大振禅风。与此同时，洪陟826年求法归国后在智异山创建实相寺，大兴禅法，是为"九山禅门"之发端。然而值得注意的是，开创九山禅门的开山祖师及以后的禅宗僧侣们大部分都是华严宗出身或者都接触过华严。出现这一现象的原因之一是禅宗传入后，累于华严的烦琐理论，致力于修行实践的部分僧侣开始转向注重实参实修的禅宗。① 另外一个重要原因是，此时传入的华严经疏主要是主张禅教融合或"禅教一致"思想的清凉澄观和圭峰宗密的著作。因此，华严宗僧侣接触禅的机会就要比其他宗派僧侣多，而且在华严经疏的学习过程中就建立起了将华严思想与禅相联系的思想基础。从这一点上看，韩国禅是以华严思想为土壤成长起来的。与中国相比，韩国禅与华严的关系似乎更加紧密。② 由此可知，韩国禅从一开始就是与华严结合发展的，这可以说是韩国禅的一个特点。

---

① 海周：《华严的世界》，民族社1998年版，第338页；金相铉：《新罗华严思想史研究》，民族社1991年版，第221—228页。
② 石吉延：《性彻顿悟顿修论的传统认识》，《白莲佛教论集》2005年第15期。

## 第五章 "三门修行"传统的现代继承中存在的矛盾与问题

到了朝鲜时代，在"崇儒抑佛"政策下，为了抑制佛教的发展，韩国佛教的宗派从 11 个被缩减到 7 个，又从 7 个被统合为"禅教两宗"。宗派统合下的禅教两宗体系从客观上促使各宗派之间进一步融合。各宗派的融合集中体现在朝鲜后期"三门修行"体系的确立。三门修行体系确立以后韩国佛教始终呈现出禅与华严教学、净土念佛、诵咒等多种修行方法相融合的修行形态。直到现代曹溪宗成立后，性彻禅师任宗正之前，韩国佛教一直延续着诸宗融合的修行传统。

然而，对于韩国佛教这一"融合"的特点，近来韩国学者却给出了褒贬不一的评价。首先对于"融合"的特点给予肯定评价是崔南顺，1930 年他发表《朝鲜佛教，在东方文化思想上的地位》[①] 一文指出：如果说印度佛教是绪论性的佛教，中国佛教是各论性的佛教，那么韩国佛教就是结论性的佛教，是同时具备理论和实践，超越宗派的"通佛教"。[②] 崔南顺"通佛教"的提出正值日本宗教殖民期间，不乏振作民族传统宗教的目的，是有其时代原因的。20 世纪以后，韩国部分学者对韩国佛教的特点进行了重新审视，出现了否定"通佛教"观点的主张。同时，也有部分学者指出了"禅教两宗"体系下形成的"通佛教"特点所带来的局限性："朝鲜后期的宗派统合使佛教势力衰颓，教宗各派逐渐丧失了其本来的宗旨，禅宗也难以维系纯粹的家风。因此，这一时期虽然以禅为基本理念，但同时兼容了念佛、看经、诵咒等多种修行方法。而教宗的仪式、礼仪虽然依旧奉行，但却不能依据净土宗、华严宗等教宗的

---

① 《佛教》1930 年第 74 期。
② 有关"通佛教"谈论，20 世纪末开始出现反对"通佛教"观点的主张。可参考的论文有：沈在龙：《韩国佛教是会通佛教吗?》，《佛教评论》2000 年第 3 期；赵恩秀：《从通佛教谈论看韩国佛教史认识》，《佛教评论》2004 年第 21 期。

理念，而是依据禅宗的禅旨去实行。这样一来，教宗和禅宗都难以维系其原有的纯粹性。朝鲜佛教的这种'通佛教'的现象，不应视为需要崇尚的传统，而应该看作是需要克服的对象。今天的韩国佛教应该按照净土宗的宗旨去念佛，按照华严宗等教宗的宗旨去看经，按照禅宗的宗旨去参禅，进而树立佛教的专门实践理念，防止各种修行方法的混淆、滥用。"① 这种呼吁或许也正是性彻禅师在禅门修行上极力批判立足于华严思想的"顿悟渐修"，坚持南宗禅修行传统，独尊看话禅的原因。

大韩佛教曹溪宗有着诸宗融合的漫长历史，而如今却穿着以"直指人心、见性成佛、传法度生"为宗旨的禅宗的"外衣"。韩国佛教的整体性究竟应该怎样规定？对于现代韩国佛教的代表曹溪宗来说，究竟是应该恢复禅教两宗体系下确立的"三门修行"传统，还是应该依据曹溪宗宗旨来彰显"直指人心，见性成佛"的禅宗本来旨趣？明确禅教关系问题正是曹溪宗目前所面临的一大课题。

---

① 宗梵：《朝鲜后期的念佛观》，中央僧伽大学论文集，1995年第4期，第8—36页。

# 参考文献

## 一 原典文献

（唐）实叉难陀译：《大方广佛华严经（80卷）》，《大正藏》第10册。

（宋）雪峰蕴闻 辑录：《大慧普觉禅师语录》，《大正藏》第47册。

（宋）永明延寿：《宗镜录》，《大正藏》第47册。

（宋）赞宁：《宋高僧传》，《大正藏》第50册。

（宋）释道原：《景德传灯录》，《大正藏》第51册。

（明）真界幻居：《大乘起信论纂注》，《新纂大日本续藏经》第45册。

［高丽］普照知讷：《法集别行录节要并入私记》，《韩国佛教全书》第4册。

［高丽］普照知讷：《圆顿成佛论》，《韩国佛教全书》第4册。

［高丽］普照知讷：《劝修定慧结社文》，《韩国佛教全书》第4册。

［高丽］普照知讷：《看话决疑论》，《韩国佛教全书》第4册。

［高丽］龟谷觉云：《禅门拈颂说话》，《韩国佛教全书》第5册。

［朝鲜］栢庵性聪：《大乘起信论疏笔削记会编》，《韩国佛教全书》第8册。

［朝鲜］清虚休静：《禅家龟鉴》，《韩国佛教全书》第7册。

［朝鲜］清虚休静：《禅教释》，《韩国佛教全书》第7册。

［朝鲜］说清：《鞭羊堂集》，《韩国佛教全书》第8册。
［朝鲜］唤惺志安：《禅门五宗纲要》，《韩国佛教全书》第9册。
［朝鲜］箕城快善：《请择法报恩文》，《韩国佛教全书》第9册。
［朝鲜］白坡亘璇：《禅门手镜》，《韩国佛教全书》第10册。
［朝鲜］振虚八关：《三门直指》，《韩国佛教全书》第10册。
［朝鲜］梵海觉岸：《东师列传》，《韩国佛教全书》第10册。
镜虚惺牛：《镜虚集》，《韩国佛教全书》第11册。
李能和：《朝鲜佛教通史》，韩国学研究所1977年版。
三宝学会编：《韩国近世佛教百年史》，民族社1985年版。
龙城震钟：《龙城大宗师全集》，大觉寺1991年版。
退翁性彻：《禅门正路》，藏经阁1993年版。
金光植主编：《韩国近现代佛教资料全集》（全69卷），民族社1996年版。
智冠编：《韩国高僧碑文总集》，伽山佛教文化研究院2000年版。
大韩佛教曹溪宗总务院总务部编：《朝鲜总督府官报 佛教关联资料集——日帝时代佛教政策及现状》（上下），大韩佛教曹溪宗总务院2001年版。
大韩佛教曹溪宗教育院编：《曹溪宗史——近现代篇》，曹溪宗出版社2001年版。
宗团史刊行委员会编：《太古宗史》，韩国佛教出版部2006年版。
汉岩大宗师法语集编纂委员会编：《定本 汉岩一钵录》，汉岩门徒会2010年版。
国史编纂委员会编：《朝鲜王朝实录》（现收藏于首尔大学奎章阁）。
国史编纂委员会编：《承政院日记》（现收藏于首尔大学奎章阁）。

## 二　中文研究著作（姓氏拼音顺序）

杜继文、魏道儒：《中国禅宗通史》，江苏古籍出版社 1993 年版。

［日］忽滑谷快天：《韩国禅教史》，朱谦之译，中国社会科学出版社 1995 年版。

洪修平：《中国禅学思想史》，中国人民大学出版社 2007 年版。

何劲松：《韩国佛教史》，社会科学文献出版社 2008 年版。

李海涛：《韩国早期佛教史论》，韩国学术情报 2014 年版。

李海涛：《普照知讷真心思想研究》，宗教文化出版社 2015 年版。

任继愈、杜继文：《佛教史》，中国社会科学出版社 1993 年版。

圣严法师：《明末佛教研究》，文化出版社 2006 年版。

魏道儒：《中国华严宗通史》，凤凰出版社 2008 年版。

魏道儒：《华严学与禅学》，宗教文化出版社 2011 年版。

魏道儒：《佛教史话》，社会科学文献出版社 2011 年版。

魏道儒：《世界佛教通史》，中国社会科学出版社 2015 年版。

魏道儒：《唐宋佛学》，中国社会科学出版社 2017 年版。

## 三　日文研究著作（姓氏拼音顺序）

高桥亨：『李朝佛教』，宝文馆 1929 年版。

忽滑谷快天：『朝鲜禅教史』，春秋社 1930 年版（1995 年复刊，中国社会科学出版社）。

黑田亮：『朝鲜旧书考』，岩波书店 1940 年版（1972 年复刊，韩国亚细亚文化社）。

镰田茂雄：『朝鲜佛教史』，东京大学出版会 1987 年版。

一户彰晃：『朝鲜侵略忏悔记』，皓星社 2012 年版（2013 年复刊，韩国东国大学出版部）。

**四　韩文研究著作（姓氏韩语字母顺序）：**

（唐）圭峰宗密：『화엄과 선（华严与禅）』，辛奎卓编译，净友书籍2010年版。

（唐）圭峰宗密：『원각경·현담（圆觉经·玄谈）』，辛奎卓编译，净友书籍2013年版。

（明）真界：『대승기신론찬주（大乘起信论纂注）』，圆静编译，하늘북2011年版。

金光植：『韩国近代佛教史研究』，民族社1996年版。

——：『한국 근대불교의 현식인식（韩国近代佛教的现实认识）』，民族社1998年版。

——：『용성（龙城）』，民族社1999年版。

——：『근현대불교의 재조명（近现代佛教的再照明）』，民族社2000年版。

——：『그리운 스승 한암스님（令人怀念的导师——汉岩禅师）』，民族社2006年版。

——：『한국불교 100년：1900～1999（韩国佛教100年：1900～1999）』，民族社2008年版。

——：『아！청담（啊！青潭）』，体南出版社2008年版。

——：『범어사와 불교정화운동（梵鱼寺和佛教净化运动）』，荣光图书2008年版。

——：『한국 현대선의 지성사 탐구（韩国现代禅的知性史探究）』，到彼岸社2010年版。

——：『불교근대화의 이상과 현실（佛教近代化的理想和现实）』，图书出版先人2014年版。

——：『석전 영호 대종사（石颠映湖大宗师）』，曹溪宗出版社2015年版。

——:『한용운(韩龙云)』,历史空间 2015 年版。

——:『우리시대의 큰스님(我们时代的大师)』,인북스(inbooks)2015 年版。

——:『(전인적인 독립운동가)한용운(专门的独立运动家)韩龙云』,历史空间 2015 年版。

——:『만해 한용운의 기억과 계승(万海韩龙云的回忆与继承)』,inbooks 2022 年版。

——:『명성스님 수행록(明星法师修行录)』,佛光出版社 2023 年版。

金煐泰:『韩国佛教史概说』,经书院 1986 年版。

——:『佛教思想史论』,民族社 1992 年版。

金龙泰:『조선후기 불교사 연구(朝鲜后期佛教史研究)』,新丘文化社 2010 年版。

金顺硕:『한국 근현대 불교사의 재발견(韩国近现代佛教史的再发现)』,景仁文化社 2014 年版。

金浩星:『『경허의 얼굴 근대 한국 선 불교의 개조(镜虚的面孔:近代韩国禅佛教的改革)』,佛教时代社 2014 年版。

——:『결사 근현대 한국불교의 몸부림(结社,近现代韩国佛教的挣扎)』,CIR 2016 年版。

金善根:『근현대 한국불교 사상가(近现代韩国佛教思想家)』,东国大学校出版部 2016 年版。

高荣燮:『한국불교사탐구(韩国佛教史探究)』,博文社 2015 年版。

——:『한국사상사 불교사상편(韩国思想史:佛教思想篇)』,CIR 2016 年版。

权宁泽:『대각·원각·진각(大觉·圆觉·真觉)』,海印行 2004 年版。

东国大学:『세계의 불교학 연구(世界的佛教学研究)』,CIR 2016

223

年版。

金刚大学:『(잊혀진한국의)불교사상가（被遗忘的韩国佛教思想家）』，东国大学出版部 2017 年版。

林太源:『대승기신론 사상연구（Ⅰ）（大乘起信论思想研究）』，民族社 1994 年版。

法然上人:『净土信仰的指南』，释道实译，民族社 1991 年版。

普愚思想研究会编:『虚应堂普雨大师研究』，佛舍利塔 1993 年版。

佛心道文:『三大祖师年谱』，大觉会 1975 年版。

佛教文化研究院编:『韩国华严思想』，东国大学出版部 1982 年版。

——:『韩国禅思想』，东国大学出版部 1984 年版。

——:『韩国净土思想』，东国大学出版部 1985 年版。

——:『韩国密教思想』，东国大学出版部 1986 年版。

——:『韩国佛教思想概观』，东国大学出版部 1993 年版。

——:『동아시아 불교, 근대와의 만남（东亚佛教，近代的会面）』，东国大学出版部 2008 年版。

辛奎卓:『선사들이 가려는 세상（禅师们向往的世界）』，藏经阁 1998 年版。

——:『때 묻은 옷을 걸면서（挂起染尘衣）』，净友书籍 2009 年版。

——:『한국 근현대 불교사상 탐구（韩国近现代佛教思想探究）』，新文社 2012 年版。

——:『圭峰宗密与法性教学』，橄榄绿 2013 年版。

——:『한국불교문화의 전승과 실제: 화엄과 법화의 회통（韩国佛教文化的传承与事实：华严和法华的会通）』，图书出版梵声 2014 年版。

白坡亘璇:『선문수경（禅门手镜）』，辛奎卓编译，东国大学出版部 2012 年版。

宋贤珠:『현대한국불교 예불의 형성과 성격（现代韩国佛教礼佛的形

成及性格）』，博士学位论文，首尔大学，2015 年。

李孝杰等：『논쟁으로 보는 불교철학（从论争中看佛教哲学）』，艺文书院 1988 年版。

兹玄：『한암과 용성 현대불교의 새벽을 비추다（汉岩和龙城照亮了现代韩国佛教的黎明）』，쿠담북스 2016 年版。

李丙旭：『불교사회사상의 이해 한국의 상황을 중심으로（佛教社会思想的理解：以韩国的情况为中心）』，云南社 2016 年版。

李曦载：『한국 불교의 회통적 전통（韩国佛教的会通传统）』，佛教春秋社 2015 年版。

尹纪烨：『고려 후기의 불교：사원의 불교사적 고찰（高丽后期的佛教：寺院的佛教史考察）』，潮阁 2012 年版。

郑泰爀：『密教』，东国译经院 1981 年版。

西山休静：『서산의 三家龟鉴·禅教释·禅教诀（西山的三家龟鉴·禅教释·禅教诀）』，静山法真译，韩国佛教禅理研究院 2008 年版。

崔铅植：『동아시아 종파불교：역사적 현장과 개념적 이해（东亚宗派佛教：历史的现场与概念的理解）』，民族社 2016 年版。

玄海·辛奎卓·金相永编：『조계종사연구논집（曹溪宗史研究论集）』，图书出版中道 2013 年版。

韩龙云：『朝鲜佛教维新论』，崔京洵译，民族社 2015 年版。

韩普光：『龙城禅师研究』，甘露堂 1981 年版。

——：『信仰结社研究』，如来藏 2000 年版。

——：『정토삼부경（净土三部经）』，如来藏 2003 年版。

——：『佛缘录』，如来藏 2010 年版。

韩钟满：『한국근대 민중불교의 이념과 전개（韩国近代民众佛教的理念和展开）』，한길사 1980 年版。

——：『韩国佛教思想的展开』，民族社 1998 年版。

韩国留学生印度学佛教学研究会编:『일본의 한국불교 연구동향(日本的韩国佛教研究动向)』,藏经阁 2001 年版。

韩慈卿:『대승기신론 강해(大乘起信论讲解)』,佛光出版社 2013 年版。

贤松:『한국 고대 정토신앙 연구(韩国古代净土信仰研究)』,云舟寺 2013 年版。

韩国佛教学会:『화엄의 사상과 실천:(사)한국불교학회 2015 년 추계학술대회(华严的思想和实践:韩国佛教学会 2015 年秋季学术大会)』,韩国佛教学会 2015 年版。

[日] 镰田茂雄:『한국불교사(韩国佛教史)』,申贤淑译,民族社 2016 年版。

[日] 坪井俊映:『净土教概论』,韩普光译,弘法院 1984 年版。

[日] 野上俊静等:『中国佛教史概说』,梁银容译,圆光大学出版部 1984 年版。

[新罗] 太贤:『대승기신론내의약탐기(大乘起信论内义略探记)』,朴仁锡译,东国大学校出版部 2011 年版。

## 五 韩国史、佛教法令查询网址

법보신문(法宝新闻),http://www.ibulgyo.com/news.

조선총독부 관보(朝鲜总督府官报),http://gb.nl.go.kr/day.aspx.

한국사 편찬위원회(韩国史编纂委员会),http://www.history.go.kr/.

조선총독부 기록물(朝鲜总督府记录物),http://theme.archives.go.kr/next/government/listGovernmentSearch.do.

법제처국가법령정보센터(法制处国家法令情报中心),http://www.law.go.kr.

近代佛教杂志,https：//kabc.dongguk.edu/content/list？itemId=ABC_BM&cate=bookName&depth=1&upPath=I&dataId=.

국립중앙도서관(国立中央图书馆)

대한민국 신문 아카이브(大韩民国新闻数据库),https：//nl.go.kr/newspaper/index.do.

불교기록문화유산아카이브(佛教记录文化遗产数据库),https：//kabc.dongguk.edu.

# 后　　记

　　本书根据作者向中国社会科学院世界宗教研究所提交的博士后出站报告修订而成。我出站至今已经四年了，本人的怠惰致使报告迟迟未能出版，实在有愧于指导老师魏道儒先生、辛奎卓先生，以及论文审查委员会的金勋、张风雷、纪华传、杨健诸位先生。在此仅向他们致歉，同时也要感谢他们的教诲之恩。

　　特别是我的指导老师魏道儒先生，从报告的选题拟定到报告的定稿，他都进行了全面的指导。至今我都能够回想起每周二返所的时候，老师微笑着细心聆听我的汇报，然后严肃认真地给出修改意见的样子。魏老师严谨的治学之道、宽厚仁慈的胸怀、积极乐观的生活态度为我树立了一辈子的学习典范，他的教诲与鞭策将激励我在今后的科研道路上励精图治，开拓创新。

　　我还要以最诚挚的心意感谢中国社会科学院世界宗教研究所佛教研究室的杨健老师和夏德美老师，感谢他们在我撰写报告期间对我的全力帮助和鼓励。由于多年的留学生涯，我在中文的表述方面、格式方面多有不足。两位老师耐心地帮我修改，并给出极其具价值的意见和建议。可以说没有他们就没有我今天的出站报告。同时，感谢世界宗教研究所的赵文洪书记对中韩佛教学术交流给予的大力支持。

　　我还要郑重地感谢我的博士生导师，韩国延世大学哲学科辛奎

# 后 记

卓教授。我虽然已经毕业离校，但是每当我学术上碰到难题，辛教授总是耐心引导、细心解答，感激之情难以言表！还要特别感谢资助我到韩国读书，引领我进入佛学领域的大觉法师，没有他的引路我可能没有机会与佛学结缘。

此外，我在韩国留学期间还获得了朴仁锡、朴公主、崔京洵、都宗会、郑贤贞、姜卿显和其他很多不能一一述及的前辈和同学的指导和帮助，回想起昔日一起砥砺前行的日子，颇感暖意。特别是崔京洵前辈不仅在我留学写作博士论文期间给予了我莫大的帮助和鼓励，而且在我回国后仍然继续帮忙查找、提供有关韩国佛教的研究资料，在此一并致以深深的感谢！

借此机会，我还应该特别感谢我的家人，特别是父母。他们在背后的默默支持是我前进的动力。有了他们的理解、包容和鼓励我才能安心于学业，走到今天。这本书虽然谈不上是什么引以为豪的成果，但我还是想把这本书献给他们，希望与他们一起分享努力后的快乐。

最后还要感谢中国社会科学出版社的韩国茹编辑，如果没有她的支持，本书也不可能顺利出版。

本书仅对韩国佛教"三门修行"思想的演变过程做了试论性的初步考察，还有许多影响近现代佛教修行体系的方面没能考虑周到，对于文中涉及的重点人物的佛学思想也有分析不够透彻之处，还请各位善知识海涵。

由于本书成稿较早，整理又较为仓促，文中也不免有疏漏错讹之处，还请方家不吝批评指正。

胡 静
2022年12月